研究テーマ別

注意の生涯発達心理学

坂田陽子・日比優子・河西哲子 編
Yoko Sakata, Yuko Hibi, & Tetsuko Kasai

Life-span developmental changes in attention: The psychological perspectives

ナカニシヤ出版

巻頭言：注意をめぐる旅への誘い

本書は，注意の問題を基礎的メカニズムから発達の視点や応用の視点までの幅広い側面から取り上げた，わが国でも，そして恐らく世界中のどこにもない画期的な書籍である。まずは，このような書籍を世に出すことに尽力された編者と著者の皆さんに敬意を表したい。本書は，各分野の専門家によって基礎的な事項と最新の知識がわかりやすく説明されており，これから新しく学ぼうとする読者にも，また，すでにある程度の知識がある読者にも，とても有用な内容となっている。各章がそれだけで完結するように書かれているので，どこからでも興味のあるテーマから読み進めることができる。ぜひ，気になる章から読み始め，現代の心理学の中心的なテーマの一つである注意の名所を巡る旅を楽しんでほしい。

各章で注意とは何かについての，それぞれにテーマに沿った説明がなされているが，一方で，各章を読み進めるにつれて「注意とは何か」がわからなくなってくる読者もいるかもしれない。ここでは，そのような道に迷った読者にとっての道標となるべく，注意についての簡単な解説を述べたい。また，道に迷っても不安になる必要がない理由も併せて述べて巻頭の言葉としたい。先を急ぎたい読者は，まずは各章に進んでもらっても一向に構わない。もし，道に迷ったらぜひここに戻ってきていただきたい。道に迷うのが不安な読者は，まず，ここで予備知識を仕入れてから旅に出ることをお薦めする。

「注意とは何かは，誰でも知っている（Everyone knows what attention is.）」

この言葉は，現代の心理学の祖の一人とされるW. ジェームスの書いた心理学の本（James, 1890）の注意に関する章の中の有名（ただし，研究者の間でのみ）な一文である。注意に限らず，記憶や感情など，心理学で扱う用語の大半は日常会話にも用いられるので，そのような意味でいえば，記憶だって感情だって「誰でも知っている」はずである。しかし，心理学のテーマを広範に網羅したジェームスの本の中で，似たような表現が出てくるのはあと1箇所だけである（全体に目を通したわけではなく，検索しただけなので，見落としているかもしれないが）。ジェームスは，なぜ注意のところで，あえて「誰でも知っている」と書いたのであろうか。記憶や感情については誰も知らないというわけではないであろう。私の解釈は以下のとおりである。記憶というものがあることは，たとえば，他者が過去のことを話すところを見かけることなど，日常的な体験によって互いに共有できる。感情も表情などに現れるので，その場で体験を共有できる。つまり，記憶や感情は観察可能な事実を記述することによって，その存在を説明できる。ところが，注意は，共同注意のような特殊な状況を除くと，他者とその存在を行動として体験的に共有することがきわめて難しい概念である。つまり，ジェームスが，注意というものは，誰もが自分自身の内部体験として知っていることとしてしか説明できないということを述べているのではないだろうか。

注意とは

注意とは何かは，個人の体験として知っているとしても，体験を語るだけでは研究にはならない。実際に心理学者が研究しているのは，個々の体験ではなく，一般的な注意のはたらきである。ジェームスは，先に取り上げた有名な一文に続いて，「意識の焦点化と集中がその本質である」と述べているが，ほぼ似た概念がいまだに注意の本質であると考えて良いであろう。現代的な用語を用いるならば，注意の本質は「選択と持続」という語で表現できる。本書の各章で解説される注意も概ねこの範疇に収まっていると思う。我々は，周りの環境にある膨大な情報の中から，その一部分を選択し，意識化している。また，そのような情報を選択した状態を，必要な時間だけ維持している。選択には，選択されない情報を排除するとともに，選択されなかった情報からの妨害を抑制するといったはたらきが伴う。ある対象に選択状態を持続するあまり，周りで起きた異変に気がつかなければ，危険を避けることはできないであろう。その意味では，持続状態の適切な解除といった側面も重要になる。

さて，本書が扱う注意がどのようなものかが伝わったであろうか。読者の頭の中には依然として釈然としないものが残っているかもしれない。もっと明確で厳密な定義はないのか，という読者の声が聞こえてきそうである。実際，現代の注意研究者の一人であるダンカン（Duncan, 2006）は，哲学者のウィトゲンシュタインの家族的類似性（family resemblance）という考え方を持ち出して，注意という語の説明の難しさを述べている。たとえば，血縁のある人たちが，親戚の結婚式か何かで集まっている場面を想像してみよう。そこにいる人たちは個々に比べると，多くの似た特徴をもっている。しかし，たとえば，全員の目元がぱっちりしているかというと，必ずしもそういうわけではないかもしれない。家族的類似性とは，このように，全体としてみれば互いに部分的には良く似たものの集まりのことをいう。ダンカンに言わせると，注意もそのような家族的類似性でしか説明できない概念なのだというわけである。つまり，注意に関する個々の研究は，互いに似ているが，研究全体をカバーする共通の特徴によって明確な言語的定義を与えることは難しいのである。ジェームスが誰でも知っているという言葉で，注意を語ろうとしたとき，そこでは，各個人が知っている注意という概念の間の家族的類似性を意識したのかもしれない。

旅への誘い

本書の各章で語られる注意の大半は，先に述べた「選択」や「持続」というような特徴をもっているものの，すべてがカバーできるとは思っていない。それぞれの研究は，これら以外にも，それぞれ異なる特徴をもっている。実は，心理学が今一つ好きになれないとか，よくわからないという人たちは，このような，ふわっとした曖昧な定義に基づいて議論をしていることをしばしば理由としてあげる。ゆえに，「注意」などの心の機能を作り出す脳そのものを生理学などの方法で探ることの方が確実だと考える研究者もいる。私自身は，心理学者も生理学者も同じ「注意という名の山」に違う道からアプローチしていると考えている。生理学者は安全な道を着実に一歩ずつ歩んでいる。ゆえに道のりは遠い。一方，心理学者は険しい道を駆け上がっている。一歩踏み間違えれば谷底という危険を顧みず。ゆえに，心理学の研究では，一つの実験や理論が視界を一瞬にして切り開くといった感動も，時として味わうことができる。このような危険を伴う冒険のスリルこそが心理学の醍醐味であると私自身は感じている。心理学の「ふわっとした定義」も，各研究者が自分の信じる道を歩んでいることに起因している。皆，似たような道を歩いているが，必ずしも同じではない。家族的類似性とは，どの道を通っても行き先はほぼ同じだということを言っていると，私は解釈している。多少，不安になるかもしれないが，冒険には不安はつきものだ。

今日までのさまざまな研究成果によって，そろそろ注意という山の頂が見えるところまで来ているのではないかと，私自身は思っている。一方で，現在，我々が立っているのは，注意という山の山頂付近ではなく，実は，意識という遥かに高い山のたかだか2合目付近なのではないかという気もする。意識というものは，これも誰でも知っているが，注意以上に心の奥深くに潜んでいて，その姿を捉えることは難しい。本書を読み終えた暁には，遥か遠くにある意識という山の頂にも思いを馳せていただければと思う。

さて，心の準備は整っただろうか。各章それぞれが誘う冒険の旅を，心ゆくまでご堪能あれ。

京都大学大学院 情報学研究科　熊田孝恒

引用文献

James, W. (1890). *The principles of psychology*. Mineola, NY: Dover Publications.

Duncan, J. (2006). EPS mid-career award 2004: Brain mechanisms of attention. *The Quarterly Journal of Experimental Psychology*, *59*, 2–27.

はじめに

授業中に教壇に立つ先生から「注意して聞きなさい！」と言われたことはありませんか？　その時あなたは，どうしましたか？　先生がおっしゃったとおり「注意」したでしょう。具体的には，先生の方を見たり，友達とのおしゃべりをやめたりして，先生の話を聞こうとしたのではないでしょうか。このように，ある特定のところを見たり，聞いたりすることや，何かをやめたりすることを，一般的には「注意する」とか，「注意を向ける」などと言いますね。しかしもう少し専門的に言うと，人には「注意」という仕組みやはたらきが備わっており，あなたはいつも，あなた自身の中にある「注意」を自由自在に使っていることになるのです。

では，「注意」とは何でしょうか？「注意」とはスポットライトのようなもので，「注意を向ける」とは，スポットライトを何かに当てているようなことです。先ほどの例でいうと，スポットライトは，先生の表情に当たることもあれば，声に当たることもあります。スポットライトが当たったところはよく見えたり聞こえたりします。このスポットライトは，強い時もあれば弱い時も，大きい時もあれば小さい時もあります。時には，あえてスポットライトを当てずに，わざと「注意を向けずに無視する」ことも，私たちは行っています。

この「注意を向ける」もしくは「注意を向けない」ということや，「注意の強さや大きさを状況に応じて変える」といった注意の調節は，小さい子どもとあなた方のような成人とでは，同じように行えるのでしょうか？　また，これからどんどん歳をとり，お年寄りになっても，この「注意」の仕組みやはたらきをうまく使えるでしょうか？

私たちは日ごろから，あたりまえのように何かを見たり聞いたりしていますが，これには「注意」が大いに関わっています。しかし残念なことに，「注意」の仕組みやはたらきの重要さについてあまり気づいていませんし，それが年齢を重ねると変化するのかどうかも気にしていません。この本では，人の「注意」の仕組みやはたらきは，赤ちゃん（もっと言うと，お腹の中の胎児）にはどの程度備わっているのか，また，成人になるまでに，どのような道筋をたどって変化してきたのか，さらには，この先，高齢になるとどのような変化が起きるのかについて，より身近な例をもとに解説したいと思います。第１部では，基礎編として，注意研究でよく取り上げられるテーマを選択し，さらにそのテーマ１つ１つについて，乳幼児期から高齢期までの変化を見通せるように解説しました。第２部では，応用編として，「注意」と関わりが深いといわれる近年のトピックを挙げ，「注意」のはたらきについての新たな知見を提供しました。第１部は，注意研究に関する基礎的な知見を解説するとともに，実験心理学の初学者や卒業・修士論文の執筆を目指す人にも役立つように，いろいろな注意機能の測定方法や結果を詳しく説明しています。第２部は，私たちの日常や，心理臨床・福祉，教育現場に関連した新しいトピックスを取り上げて解説しています。注意研究をより身近に感じていただき，注意機能不全や障害のある方への支援に，また公認心理師の試験対策にも役立てていただけるものと考えています。

この本を通して，普段は気づかない「注意」の仕組みやはたらきに気づいていただくとともに，あたりまえにできていることに「注意」がどれだけ貢献しているか，ひいては，あたりまえにできていることの重要さに気づいていただけたらうれしいです。

目　次

1章 注意の制御

日比優子

1-1　はじめに

私たちの身の回りには情報があふれている。毎日インターネットやテレビの視聴，友人や家族との会話などから多くの情報が入ってくる。私たちはその情報のほとんどを無視しつつ，自分の興味のある情報は見逃さず聞き逃さないようにもしている。この情報の取捨選択では，時と場合によってその優先度は変わる。優先度は人によっても異なるため，どのような情報をピックアップするかはその人の興味や年齢によっても変わる。たとえば，「芸能人の違法薬物事件」や「ラグビーワールドカップの盛況」のニュースも，芸能情報やスポーツ観戦に興味のない人は物理的に目や耳にも入っても選択されないかもしれない。選択される情報はいつも同じというわけではない。私たちの優先度が変化するのに合わせて，選択される情報も変化する。たとえば，健康や加齢に無関心だった人が大病を患ったり老眼になったりすると，それまで無関心であった健康や若さの維持に関する情報が目に付くようになる。このように，注意を向けるまたは向いてしまう対象は，個人や年齢によって違いが生じている。

パーティー会場で，まわりが騒がしくてもそばにいる友人と会話ができたり，遠くから自分の名前を呼ばれた時にそれに気がつくのは，カクテルパーティー効果と呼ばれる注意の現象である（Cherry, 1935）。注意とは，上に述べたような情報の取捨選択をする過程である。散らかった部屋の中から携帯電話を探したり，雑踏の中で友人と待ち合わせる時など，日常生活のさまざまな場面に関わっている。注意の研究は主に1980年以降，健常な若齢成人（主に大学生）を対象に多く行われており，1990年以降は年齢を独立変数とした発達研究も増えつつある。注意は，人の感覚モダリティのうち視覚でも聴覚でも触覚でも起きうるが，本章では特に視覚モダリティに注目して論じる。情報の取捨選択過程である選択的注意（selective attention）を測定する代表的な課題の1つに視覚探索課題がある（Treisman & Gelade, 1980）。本章では視覚探索課題を用いた知見を取り上げながら，注意の制御の仕組みや生涯発達的変化を概観していく。

1-2　視覚探索課題と2つの注意過程

複数の物の中から今必要な物を見つけようとする時，視覚探索は行われる。一般的な視覚探索課題では，若齢成人である実験参加者に画面に一度に提示された複数の項目の中であらかじめ指定された標的（target）の有無の判断を求め，キー押しによる反応時間を計測する（図1-1）。探索画面上に提示される項目の個数を変化させ，項目数に対する反応時間をプロットする（以下，探索関数）。この探索関数は項目数に対して一般に一次関数となり，探索関数の傾きは実験参加者が標的に対してどの程度効率的に注意を向けられたかの指標となる（Wolfe, 1998）。色や方位，形などの単一の特徴で他と異なる標的を探す特徴探索課題では，探索関数の傾きはゼロに近くなり，項目数が増えてもほとんど反応時間は増えない。この現象はポップアウトと呼ばれ，きわめて効率的に標的に注意が向けられることの反映として効率的探索とも呼ばれる（図1-2）。たとえば，20数名の生徒の中で突出して背が高い生徒がいた場合，その生徒に自然と目が向けられ，いとも簡単に見つけられるような状態がこれにあたる。一般に，単一の特徴で他と異なる項目はシングルトン（singleton）と呼ばれ，シングルトンが標的である時は，効率的探索になる。一方で，たとえば緑の垂直方向の線分のような複数の特徴を結びつけた標的を探す結合探索課題では，項目数が増えるにつれて，標的が見つかるまでの時間が，成人の場合1項目あたり数十ミリ秒のオーダーで増える。このような場合を非効率的探索と呼び，反応時間の増加分は探索画面上の項目が標的であるか否かを1つずつ確認し逐次的に注意を移動させる時間を反映すると考えられている（図1-2）。たとえば，雑踏の中で友人と待ち合わせをした時に，友人と同じ色の帽子を被った別人に目が向けられたりして，友人と出会うまでに時間や労力がかかった状態などがそれにあ

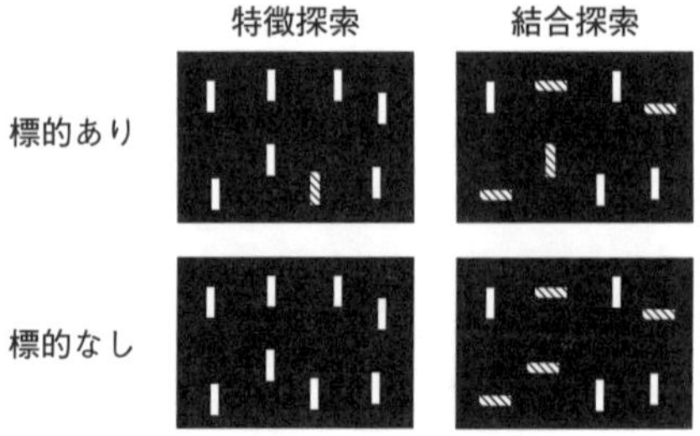

図1-1　特徴探索課題と結合探索課題
赤色項目を白色，緑色項目を斜線で示す。

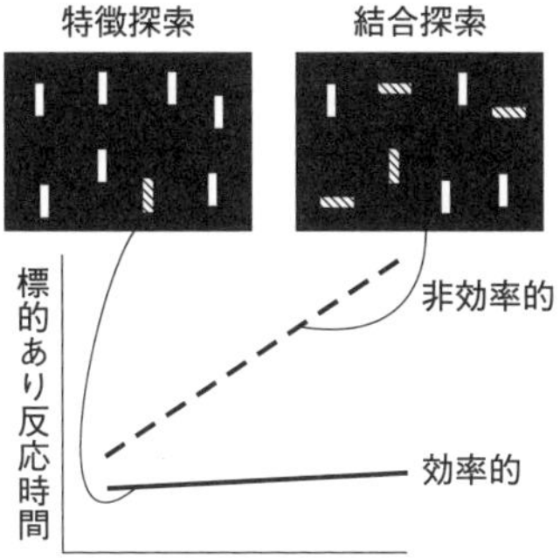

図 1-2　効率的探索と非効率的探索の典型的な結果

たる。

視覚探索には少なくとも２つの注意制御の過程が関わる。まず，派手な格好をした通りすがりの人に図らずも注意が向いてしまうといった，その時の意図とは関係なく刺激の特性のみにより喚起される注意が，ボトムアップ制御の注意である。一方，昨日見た美しい花があった場所に再び注意を向けるなど，今現在の刺激の特性だけによらず予測や課題要求によって喚起される注意が，トップダウン制御の注意である。通常，効率的探索はボトムアップの注意制御，非効率的探索はトップダウンの注意制御を反映するので，効率的探索と非効率的探索を生じさせるような課題を実験参加者に課すことにより，注意制御の２つの側面をある程度測定できる。ただし，標的以外の目立つ刺激にボトムアップ的に注意が引きつけられる注意捕捉（attentional capture）の場合（Theeuwes, 1991），標的がもつ特徴に対するトップダウンの構えによって，注意捕捉が調整されることが知られている（Folk et al., 1992，９章参照）。すなわち注意をどこに向けるかは，ボトムアップ制御とトップダウン制御の両方で決まることが示唆されている（Miller & Buschman, 2013）。

発達に伴い私たちの注意機能は多様になり，過去の経験と現在の状況を照らし合わせ，今必要なものに注意を向けるようになっていく。すなわち，自らを取り巻く膨大な情報の中から，その時々の行動の目標に合った情報を，効率よく選択するようになるのである。では，赤ちゃんや高齢者は，若齢成人と同じように選択的注意を働かせ探索をしているのだろうか。あるいはある程度異なる形で選択的注意を働かせて探索をしているのだろうか。そして，彼らは視覚探索中，ボトムアップ制御とトップダウン制御をどのように働かせているのだろうか。

1-3　視覚探索課題の2つの過程と生涯発達的変化

生後3ヶ月の乳児で，シングルトンを含む視覚探索配列（以下，シングルトン配列）によく注意を向けることが報告されている（Rovee-Collier et al., 1992）。彼らが乳児の注意行動を測定するのに用いた手続きを説明しよう。天井から吊るされたモビールとその下のベッドに寝かせられた乳児の脚を紐で結んでおき，乳児が脚を動かすと，紐で結ばれたモビールが脚の運動に伴って動く。しばらくすると乳児は，自分の動きと頭上のモビールの動きの間に関係（随伴性）があることに気づく。この随伴性の学習後一定の時間をおいて行われるテスト時には，乳児に気づかれないように脚の紐を取ってしまう。テスト時に，随伴性学習が行われた配列と乳児が同じだと判断した配列に対しては，乳児は頻繁に脚を動かし再びモビールを動かそうと試みる。これがモビール法または結合強化法の基本手続きである。彼らの結果では，学習時に学習した同じ項目（たとえば，“+”）7つからなる配列と，同じ項目がシングルトンとして含まれたシングルトン配列（たとえば，6つの“L”と1つの“+”）に対して，事前に測定されたベースラインよりも頻繁に乳児は脚を動かした。この結果を，彼らは学習されたシングルトンに素早く注意が向けられたためと解釈した。

しかし，彼らの結果は乳児の学習機能やすでに学習した対象への記憶機能を反映しているとは言えるものの，成人で扱われる注意機能と同じものを反映しているとは言いにくい。乳児の研究で長く用いられてきた，2つの刺激配列を並べて提示し，乳児がどちらをより長く見ているかの注視時間を測定する選好注視法を用いた場合にも，生後2ヶ月の乳児で大きさや輝度が他と異なるシングルトン配列をよく注視することを報告した研究があるが（Rieth & Sireteanu, 1994），つねに注視時間を指標とすることから，モビール法と同様の問題として，成人で扱われている注意機能と同等の注意機能を測定しているのかという疑問が残る。コロンボらの研究でも，シングルトン配列への注視時間から乳児でのポップアウトを確認したと報告しているが（Colombo et al., 1995），5秒という非常に長い刺激提示時間のうち合計約3秒ほど注視したという結果を示したものであり，項目数の効果も調べていないことから，成人の数百ミリ秒単位で見られるポップアウトと同質のものであると言うことは難しい。

一方でアドラーとオープレシオ（Adler & Orprecio, 2006）は，乳児がある位置や標的に眼を向けるまでの速度を高い精度で測定するアイトラッカーを用いて，刺激提示からシングルトンに眼が移動し始めるまでのサッカード潜時を測定した。そ

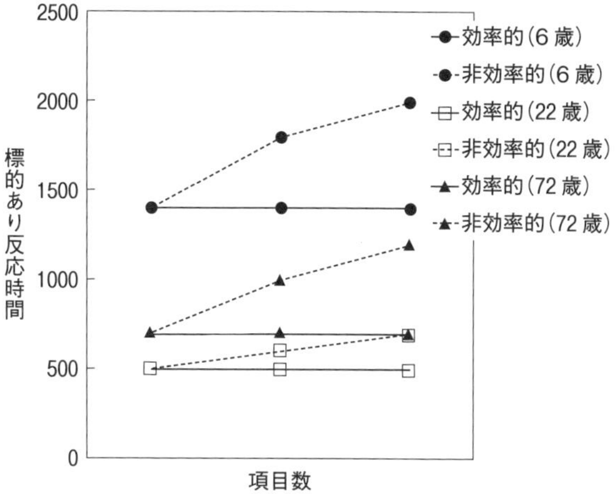

図 1-3　視覚探索課題成績の生涯発達変化
(Trick & Enns, 1998 より一部改変)

の結果，生後３ヶ月の乳児のサッカード潜時は，成人の効率的探索課題のポップアウト検出に要する反応と同様に，項目数が増加してもほとんど増えなかった。したがって乳児でもポップアウトが生じていることが確認され，アイトラッカーによるサッカード潜時を測定することの有用性が示された。しかし現状では，いずれの手法を用いたとしても，乳児に特徴探索課題と結合探索課題の両方を課すことは難しく，乳児における注意のボトムアップ制御とトップダウン制御については，視覚探索課題では未だ十分に検討されていない。

幅広い年代に対して同一の視覚探索課題を用いて検討した生涯発達的変化を見ると，６歳の幼児の探索関数は若齢成人に比べて傾きが増えるが，８歳児では若齢成人と同程度となることが示されている（Trick & Enns, 1998)。このことは低年齢の幼児は若齢成人と比べトップダウン制御が未熟なことを示唆する（図 1-3)。乳幼児の視覚探索中のボトムアップ制御とトップダウン制御についての知見は，視覚探索に関わる他の現象からも探ることができる。それについては次節で説明しよう。

加齢とともに視覚探索はより困難になる（Plude & Doussard-Roosevelt, 1989)。視覚探索課題を用いて若齢成人と高齢成人の注意機能を比較した研究によると，高齢成人は若齢成人に比べ全体的な反応時間が長くなる。注目すべきことは，まず効率的探索となる課題では探索関数の傾きには違いが認められないことである。つまり，ボトムアップ制御が関わる過程においては，若齢成人と高齢成人は同等であると考えられる。非効率的探索となる課題では探索関数の傾きが若齢成人に比べて高齢成人で増える（図 1-3)。このことは，逐次的な注意の移動，あるいは２種類の特徴（たとえば，色と方向）を結びつける過程が高齢成人と若齢成人で異なるか，高齢成人では注意のトップダウン制御の低下があることによると考えられている。また，高齢成人はトップダウン制御により意図的に眼球運動をコントロールしなくてはならない状況下で，標的以外の課題に無関連な目立つ刺激にボトムアップ的に注意が捕捉されうることがサッカード潜時を指標として示されている（Kramer et al., 1999）。このクレーマーらの研究の結果では，標的以外の刺激の出現に気がつかなかった場合には，その刺激に眼が引きつけられる時の潜時が若齢成人と高齢成人で違わなかった。このことから加齢によるボトムアップ制御の低下は見られないと考えられる。一方，標的以外の刺激の出現に気がついた時には，その刺激へのサッカードが高齢成人では約 36％の試行で見られたのに対し，若齢成人では約 14％の試行でしか見られなかった。この結果は高齢者におけるトップダウン制御の低下によると考えられている。しかし一方で，マデンら（Madden et al., 2007）によると，高齢成人においてすべてのトップダウン制御が低下するわけではなく，低下せず維持された部分のトップダウン制御による補償作用がある可能性も指摘されている。このトップダウン制御による補償が時には，加齢による知覚機能や運動機能などの減退も補償できる可能性が示されている。乳児研究では機能の獲得過程が注目される一方で，機能低下への補償作用は高齢者研究の醍醐味と言えるかもしれない。

1-4　視覚探索に関わる他の現象

視覚探索課題を用いて，現試行の探索反応時間が先行する試行との関係によって変化する試行間促進（inter-trial facilitation，またはポップアウトプライミング）効果や，探索画面における特定の配置が繰り返されることにより探索成績が向上していく文脈手がかり（contextual cuing）効果によって，注意のボトムアップ制御とトップダウン制御に関する検討がされている（Chun & Jiang, 1998; Maljkovic & Nakayama, 1994）。これらについていくつかの知見を説明していこう。

試行間促進効果に関する最初の研究では，単一の特徴で標的が他の妨害項目と異なる特徴探索課題を用い，2 種類以上（たとえば，色，方位または大きさ）の標的画面を 1 つのブロック内にランダムに提示した（Maljkovic & Nakayama, 1994）。それぞれの試行で標的を定義する特徴が直前の試行と現試行で同じ場合（たとえば，どちらも色標的）と，異なる場合（たとえば，直前が方位標的，現試行が色標的）を比較すると，前者の方が後者の場合よりも，現試行での反応時間が短くなる（図 1-4）。つまり，特徴探索時間が直前の試行の標的の種類によって促進されることが示されている。これは，直前に形成された記憶表象が現試行で活性化し，注意を標

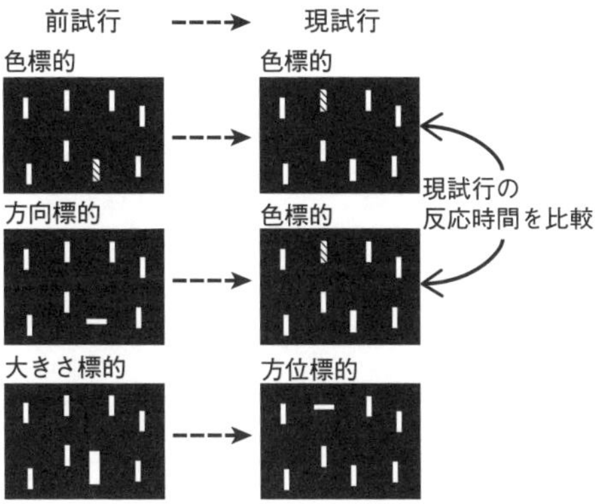

図 1-4　試行間促進効果の分析手続
赤色項目を白色，緑色項目を斜線で示す。

的へ移動するのに促進的に働くことによって生じると考えられている。

文脈手がかり効果を測定する代表的な研究方法では（Chun & Jiang, 1998），1ブロックのうち半数の試行では標的項目と標的以外の項目の位置がランダムに配置されており（以下，ランダム試行），もう半数の試行ではあらかじめ決められた配置が提示される（以下，繰り返し試行）（図 1-5）。参加者は数種類の繰り返し試行の配置を何度も見ることになるが，事前に配置の繰り返しに関する知識は一切与えられない。結果，視覚探索の反応時間は，ランダム試行と繰り返し試行の両方で試

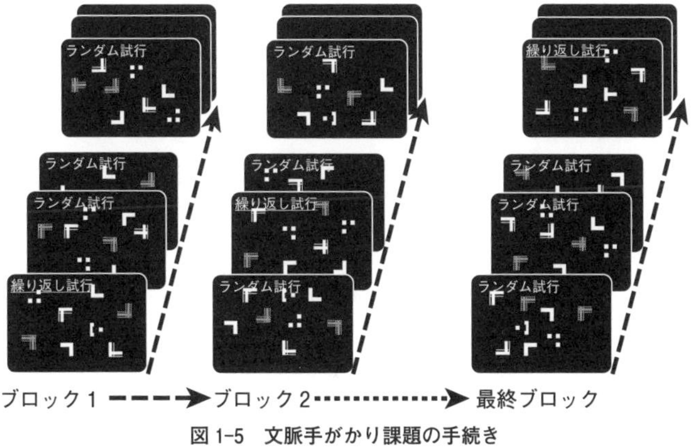

図 1-5　文脈手がかり課題の手続き
赤色項目を点線，青色項目を白色，緑色項目を二重線，黄色項目を灰色二重線で示す。

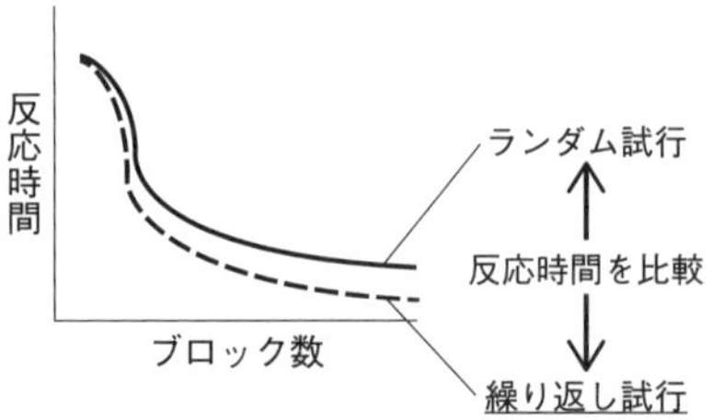

図 1-6　文脈手がかり課題の典型的な結果

行が進むにつれて減少するが，実験開始から数ブロック以降では繰り返し試行でランダム試行よりも短くなる（図 1-6）。この探索時間の促進が文脈手がかり効果である。実験終了後，配置の繰り返しに気がついたかどうかを聞くと，ほとんどの参加者が繰り返しの手続きに気がつかなかった。そのため，文脈手がかり効果は，参加者が繰り返し提示される探索画面のパタンを顕在的に記憶していたためではなく，潜在的な記憶表象が標的への注意の移動を促進したために生じると考えられている。

日比ら（Hibi et al., 2008）は，シングルトン配列を用いた選好注視法を用いて，生後 4-7 ヶ月の乳児を対象として試行間促進効果を検討した。結果，直前に色シングルトン配列が提示されると色シングルトン配列への注視時間が長くなり，注視時間を指標とする試行間促進効果が確認された。このことは乳児でも事前に見た特徴（この場合は色）の何らかの記憶痕跡が形成され，その後のシングルトン配列への注視を促進したことを示す。つまり試行間促進効果で見られる注意機能に何らかの記憶機能が影響することは乳児期から見られる可能性が示唆された。一方，高齢者の試行間促進効果については，若齢成人との間で違いが認められるという報告がある（Kumada & Hibi, 2004）。彼らは，それまでの研究で試行間促進効果に含まれていた「標的が色特徴で他と異なっている」という情報を知っているか否かを反映する知識による効果と，単純なシングルトン特徴の反復による効果を分離する手続きを行った。その結果，前者の主にトップダウン制御によるとされる知識の効果は若齢成人に比べ高齢成人では低下し，後者の効果に加齢による差は見られなかった。つまり試行間促進効果で見られる注意機能に影響するトップダウン制御には，加齢の影響を受けるものと受けないものがあると言える。

文脈手がかり効果については，10 歳児でも生じることが確認されている（Couperus et al., 2011）。さらに興味深いことに，ダルビーら（Darby et al., 2014）は，幼児における文脈手がかり効果が，提示する刺激の親近性や複雑性（図 1-4 のような T/L などのアルファベット条件と，幼児にとって親近性が高いが複雑であるクレヨン条件）によって異なって生じることを示している。単純な視覚探索課題でも提示する刺激によって（たとえば，親近性が高いペンギンのぬいぐるみ）6歳児の探索効率も上がる（Brennan et al., 2017）。これらは近年ボトムアップ制御，トップダウン制御とは異なる第3の制御のメカニズムとして提案されている，報酬による制御または履歴による制御で説明ができるかもしれない（Awh et al., 2012; Stormer et al., 2014）。齋木（2015）によると，報酬による制御は，潜在的に学習された報酬と連合した刺激特徴が注意を捕捉するという結果から導き出されたもので，その潜在性からトップダウン制御とは異なるメカニズムに基づくと考えられている。同時に比較的短期間の連合学習で形成される点で，いわゆる刺激の顕著性に基づくボトムアップ制御とも区別される。履歴による制御もまた，潜在的な学習によって成立し意図的な制御を伴わない。親近性の高い刺激を用いた幼児の研究で，潜在性が確認されているわけではないし，むしろ彼らにとって面白い刺激であることに気がつかなかったとは考えづらい。しかし，親近性の高い刺激が無意識に彼らにとって報酬となったり過去に反応した経験となって，文脈手がかり効果や探索効率に影響した可能性はあるだろう。また文脈手がかり効果は，認知機能が高い高齢成人のみにおいて若齢成人および6歳児と同程度に生じるとされている（Merrill et al., 2013）。認知症などによる認知機能の低下を測定するMMSE（Mini Mental State Examination）の得点の高低で高齢成人を群分けし，認知症またはMCI（Mild Cognitive Impairment）が疑われるMMSE得点が低い高齢成人は，若齢成人および幼児と比べて文脈手がかり効果が減弱した（認知症については，11章参照）。ただしMMSE得点は認知機能の様々な要因を反映して算出されるため，どのような要因が文脈手がかり効果の減弱に影響したかは明らかではない。

1-5　まとめと展望

注意機能も含めた高齢者の認知機能の加齢変化の原因として，全般的低速化を考える立場がある（Cerella, 1985; Salthouse, 1996）。感覚・知覚機能，運動機能またはそれらをつなぐ機能の加齢に伴う処理速度や伝達速度の低下が，見かけ上のさまざまな機能の低下をもたらしているという考え方である。しかし，この考え方は，加齢により低下する機能と低下しない機能があるというものとは一致しない（Kumada & Hibi, 2004; Madden et al., 2007）。このような研究から，加齢によりどの機能が低下し，どの機能が低下しないまたは向上するのかを明らかにすることは，日常生活における新たな情報機器の開発などにとって有用である。本章では，加齢によりボトムアップ制御はある程度維持されるが，トップダウン制御が少なくとも一部は低下することを示した。また，乳幼児においてもボトムアップ制御は比較的早く獲得されるが，生後３ヶ月の乳児はトップダウン制御が未熟であることも示した。加齢または未発達によって若齢成人に比べて低い機能を補助するようなインタフェースを搭載した情報機器の開発や，逆に若齢成人と同程度か高い機能を十分に活用できる操作方法の提案などにつながる（熊田ら，2009）。この点では，本節で紹介した注意機能と他の機能との関係も研究がさらに進むことが期待される。特に，記憶機能や報酬に関係した処理による注意機能への補償効果がどのような事態でうまく働くのかを明らかにしていくことが待たれる。

最後に，本章で扱った視覚探索課題は注意欠如多動性障害や自閉スペクトラム症などの発達障害児／者の注意機能を調べるためにも用いられている（詳しくは，日比，2011；河西，2011）。視覚探索課題を用いて，それぞれの障害特性の注意機能を比較したり，他の機能との関連を調べることも可能であるため，今後も注目していきたい。

引用文献

Adler, S. A., & Orprecio, J. (2006). The eyes have it: Visual pop-out in infants and adults. *Developmental Science, 9*, 189–206.

Awh, E., Belpolsky, A. V., & Theeuwes, J. (2012). Top-down versus bottom-up attentional control: A failed theoretical dichotomy. *Trends in Cognitive Sciences, 16*, 437–443.

Brennan, A. A., Bruderer, A. J., Liu-Ambrose, T., Handy, T. C., & Enns, J. T. (2017). Lifespan changes in attention revisited: Everyday visual search. *Canadian Journal of Experimental Psychology, 71*, 160–171.

Cerella, J. (1985). Information processing rates in the elderly. *Psychological Bulletin, 98*, 67–83.

Cherry, E. C. (1953). Some experiments on the recognition of speech, with one and two ears. *Journal of the Acoustical Society of America, 25*, 975–979.

Chun, M. M., & Jiang, Y. (1998). Contextual cueing: Implicit learning and memory of visual context guides spatial attention. *Cognitive Psychology, 36*, 28–71.

Colombo, J., Ryther, J. S., Frick, J. E., & Gifford, J. J. (1995). Visual pop-out in infants: Evidence for preattentive search in 3- and 4-month-olds. *Psychonomic Bulletin & Review, 2*, 266–268.

Couperus, J. W., Hunt, R. H., Nelson, C. A., & Thomas, K. M. (2011). Visual search and contextual cueing: Differential effects in 10-year-old children and adults. *Attention Perception Psychophysics, 73*, 334–48.

Darby, K., Burling, J., & Yoshida, H. (2014). The role of search speed in the contextual cueing of children's attention. *Cognitive Development, 29*, 17–29.

Folk, C. L., Remington, R. W., & Johnston, J. C. (1992). Involuntary covert orienting contingent on attentional capture settings. *Journal of Experimental Psychology: Human Perception and Performance, 18*, 1030–1044.

日比 優子（2011）．注意機能の発達と障害　山口 真美・金沢 創（編）心理学研究法４　発達（pp. 73–92）誠信書房

Hibi, Y., Kumada, T., Kanazawa, S., & Yamaguchi, K. M. (2008, November). Inter-trial facilitation on visual feature search in infants. Poster presented at the Psychonomic Society 49th Annual Meeting, Chicago, IL.

河西 哲子（2011）．自閉症スペクトラム障害の視覚的注意特性――バイアス化競合モデルによる検討―― 心理学評論, *54*, 29–38.

Kramer, A. F., Hahn, S., Irwin, D. E., & Theeuwes, J. (1999). Attentional capture and aging: Implications for visual search performance and oculomotor control. *Psychology Aging*, *14*, 135–154.

Kumada, T., & Hibi, Y. (2004). Age difference in dimension weighting on visual feature search. *Visual Cognition*, *11*, 715–726.

熊田 孝恒・須藤 智・日比 優子（2009）．高齢者の注意・ワークングメモリ・遂行機能と認知的インタフェース 心理学評論, *52*, 363–378.

Madden, D. J., Spaniol, J., Bucur, B., & Whiting, W. L. (2007). Age-related increase in top-down activation of visual features. *Quarterly Journal of Experimental Psychology*, *60*, 644–651.

Maljkovic, V., & Nakayama, K. (1994). Priming of pop-out: I. Role of features. *Memory & Cognition*, *22*, 657–672.

Merrill, E., Conners, F., Roskos, B., Klinger, M., & Klinger, L. (2013). Contextual cueing effects across the life span. *Journal of Genetic Psychology*, *174*, 387–402.

Miller, E. K., & Buschman, T. J. (2013). Cortical circuits for the control of attention. *Current Opinion in Neurobiology*, *23*, 216–222.

Plude, D. J., & Doussard-Roosevelt, J. A. (1989). Aging, selective attention, and feature integration. *Psychology and Aging*, *4*, 98–115.

Rieth, C., & Sireteanu, R. (1994). Texture segmentation and 'pop-out' in infants and children: the effect of test field size. *Spatial Vision*, *8*, 173–191.

Rovee-Collier, C., Hankins E., & Bhatt, R. (1992). Textons, visual pop-our effects, and object recognition in infancy. *Journal of Experimental Psychology: General*, *121*, 435–445.

齋木 潤（2015）．注意と実行機能研究の新展開――熊田論文へのコメント―― 心理学評論, *58*, 28–33.

Salthouse, T. A. (1996). The processing-speed theory of adult age differences in cognition, *Psychological Review*, *103*, 403–428.

Stormer, V., Eppinger, B., & Li, S. C. (2014). Reward speeds up and increases consistency of visual selective attention: A lifespan comparison. *Cognitive Affective, & Behavioural Neuroscience*, *14*, 659–671.

Theeuwes, J. (1991). Exogenous and endogenous control of attention: the effect of visual onsets and offset. *Perception & Psychophysics*, *49*, 83–90.

Treisman, A., & Gelade, G. (1980). A feature integration theory of attention. *Cognitive Psychology*, *12*, 97–136.

Trick, L. M., & Enns, J. T. (1998). Lifespan changes in attention: The visual search task. *Cognitive Development*, *13*, 369–386.

Wolfe, J. (1998). Visual search. In H. Pashler (Ed.), *Attention* (pp. 13–73). Hove, UK: Psychology Press.

2章

注意の移動

日比優子

2-1　注意の移動と視線の移動

現実世界では，自動車の運転時にまっすぐ前方を見ながら視界の端にある歩行者に注意することができるなど，ある対象に注意が向けられていても，視線は向いていない場合が多く見られる。このように，注意を向けることと視線を向けることは必ずしも同義ではないことがある（Posner et al., 1984）。若齢成人を対象とした先行手がかり課題（後述）を用いた研究でも，頭を動かないよう固定し視線を画面中央から動かさないように指示した状態で，画面中央とは別の位置の対象に対する注意の効果を計測する。つまり視線と注意を分離して測定している。一方，乳幼児の研究では，頭の動きを制限したり視線を固定することが難しいため，視線を向けることから注意を向けることを分離することは難しい。そのため，乳児の注意機能については，刺激への注視時間を計測する選好注視法やアイトラッカーを用いて（1章参照），視線と注意を分離しないかたちで測定するのが一般的となっている。若齢成人を対象としたこれまでの多くの注意研究で，標的への注意の移動の後，視線はその後を追うようにして移動する場合や，これから注意を向けようとしている場所へ視線が先に移動する場合があることが示されており，注意の移動と視線の移動は，同義ではないにせよ，かなり連動していると言える。本章でも，視線を向けていることを，注意を向けていることと同義に捉え，あえて区別しない立場で以後論ずることにする。

2-2　注意と関係する眼球運動

注意の移動と視線の移動を同義と見なせば，人の視線，すなわち眼球運動によってある程度注意の移動を測ることができる。部屋の中で携帯電話を探したり，本を読んだり，車を運転したりする時には，約 250 ミリ秒（1 秒は 1000 ミリ秒，以下ミリ秒を ms と示す）ほど一点に視線を向け続けた後，高速に眼球を動かして新たな点に視線を向けるというサイクルを繰り返す。一点に視線を向け続けている状態を固視，視線を移動させる高速な眼球運動をサッカードと呼ぶ。サッカードの頻度は遂行中の課題などによっても異なるが，1章で取り上げた視覚探索課題や日常生活での読書においては1秒間に3回から4回もの頻度に達する（Findlay & Gilchrist, 2003）。現在では測定機器の開発が進み，アイトラッカーによる眼球運動計測が可能となった。「目は口ほどにものを言い」とはまさにこのことで，言語報告を介さずに注意を記録できるため，赤ちゃんからお年寄りまであらゆる世代に使用可能な測定方法である。

眼球運動の生涯発達的変化を見てみよう。生後1ヶ月以内の新生児は，耳側視野内にある刺激により眼が向けられやすい（Lewis et al., 1971）。生後1ヶ月頃になると，乳児はある刺激を見た時，1ヶ所に注意が引き付けられ，そこから眼を離すのが困難になる（Stechler & Latz, 1966）。生後2ヶ月頃までには，乳児はスムーズに眼を動かすことが可能な時期に入り始める。ただしその眼球運動は，動く刺激の場合には刺激の動きより遅れがちである。この月齢で，乳児は耳側とは反対の鼻側視野に置かれた刺激に対しても敏感に眼を動かせるようになる（Aslin, 1981）。さらに，生後3ヶ月には乳児は刺激の出現や動きを予測しているような眼球運動を行うようになる（Haith et al., 1988）。そして生後6ヶ月頃までには，注意の移動に関わる眼球運動の制御がある程度可能になる。このような眼球運動の発達は，後述する注意の移動のなかでもボトムアップ制御による定位が，おおよそ生後6ヶ月頃までに獲得されることと一致していることから，眼球運動の発達と注意の発達は関連していると考えられよう。なお，眼球運動の発達については，マーク H. ジョンソンの著書が詳しい（Johnson, 2010）。

高齢期には眼球運動はどのように変化するのだろうか。刺激提示から刺激に眼が

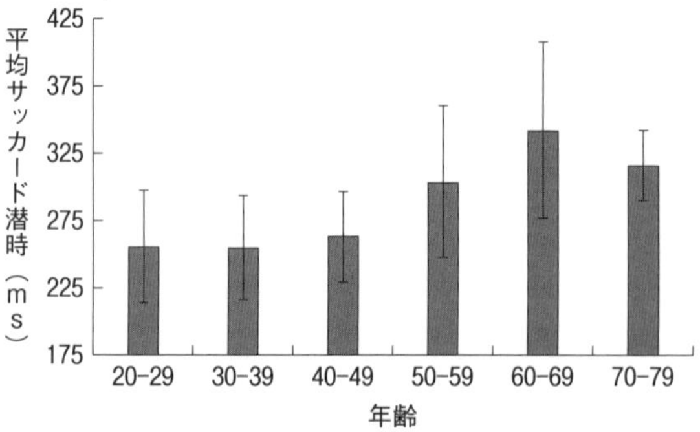

図2-1　サッカード潜時の生涯発達変化

（Carter et al., 1983より一部改変）

移動し始めるまでのサッカード潜時（1章参照）の加齢変化を図2-1に示す。20歳から79歳までの年代別の潜時を表したものであり（Carter et al., 1983），おおむね加齢とともに潜時も少しずつ伸びていくことがわかる。しかし，標的位置にいかに正確に眼が向けられるかというサッカードの正確性については，高齢になっても（75–93歳）維持されることが報告されている（Moschner & Baloh, 1994）。これは眼球運動の制御において，加齢によって低下した速度を，正確性で補っているとも言えるだろう。

2-3　一般的な先行手がかり課題

注意がどのように移動するか，もしくはしないかを測定する代表的な課題としては，1章で紹介した視覚探索課題に加え，先行手がかり課題がある。ポズナー（Posner, 1980）は，実験参加者となる若齢成人に標的（target）である光点が提示されたらできるだけ素早くキーを押すという単純な課題を課し，参加者がキーを押すまでの時間を反応時間として計測した（図2-2）。その際参加者は，試行中ずっと画面中央に映し出された枠を凝視したまま，眼を動かさないよう言われた。その結果，標的に対する反応は，先行手がかりと異なる位置に標的が提示される無効試行に比べ，手がかりと同じ位置に標的が提示される有効試行の方が速くなった。この結果は，注意の促進効果であると解釈される。すなわち，先行して提示される手がかり位置に，視線を伴わなくとも注意が移動した後，手がかりと同様の位置に標的が提示された場合には，標的が促進的に処理されたことによる効果であろう。

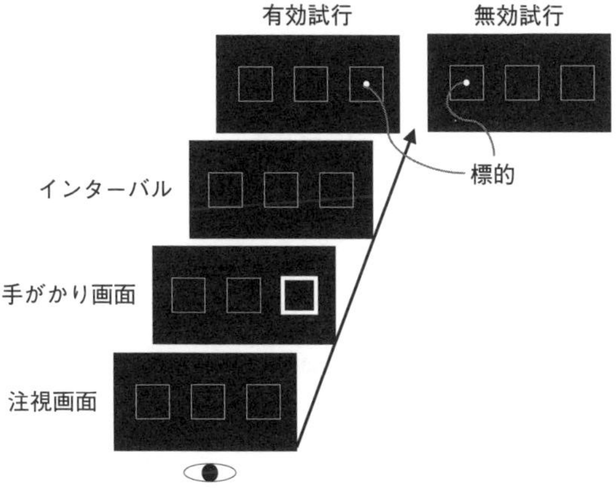

図2-2　先行手がかり課題（周辺手がかり法）の手続き

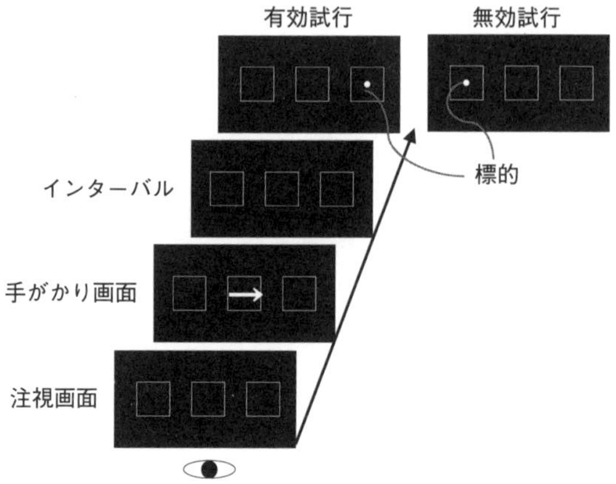

図 2-3　先行手がかり課題（中心手がかり法）の手続き

この標的に対する促進効果は，手がかりを提示する方法により異なって生じる（Jonides, 1981）。先行手がかり課題のうち，左右のどちらかの位置に手がかりを提示する方法を周辺手がかり法と言うが，この場合に観察される促進効果は図らずも注意が引き付けられてしまうボトムアップ制御によるものが大きいとされる。この促進効果は手がかりが提示されてから標的の提示までの時間間隔（以下，インターバル）が約 300 ms までは生起するが，300 ms 以上になると逆転し，無効試行に比べ有効試行の方が標的に対する反応が遅くなる。この現象は，復帰の抑制（inhibition of return）と呼ばれ，注意がいったん向けられた位置に再度注意が向くことを防ごうとするために，最初に注意を向けた位置に対して抑制がかかると解釈される（Posner & Cohen, 1984）。一方，画面中央に標的が提示される位置を知らせるシンボル（左また右向きの矢印）を提示する中心手がかり法では，促進効果は意図的に予測される位置に構えるトップダウン制御によるものが大きいとされる（図 2-3）。中心手がかり法では，インターバルが 300 ms 以上になっても復帰の抑制が生起しにくく，促進効果が継続される。では，この注意の移動における促進効果と抑制効果は，子どもや高齢者でも見られるのであろうか。

2-4　先行手がかり課題を用いた注意の移動の生涯発達的変化

乳児を対象とした先行手がかり課題では，すでに述べたように言語教示による視線の固定が難しいため，画面中央に視線を固定するための固視物体を提示した後，画面の左右いずれかの位置に手がかりを短時間提示する。その後再び画面中央に固

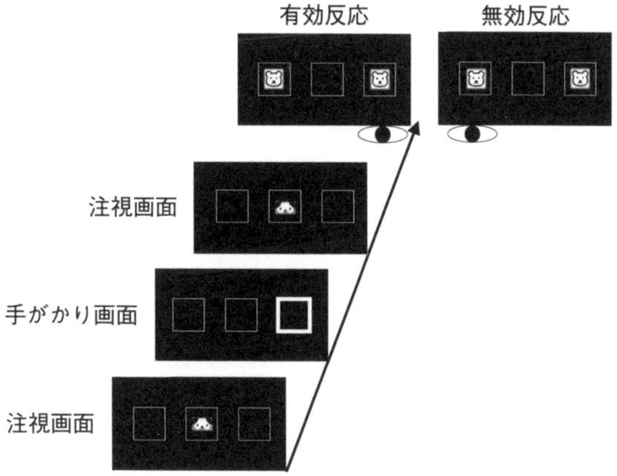

図 2-4　乳児における周辺手がかり法の手続き

視物体を提示し，標的を画面の左右に 1 つずつ提示する。つまり，手がかり刺激に対していったん向けられた注意を，再び固視物体を提示することで強制的に切り離して画面中央に戻した後，左右に標的を提示し，手がかりと同じ位置に提示された標的に視線を向けるか否かを測定する（図 2-4）。その際，この手続きによって，手がかりと同じ位置の標的の方向に視線が向いた場合に，乳児においても促進効果が得られたと考える。そしてこの効果は生後 3 ヶ月で見られることが確認されている（Atkinson et al., 1992）。一方，手がかりと異なる位置の標的の方向に視線が向いた場合に，すでに述べた抑制効果，復帰の抑制が見られたと解釈する。乳児における復帰の抑制は，研究者間での見解は一致していない。生後 2–3 ヶ月では生じず，少なくとも生後 4–6 ヶ月で生じるようになるという報告がある（Clohessy et al., 1991）。その一方で，新生児でも生起するという報告もある（Valenza et al.,1994）。これらの研究では，主に周辺手がかり法が用いられているため，特に注意のボトムアップ制御を反映しているとされる。注意の移動におけるボトムアップ制御は比較的早い段階で獲得されると言える。なお，生後 1 ヶ月以内の新生児から 1 歳未満までの乳児の促進効果と抑制効果の発達的変化の詳細についてはポズナーとロスバートの著書が詳しい（Posner & Rothbart, 2007）。

高齢成人における周辺手がかり法においては，高齢成人は若齢成人と同程度の促進効果（Hartley et al., 1990）と抑制効果（Hartley & Kieley, 1995）が見られるとされているが，手がかりが提示されてから標的の提示までのインターバルによって結果が変わる。また，中心手がかり法では，若齢成人より促進効果が大きいという報告（Nissen & Corkin, 1985）と若齢成人より促進効果が小さいという報告（Folk

& Hoyer, 1992）があり，一貫していないが，こちらの結果もインターバルの要因で変わる。この高齢期における促進効果と抑制効果は次節でインターバルの要因を加えて詳しく紹介する。

ルーダら（Rueda et al., 2004）によると，注意移動に関する制御は6歳までの発達が重要であるらしい。彼らが用いた刺激は従来の先行手がかり課題とは異なり，フランカー刺激であった（4章参照）。フランカー刺激とは，注意による刺激の選択性を調べる課題としてエリクセンとエリクセン（Eriksen & Eriksen, 1974）が考案したものである。彼らの課題では，7つの英大文字を水平方向に並べて提示し，中央の標的文字がHかKならば一方のキー，CかSならばもう一方のキーを押すように参加者に求めた。中央の標的以外の6文字がすべて，同じキーが割り当てられているが標的ではない文字の条件（一致条件），もう一方のキーに割り当てられている1つの文字の条件（不一致条件）であった。標的に対する反応時間は，一致条件よりも不一致条件の方が長くなり，この反応時間の差を一致性効果（またはフランカー効果）と呼ぶ。ルーダらは，この刺激の提示前に，主に有効または無効となる周辺手がかりを提示し，フランカー効果と先行手がかりによる注意の移動を検討したが，フランカー効果と先行手がかりによる効果の相互作用は見られなかった。彼らは，周辺手がかりへ注意を移動することは6歳児でも若齢成人と変わらないが，手がかりにより有効試行の位置に向けられた注意を切り離すのに要する時間は年齢が上がるにつれて短くなることを明らかにした（Rueda et al., 2004）。ボトムアップ制御の獲得は比較的早いとはいうものの，ボトムアップ制御による注意移動の過程において，注意を移動することと，いったん向けられた注意を切り離すことには違いがあり，特に後者は若齢成人と同様になるためには9歳くらいまでは要すると言えよう。また，近年ロスバートら（Rothbart et al., 2011）は6ヶ月未満といった低月齢の乳児は，まだその月齢では未熟な情動の制御を，すでに獲得した注意のボトムアップ制御による定位で補っていると述べている。特に，彼らがネガティブ情報から頭や身体を避ける行動の選択が，注意の定位を用いたネガティブ情報の回避により行われている可能性を指摘している。これは1章でも述べた注意機能と情動機能の相互作用や補償作用，さらには注意機能が情動機能の未成熟を補うはたらきをもっていることを示唆するものであろう。

一方，トップダウン制御が関わる意図的な注意機能が，乳児期に発達することを示す知見もある。たとえば，2種類の形や色が異なる中央固視点（固視点Aまたは B）が用意され，固視点Aの提示後には標的が左位置に提示され，固視点Bの提示後には右位置に提示される試行が繰り返し行われた際の生後2–4ヶ月の乳児の眼球運動が測定された（Johnson et al., 1991）。生後4ヶ月の乳児は，固視点を見ただけで標的が出現する方を見るようになった。これは，過去の経験により標的が出る位置を予期し，ある位置にいったん向けられた注意を切り離して正しい位置を選択するという注意の制御を行っていると考えられる。生後4ヶ月の乳児でも，固視点と標的の位置の随伴性という外因的な手がかりを利用できる。その一方で，乳児の内因的な（後述）手がかりに依存する意図的な注意の制御は，生後6ヶ月になっても獲得されず，18ヶ月までかかることも示されている（Vecera et al., 1991）。シーズら（Sheese et al., 2008）の視覚刺激系列課題では，画面中央の固視物体提示後，画面の左位置に標的1，次に下位置に標的2，再び左位置に標的1，そして右位置に標的3という系列を繰り返し提示する。これまで説明した先行手がかり課題と刺激系列課題が異なる点は，標的への注視を毎回乳児に求めていないことである。これは従来の先行手がかり課題を用いた予期過程の測定法と比較すると，注視反応の繰り返しなどの外因的または運動反復による要因の影響が少なく，内因的要因による意図的な注意の制御を測定できると考えられる。こうした点で彼らの手続きは，乳幼児の意図的な注意のトップダウン制御を検討する新たな方法になる可能性がある。その結果，生後6–7ヶ月の乳児は，系列内の各標的の提示前に，標的が出現しうる位置を予測して見ることが報告された。以上の研究から，6ヶ月未満の乳児には，トップダウン制御による意図的な注意移動は難しく，低月齢の乳児でも可能なボトムアップ制御のみでもできる刺激配置設定と，トップダウン制御でも反応反復などから選択を促す注意移動が適しているのではないかと考えられる。

また，注意移動のトップダウン制御の発達に関わる課題としてアンチサッカード課題がある（たとえば，Hallett & Adams（1980），6章参照）。この課題では，まず画面中央に固視点が提示され，参加者は眼を動かさず凝視するよう言われる。続いて，固視点が消失すると同時に，固視点の左右いずれかの少し離れた位置に標的が提示される。参加者の課題は，固視点を挟んで標的とは反対方向に視線を移動させ，その視線の移動距離は固視点位置から標的までの距離と同じだけ行うという制約もついていた。このアンチサッカード課題においては標的方向にサッカードをするという優勢反応を抑制して，標的とは反対の方向に対するサッカードを行うことを意図的に計画し実行する必要があるため，トップダウン制御の注意が機能していると考えられる。そして，標的位置に対してサッカードを行う場合に比べて，アンチサッカードでは標的が提示されてからサッカードが始まるまでの潜時が長く，サッカード中の最大速度も遅く，サッカード到達位置の誤差も大きいことが明らかになっている（たとえば，Hallett & Adams（1980））。このアンチサッカード課題の遂行は生後4ヶ月で可能となるが（Johnson, 1995），若齢成人と同様の成績となるには14歳までの時間を要する（Luna et al., 2004）。やはりトップダウン制御の発達の開始は早いが，若齢成人と同様の獲得までにはボトムアップ制御よりもさらに時間を要すると言えよう。高齢成人のアンチサッカード課題の遂行成績は，加齢とともに低下する。そのうえ，ストループ課題成績が低い高齢成人はアンチサッカード課題成績も低いことも報告されている（Mirsky et al., 2011，ストループ課題については5章参照）。これらの結果は，高齢者のトップダウン制御機能の低下を反映しているものと言えよう。

2-5　先行手がかり課題におけるインターバルの効果と生涯発達的変化

2-3節で述べたように，先行手がかり課題は，直前の手がかりにより素早く正確に標的に注意を移動できる促進効果と，手がかりによりいったん向けた位置に再度注意を向けさせる可能性を軽減することで生じる抑制効果の両方を測定できる。たとえば，自動車運転時に上方にある信号を確認した後，別の位置の歩行者に気がつくまでどれくらいかかるのかといった注意が移動する時間的側面も検討できる。ミュラーとラビット（Müller & Rabbitt, 1989）によると，若齢成人においては周辺手がかり法ではインターバルが100–175 msで促進効果が最大となり，その後は徐々に効果が減少し，すでに述べたように300 ms以上になると抑制効果に転じる。中心手がかり法では，インターバル100 msでは促進効果が見られず，175 msから効果が見られ400 msで最大となりそれより長いインターバルでもそのまま効果が持続した。こちらはすでに述べたように抑制効果に転じることはない。このように周辺手がかりに対しては効果は素早く現れるがその効果は一過性であるのに対し，中心手がかりに対しては比較的ゆっくり効果が現れその効果は持続する，すなわち手がかりによって注意の時間特性は異なる。さらに周辺手がかり法では，手がかりと同じ位置に標的が提示される有効試行の出現確率が低い，いわゆる手がかり妥当性が低い場合でも，促進効果が得られる。一方，中心手がかり法では，手がかり妥当性が高い条件でのみ促進効果が得られた（Jonides, 1981）。このことから，周辺手がかりでは手がかりが有効に利用できない場合でもボトムアップ制御が大きく影響しているのに対し，中心手がかりでは手がかりが有効であることへの期待が影響するという意味ではトップダウン制御の関与が想定されている。ただし，矢印や視線のような中心手がかりに対しても，自動的に素早く注意移動がなされることがあるという報告もある（Driver et al., 1999; Hommel et al,, 2001，視線については7章参照）。では，このようなインターバルの効果は，子どもや高齢者でも見られるのであろうか。

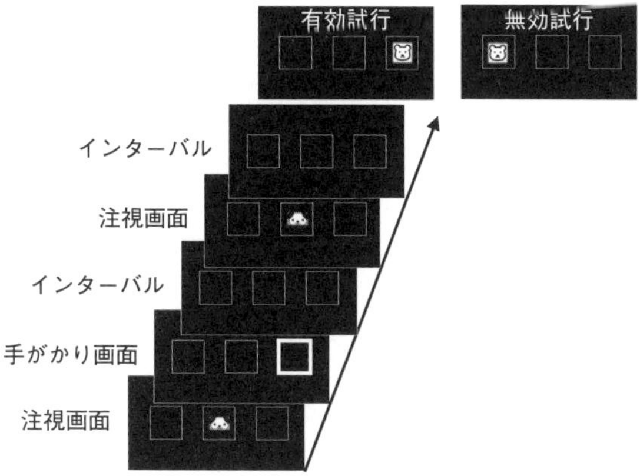

図 2-5　幼児・児童における周辺手がかり法の別の手続き

注意移動の時間特性を調べるためのインターバルの効果は，幼児・児童と若齢成人で異なる（MacPherson et al., 2003）。すでに述べたように周辺手がかり法による若齢成人の注意移動はインターバル 300 ms あたりから抑制効果が生じ始める。一方，5–10 歳児では，570–780 ms でも抑制効果が生じないが，11–17 歳児になると 570 ms でも抑制効果が生じる。幼児は若齢成人に比べて抑制効果の惹起が遅いと言えよう。マクファーソンら（MacPherson et al., 2003）は，乳児に対して設定された周辺手がかり法の手続きに合わせて，幼児・児童・青年期の子どもに対しても，手がかり刺激に対していったん向けられた注意を，再び固視物体を提示することで強制的に切り離して画面中央に戻した後に標的を提示する条件を設定した（図 2-5）。すると，5–10 歳児でも 570–780 ms で抑制効果が生じ，11–17 歳児では 360 ms でも抑制効果が生じた。手続きを変えると青年期の子どもでは若齢成人と同じような時間特性で抑制効果が確認された。さらに促進効果量が若齢成人に比べて大きかったことから，青年期の子どもは有効な手がかりをうまく利用するために時間を必要とすると考えられ，トップダウン制御だけでなくボトムアップ制御の獲得も若齢成人と比べまだ未熟なのではないかと解釈されている。さらに，乳幼児の注意移動を測定するために設定した手続き（図 2-4 および図 2-5）では，注意の切り離しに関わる過程を検討できることも指摘されている（MacPherson et al., 2003）。以上のように月齢や年齢を独立変数にした研究により，注意による促進効果と抑制効果が異なるプロセスで生じること，ボトムアップ制御やトップダウン制御の細分化が必要であることが明らかになった。

続いて，先行手がかり課題におけるインターバルの効果を検討した高齢者研究を

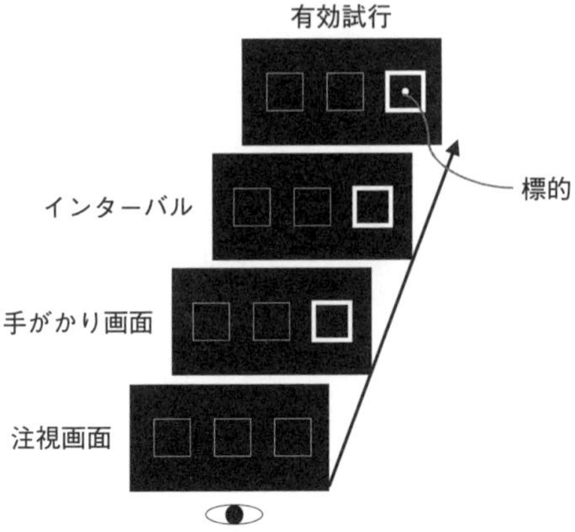

図 2-6　先行手がかり課題（手がかり継続提示）の手続き

紹介しよう。周辺手がかり法では，高齢成人においてインターバル 50–200 ms と短いと若齢成人と変わらないまたはそれ以上に促進効果が大きく生起し，もう少し長いインターバルではさらに促進効果は増加し抑制効果は生起するが小さくなる（Lincourt et al., 1997）。これは標的に移動するために，高齢成人が手がかりから注意を切り離すのが難しいことによるものとされている（Castel et al., 2003）。また，有効試行の出現確率が低い，いわゆる手がかり妥当性が低い場合でも高い場合でも見られる短いインターバルでの促進効果は，若齢成人と変わらず高齢成人でも見られる（Hartley et al., 1990）。さらにインターバルが短い時に見られる促進効果は，高齢者間でも違いが見られ前期高齢者に比べて後期高齢者の方が促進効果が大きくなる（Langley et al., 2011）。しかも，この高齢者間の差は，従来の手続きと同様に手がかりが提示された後に標的が提示される条件の方が，手がかりに続いて標的が提示された時に手がかりも引き続き提示されている条件（図 2-6）よりも大きくなる。後者の条件では，後期高齢者は前期高齢者の成績に類似する。このことから，加齢によりトップダウン制御によるたとえば「右側に出るだろう」といった注意の構えの利用に頼る傾向があるものであると考えられ，手がかりが継続提示される事態になるとこのようなトップダウン制御の維持が後期高齢者でも容易になると解釈される。一方，中心手がかり法では，インターバル 50–3000 ms まで促進効果が年齢に関わらず見られる。手がかり妥当性が高い条件でのみ促進効果が得られるためトップダウン制御の関与が想定されるこの促進効果は若齢成人と変わらず生じるだけでなく（Yamaguchi et al., 1995），効果量は若齢成人よりも大きいことさえあり（Hartley et al., 1990; Lincourt et al., 1997），そのうえインターバルの長短によって若齢成人と変わることはない。このことからも，高齢者はやはり注意の移動においてトップダウン制御に頼りがちであると考えられる。

2-6　まとめと展望

本章で示したように，注意の移動に関するボトムアップ制御の発現は新生児期であったり，トップダウン制御の発現は 4 ヶ月であったりする。しかし詳細な実験的検討により，ボトムアップ制御の中でも注意を向けることと，いったん向けた注意を他に切り離すことの発達的変化が異なることから，これらは異なるメカニズムであることも示唆されている。トップダウン制御においても単純に過去の反応履歴から次の出現位置を予測していく意図性と，それらとは別のより高次な標的位置に対する構えを意図的に利用する意図性が存在することが示唆される。さらにはトップダウン制御は 14 歳まで変化していくことや，後期高齢者が前期高齢者よりもさらにトップダウン制御に依存する傾向があることから考えると，トップダウン制御はさらに詳細な分類が必要であることが考えられる。月齢・年齢を独立変数とした場合に次々と見えてくる注意メカニズムへの新たな提案が今後も期待される。

引用文献

Aslin, R. N. (1981). Development of smooth pursuit in human infants. In D. F. Fisher, R. A., Monty, & R J. W. Senders (Eds.), *Eye movement: Cognition and visual perception* (3rd ed., pp. 31–51). Hillsdale, NJ: Erlbaum.（マーク H. ジョンソン　鹿取 廣人・鳥居 修晃（監訳）(2014).　発達認知神経科学（pp. 116–133）　東京大学出版会）

Atkinson, J., Hood, B., Wattam-Bell, J., & Braddick, O. (1992). Changes in infants' ability to switch visual attention in the first three months of life. *Perception, 21,* 643–653

Carter, J. E., Obler, L., Woodward, S., & Albert, M. L. (1983). The effect of increasing age on the latency for saccadic eye movements. *Journal of Gerontology, 38,* 318–320.

Castel, A. D., Chasteen, A. L., & Scialfa, C. T., Pratt, J. (2003). Adult age differences in the time course of inhibition of return. *Journal of Gerontology B: Psychological Science, 58,* 256–259.

Clohessy, A. B., Posner, M. I., Rothbart, M. K., & Vecera, S. P. (1991). The development of inhibition of return in early infancy. *Journal of Cognitive Neuroscience, 3,* 345–350.

Driver, J., Davis, G., Ricciardelli, P., Kidd, P., Maxwell, E., & Baron-Cohen, S. (1999). Gaze perception triggers reflexive visuospatial orienting. *Visual Cognition, 6,* 509–540.

Eriksen, B. A., & Eriksen, C. W. (1974). Effects of noise letters upon the identification of a target letter in a nonsearch task. *Perception & Psychophysics, 16,* 143–149.

Findlay, J. M., & Gilchrist, I. D. (2003). *Active vision: The psychology of looking and seeing.* New York: Oxford University Press.

Folk, C. L., & Hoyer, W. J. (1992). Aging and shifts of visual spatial attention. *Psychology & Aging, 7,* 453–465.

Haith, H. M., Hazan, C., & Goodman, G. S. (1988). Expectation and anticipation of dynamic visual events by 3.5-month-old babies. *Child Development, 59*, 467–479.

Hallett, P. E., & Adams, B. D. (1980). The predictability of saccadic latency in a novel voluntary oculomotor task. *Vision Research, 20*, 329–339.

Hartley, A. A., & Kieley, J. M. (1995). Adult age differences in the inhibition of return of visual attention. *Psychology & Aging, 10*, 670–683.

Hartley, A. A., Kieley, J. M., & Slabach, E. H. (1990). Age differences and similarities in the effects of cues and prompts. *Journal of Experimental Psychology: Human Perception & Performance, 16*, 523–537.

Hommel, B., Pratt, J., Colzato, L., & Godijn, R. (2001). Symbolic control of visual attention. *Psychological Science, 12*, 360–365.

Johnson, M. H. (2010). *Developmental cognitive neuroscience* (3rd ed.). Malden, MA: Wiley-Blackwell.（マーク H. ジョンソン　鹿取 廣人・鳥居 修晃（監訳）(2014). 発達認知神経科学（pp. 116–133）東京大学出版会）

Johnson, M. H. (1995). The inhibition of automatic saccades in early infancy. *Developmental Psychobiology, 28*, 281–291.

Johnson, M. H., Posner, M. I., & Rothbart, M. K. (1991). Components of visual orienting in early infancy: Contingency learning, anticipatory looking, and disengaging. *Journal of Cognitive Neuroscience, 3*, 335–344.

Jonides, J. (1981). Voluntary versus automatic control over the mind's eye's movement. *Attention and performance IX, 9*, 187–203.

Langley. L. K., Friesen, C. K., Saville, A. L., & Ciernia, A. T. (2011). Timing of reflexive visuospatial orienting in young, young-old, and old-old adults. *Attention Perception & Psychophysics, 73*, 1546–1561.

Lewis, T. L., Maurer, D., & Milewski, A. (1971). The development of nasal detection in young infants. *Investigative Ophthalmology and Visual Science Supplement, 271.*

Lincourt, A. E., Folk, C. L., & Hoyer, W. J. (1997). Effects of aging on voluntary and involuntary shifts of attention. *Aging Neuropsychology, & Cognition, 4*, 290–303.

Luna, B., Garver, K. E., Urban, T. A., Lazar, N. A., & Sweeney, J. A. (2004). Maturation of cognitive processes from late childhood to adulthood. *Child Development, 75*, 1357–1372.

MacPherson, A. C., Klein, R. M., & Moore, C. M. (2003). Inhibition of return in children and adolescents. *Journal of Experimental Child Psychology, 85*, 337–351.

Mirsky, J. B., Heuer, H. W., Jafari, A., Kramer, J. H., Schenk, A. K., Viskontas, I. V., Neuhaus, J., Miller, B. L., & Boxer, A. L. (2011). Anti-saccade performance predicts executive function and brain structure in normal elders. *Cognitive Behavior Neurology, 24*, 50–58.

Moschner, C., Baloh, R. W. (1994). Age-related changes in visual tracking. *Journal of Gerontology, 49*, 235–238.

Müller, H. J., & Rabbitt, P. M. (1989). Reflexive and voluntary orienting of visual attention: Time course of activation and resistance to interruption. *Journal of Experimental Psychology; Human Perception & Performance, 15*, 315–330.

Nissen, M. J., & Corkin, S. (1985). Effectiveness of attentional cueing in older and younger adults. *Journal of Gerontology, 40*, 185–191.

Posner, M. I. (1980). Orienting of attention. *Quarterly Journal of Experimental Psychology, 32*,

3–25.

Posner, M. I., & Cohen, Y. (1984). Components of visual orienting. In H. Bouma, & D. G. Bouwhuis (Eds.), *Attention and performance X* (pp. 531–556). Hove, East Sussex, UK: Lawrence Erlbaum Associates.

Posner, M. I., & Rothbart, M. K. (2007). *Educating the human brain*. Washington, DC: American Psychological Association.（ポズナー，M. I.・ロスバート，M. K.　武藤 隆（監修）近藤 隆文（訳）（2007）．脳を教育する（pp. 95–111）　青灯社）

Posner, M. I., Walker, J. A., Friedrich, F. J., & Rafal, R. D. (1984). Effects of parietal injury on covert orienting attention. *The Journal of Neuroscience, 4*, 1863–1874.

Rothbart, M. K., Sheese B. E., Rueda M. R., & Posner M. I. (2011). Developing mechanisms of self-regulation in early life. *Emotion Review, 3*, 207–213.

Rueda, M. R., Fan, J., McCandliss, B. D., Halparin, J. D., Gruber, D. B., Lercari, L. P., & Posner, M. I. (2004). Development of attentional networks in childhood. *Neuropsychologia, 42*, 1029–1040.

Sheese, B. E., Rothbart, M. K., Posner, M. I., White, L. K., & Fraundorf, S. H. (2008). Executive attention and self-regulation in infancy. *Infant Behavior & Development, 31*, 501–510.

Stechler, G., & Latz, E. (1966). Some observations on attention and arousal in the human infant. *Journal of American Academy of Child and Adolescent Psychiatry, 5*, 517–525.

Valenza, E., Simion, F., & Umilta, C. (1994). Inhibition of return in newborns. *Infant Behavior & Development, 17*, 293–302.

Vecera, S. P., Rothbart, M. K., & Posner, M. I. (1991). Development of spontaneous alternation in infancy. *Journal of Cognitive Neuroscience, 3*, 351–354.

Yamaguchi, S., Tsuchiya, H., & Kobayashi, S. (1995). Electrophysiologic correlates of age effects on visuospatial attention shift. *Cognitive Brain Research, 3*, 41–49.

3章 注意の容量

河原純一郎

3-1　注意の容量と作業記憶

食事中に，急須から自分の湯飲みにお茶を注いで飲むことを考えてみる。目的に合った行動をするためには，いくつかのものが並ぶ食卓から必要な情報（急須，自分の湯飲み）を選び出し，不要なものを無視し，行動を組み立てる必要がある。そうしなければ醤油差しをつかみ，隣席の人の茶碗に醤油を注いでしまうかもしれない。注いだ先の情報を更新し，適切なタイミングで注ぐ行動を止めなければ，お茶があふれ出してしまう。この例のように，適応的な行動に関わるのが注意であり，情報の取捨選択，抑制，制御など複数の認知機能の総称である。これまでの研究から，一度に注意を向けられる対象は成人では約 3–4 個と言われており，その範囲が私たちにとって一度に認識し，扱える限界であると言える（Cowan, 2016; Ricker et al., 2010; Sperling, 1960; Luck & Vogel, 1998; 坪見・齊藤・苧阪・苧阪，2019）。

先の例では，急須，自分の湯飲み，お茶を注ぐという行動目標で 3 つぶんの容量を使う。加えて，熱いお茶をこぼさないよう，慎重に手を制御しなければならないかもしれない。そのため，精緻な行動目標の達成にはいっそう大きい容量を使うかもしれず（Alvarez & Cavanagh, 2004），4 個という容量を使い切ることになる。もし，隣席の人とおしゃべりしながらこの行動をしていれば，おしゃべりにも容量を使うので，容量の上限を超えて手の制御に失敗してお茶をこぼしたり，会話がうつろになるかもしれない。認知心理学ではこうした注意の対象を一時的に留めておくはたらきは，作業記憶という仕組みが担うと考えられている。短期記憶と作業記憶は類似した機能を含むが，作業記憶は，暗算のように同時にその情報を変換・加工したり，文章を読む時のように理解するといった，処理機能も含まれるという点が異なる。また，広い意味での作業記憶には注意の制御，自動的な反応の抑制，自己制御も含まれる。こうした作業記憶の容量は，どのような発達をたどるのだろうか。本章では作業記憶の容量を注意の容量とは同義と見なし，加齢による変化を論じる。

3-2　作業記憶容量の測定法

作業記憶（working memory）容量はいくつかの手法で測定されてきた（表 3-1）。リーディングスパンテストやオペレーションスパンテストは情報の保持と処理の両方の機能を果たす作業記憶の定義どおり，2 種の課題を同時に行う二重課題形式（3-4 参照）で容量（スパン）を測る。リーディングスパンテストの日本語版では，参加者は文を音読しながら文中の下線が引かれた単語を記憶する（苧阪・苧阪，1994）。若齢成人（20–39 歳）ではこの課題での作業記憶容量の平均は 3.5 スパンであったが，中年者（40–59 歳）では 2.5，高齢者（60–82 歳）では 2.0 と加齢とともに減少した（Meguro et al., 2000）。同様に，ジェンキンスら（Jenkins et al., 1999）は二重課題下で次々に提示される数字や空間配列（4×4 のマス目の埋まった位置）をいくつ記憶できるかを測定した。その結果，図 3-1 のように加齢とともに作業記憶容量は増大し始め，若齢成人をピークとしてその後減少していた。N-バック課題や計数スパン課題，定速聴覚連続加算検査（Paced Auditory Serial Addition Task; PASAT）は，参加者は次々に提示される文字や数字，あるいは図形を見て，あらかじめ決められた条件に合致するものを検出したり，後から合致した個数を報告する。これらの課題を用いても二重課題形式の指標と同様に，児童期から若齢成人にかけて正答率が増大するが，その後は加齢に伴って正答率は低下する（Pelegrina et al., 2015; 高齢者の N-back）。

図 3-2 は若齢成人に注目して，さまざまなタイプの刺激について測定した作業記憶容量が加齢とともに増加するようすを示している（Cowan, 2016; Gathercole et al., 2004）。特徴的なのは視覚パターンと迷路課題で測定した作業記憶容量は，他の刺激タイプに比べて特に急激に増大していることである。これは幼児期から児童期

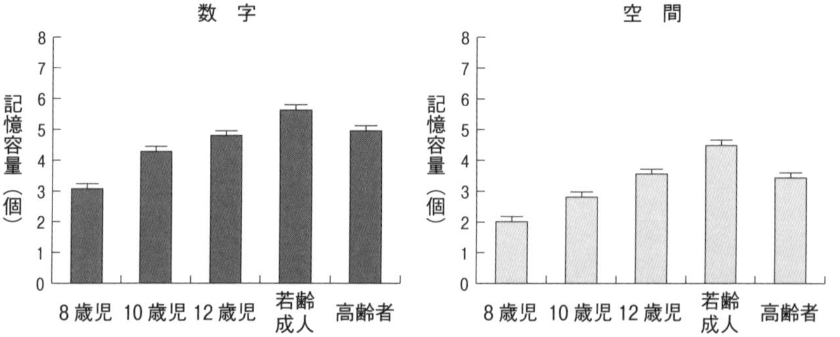

図 3-1　年齢別の作業記憶容量（Jenkins et al., 1999）

表 3-1　作業記憶容量の測定法

課題	手続き	出典
リーディングスパンテスト	提示されるいくつかの文を読みながら下線部の単語（日本語版）を記憶する。文の提示が終わると，記憶した単語を提示された順に再生する。 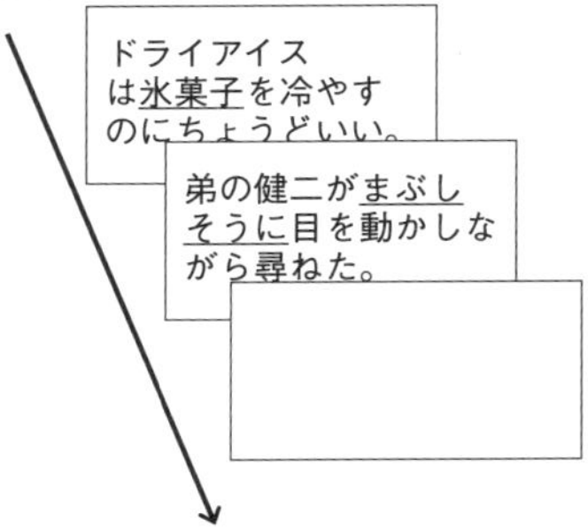 	苧阪 満里子・苧阪 直行（1994）．読みとワーキングメモリ容量──日本語版リーディングスパンテストによる測定──　心理学研究, *65*, 339-345. Daneman, M., & Carpenter, P. A.（1980）. Individual differences in working memory and reading. *Journal of Verbal Learning and Verbal Behavior*, *19*, 450-466.
オペレーションスパンテスト	計算式の次の数字が正しい答えになっているかを判断し，その次の文字を覚える。この繰り返しを何度か行い，文字が出てきた順を答える。 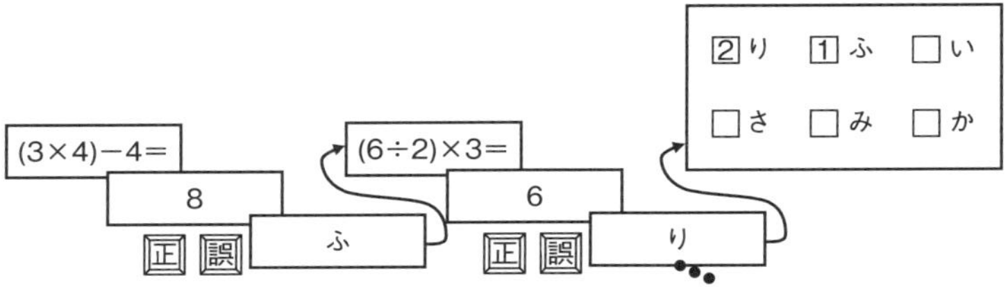 	Turner, M. L., & Engle, R. W.（1989）. Is working memory capacity task dependent Journal of Memory and Language, 28, 127-154. 小林 晃洋・大久保 街亜（2014）．日本語版オペレーションスパンテストによるワーキングメモリの測定　心理学研究, *85*, 60-68.

N-バック課題	指定されたNの数だけ記憶をさかのぼって，いま提示されているものと同じか否かを判断する。2-back であれば，いまのものと2つ前が同じかを判断する。 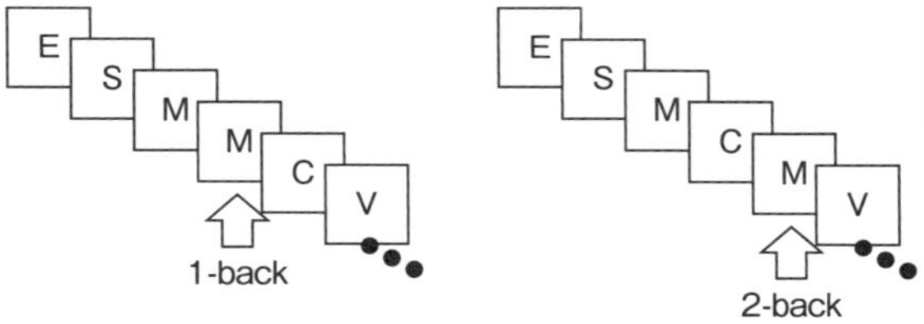 	Kirchner, W. K.（1958）. Age differences in short-term retention of rapidly changing information. *Journal of Experimental Psychology*, *55*, 352–358. López-Vicente, M., Forns, J., Suades-González, E., Esnaola, M., García-Esteban, R., Álvarez-Pedrerol, M., ... & Sunyer, J.（2016）. Developmental trajectories in primary schoolchildren using n-back task. *Frontiers in Psychology*, *7*, article 716.
計数スパン課題	カードごとの緑の点の数を数え，記憶し，最後にそれぞれのカードごとに何個緑の点があったかを答える。黄色の点は数えない。 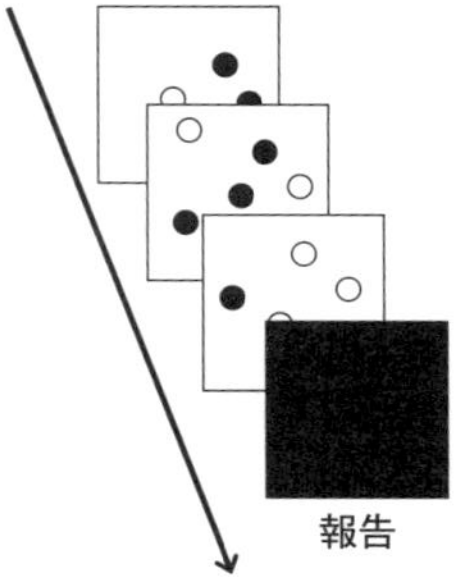 	Case, R., Kurland, M., & Goldberg, J.（1982）. Operational efficiency and the growth of short-term memory. *Journal of Experimental Child Psychology*, *33*, 386–404.
定速聴覚連続加算検査（PASAT）	いまの文字と直前の文字を足して10になったらキーを押す。 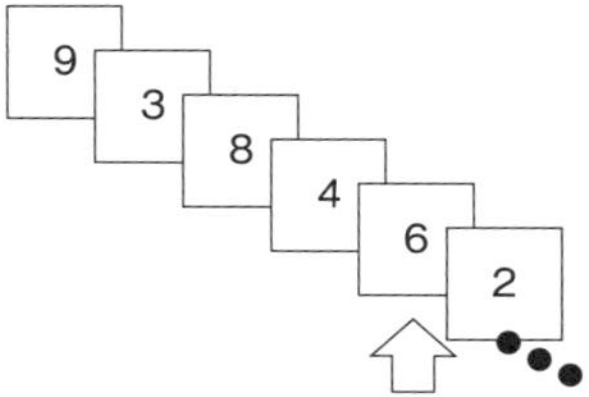 	Tombaugh, T. N.（2006）. A comprehensive review of the paced auditory serial addition test（PASAT）. *Archives of Clinical neuropsychology*, *21*, 53–76.

部分報告法	記憶すべきものを提示し，消えた後で手がかりに基づいてその一部を再生報告する。手がかりは再生するものの位置や属性を矢印や音の高さなどで教える。	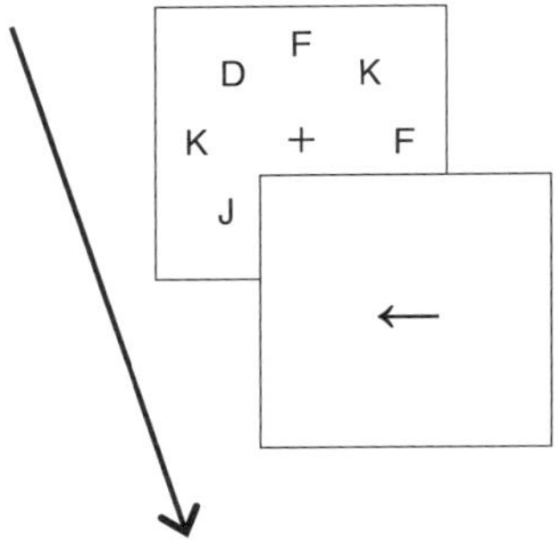	Sperling, G.（1960）. The information available in brief visual presentations. *Psychological Monographs: General and Applied*, 498, 1–29. Lu, Z.- L., Neuse, J., Madigan, S., & Dosher, B. A.（2005）. Fast decay of iconic memory in observers with mild cognitive impairments. *Proceedings of the National Academy of Sciences of the United States of America*, *102*, 1797–1802.
変化検出法	数個のものを提示し，少ししてから一部を変化させて再提示する。成人版では変化前と変化後を交互に提示する。乳児版では，変化がある画面（左列の一組（3個提示）と，変化がない画面（右列の一組（3個提示）を対提示する。	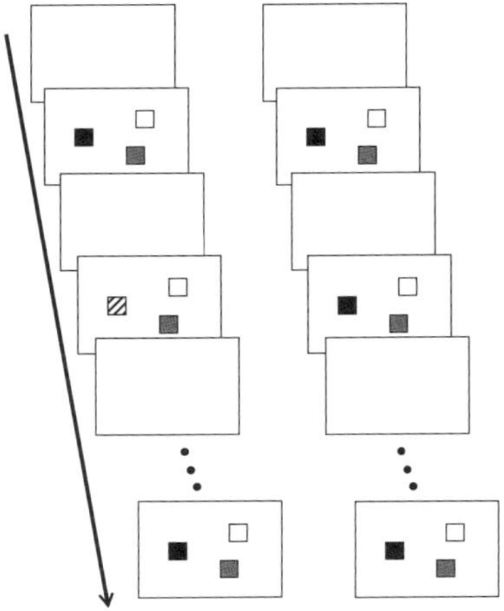	Luck, S. J., & Vogel, E. K.（1997）. The capacity of visual working memory for features and conjunctions. *Nature 390*, 279–281. Ross-Sheehy, S., Oakes, L. M., & Luck, S. J.（2003）. The development of visual short-term memory capacity in infants. *Child Development*, *74*, 1807–1822.

物体遮蔽法	物体を乳児の前に提示し，遮蔽する。遮蔽した後，再びその物体を見せる。この時，特徴（形状）を変化させたり，物体の個数を変化させ，乳児の気づき反応から何個・どの特徴を記憶できるかを評価する。 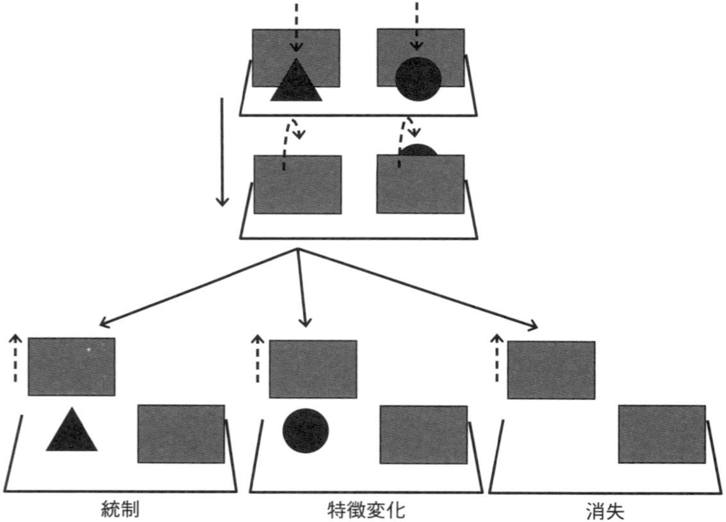 	Kibbe, M. M., & Leslie, A. M. (2011). What do infants remember when they forget? Location and identity in 6-month-olds' memory for objects. *Psychological Science*, *22*, 1500–1505.

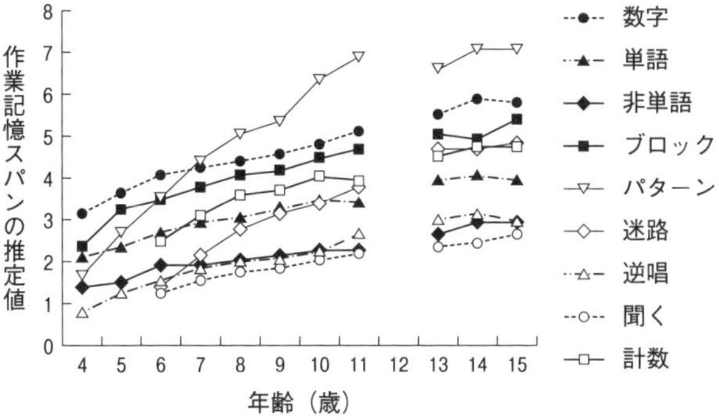

図 3-2　若齢成人の作業記憶容量（Cowan, 2016; Gathercole et al., 2004）

にかけて空間配置の認識能力が向上することを反映している。

言うまでもないが，どの手法で測定したとしても作業記憶課題成績は若齢成人では発達とともに向上し（Bolton, 1892），若齢成人をピークとして低下に転じるという傾向を描く（Grégoire & Van Der Linden, 1997）。幼児から若齢成人に至るまでの間に，さまざまなタイプの作業記憶課題の成績が向上する。しかし，これは必ずしも記憶容量の増大を反映していることをはっきりと示しているとは言えない。それは，この成績向上を容量の増大以外の他の理由で説明できるからである。たとえば，加齢とともに認知処理の効率が向上し，必要となる処理時間が短縮するせいかもしれない。実際に，交絡した要因を統制することによって，年齢差が容量の差ではなく，記憶のリフレッシュレート（更新頻度）の差（Gailard et al., 2011）や制御機能の発達差（Schwarz et al., 2015）が関与していることを示唆している研究もある。そうは言うものの，この他，注意，知識，非関連情報の排除，符号化，リハーサル方略，パターン形成能力が発達するが，それらを統制しても（Cowan, 2016; Pailian et al., 2016）作業記憶容量は幼児から若齢成人にかけて増大するように見える。

発達とともに作業記憶容量が増えているように見えるのは，記憶する際に年齢とともに大きいチャンクを作れるようになるからかもしれない。チャンクとは，情報のまとまりを指す。“ONETWO”という文字列をそのまま覚えようとすると6つのスパンを使って記銘しなければならないだろう。しかし，これを“ONE”，“TWO”とまとめる（チャンク化）ことで2つのスパンで済ませることができる。一度につくることができるチャンクの大きさが発達とともに大きくなれば，実際は容量自体が増えていなくても，見かけ上は多くの情報が記憶できることになり，容量の増大と区別がつかなくなる。

加齢とともに記憶のチャンク化が発達するのか，それとも記憶容量が増えるのかを調べるために，ギルクリストら（Gilchrist et al., 2009）は小学校1年生（6–7歳），6年生（11–12歳），および大学生に文を音声で提示した。3つの群に分けられた参加者は，すべての文を聞いた後，1分以内に覚えていることをすべて再生した。短文（4）条件は短い文（たとえば，「隣人は野菜を売っている」）を4つ聞いた。短文（8）条件は短い文を8つ聞いた。長文（4）条件は，長い文（たとえば，「隣人は野菜を売っているが，フルーツジュースも作っている）を4つ聞いた。文は長さが工夫してあり，リハーサルができないくらい長めになっていた（Baddeley, 1986）。先述した，短文（4）条件と短文（8）条件は文の数だけが異なっていて，それぞれの文の内部構造は同じだった。したがって，覚えておけるスペースの数（容量）が大きければ，再生しようとする文が増えるだろう。すなわち，チャンクの数は短文をどれだけ多く再生しようとしたかで判断できるだろうとギルクリストらは考えた。短文（8）と長文（4）条件は，リスト全体の長さは同じだったが，長文には2つの節があった。もし，チャンクのサイズが大きければ，その2つの節をひとまとめにすることができるだろう。そのため，チャンクのサイズは1つの文に出てきた単語の再生率を計測すればよいことになる。実験の結果，再生された文の数は加齢とともにわずかに増えていた。1年生では平均2.5であったが，成人では3.0だった。しかし，1つの文から再生された単語数はどの文でも80%程度で，年齢群間に違いはなかった。したがって，年齢に伴う作業記憶の課題成績が向上しているのは，チャンクのサイズが増大しているからではなく，基本的な作業記憶容量が増えていることに起因することを示唆している。

3-3　変化検出法と物体遮蔽法

これまで述べてきた手法は主として，言語や記号を使っていたり，何を見たか・聞いたかを参加者に再生してもらう課題であった。したがって，これらは教示が通じる幼児以降を対象とした研究で用いられてきた。次に述べる変化検出法と物体隠蔽法は，乳児にも適用できる方法で，興味深い知見が得られている。

変化検出法について，まず成人対象の研究を紹介する（Luck & Vogel, 1997）。コンピュータ画面に色つきの四角形をいくつか提示しては消し，再び同じものを提示しては消すこと繰り返すという手続きをとる。そして，再度出現する時に，時々1つだけ色などの特徴を変えておき，参加者がこの変化に気づくかを調べる。提示する四角形の数が1個だけの場合は，その色が変化すれば簡単にわかるだろう。四角形の数が作業記憶の容量の範囲内であれば正答はできるはずである。しかし，四角形の数がさらに増え，作業記憶の容量を超えてしまうと，どこにどの色があったかがわからなくなる。したがって，この数を操作することで視覚作業記憶の容量を個数として測ることができる。若齢成人では約3–4個の視覚作業記憶容量があり，それぞれ1つ1つにものの特徴やそれらの組み合わせが一時的に保存できていることがわかった。この測定値は高い再テスト信頼性をもち，流動性知能と高い相関（Fukuda et al., 2010; Johnson et al., 2013）を示すことが知られている。

この手法を作りかえ，ロス・シーヒーら（Ross-Sheehy et al., 2003）は乳児用の作業記憶容量を測定した。表3-1の変化検出課題のように，成人には1組（3個提示）しか提示していなかった図形を左右に1組ずつ提示した。左右どちらも，図形は消えては出現することを繰り返す。このうち左右の配列どちらかに変化する要素を混ぜておいた。そして乳児から反応を取り出すために，選好注視法を組み込んだ。もし，乳児が変化に気づけば，びっくりしてその箇所を長く注視するはずである。実験の結果，6.5ヶ月児は左右に1項目ずつ提示した場合ならば，色の変化に気づくことがわかった。すなわち，6.5ヶ月児の作業記憶容量は1つだった（Kaldy & Leslie, 2005）。他の月齢でも試したところ，その後乳児の作業記憶容量は飛躍的に増大した。8ヶ月以降の乳児は，3個程度，12ヶ月児では4個まで覚えていられることがわかった（Kwon et al., 2014; Oakes et al., 2013; Kibbe & Leslie, 2013）。オークスら（Oaks et al., 2013）は，図形の反復をせずに，記憶すべき配列を提示した後，その中から1つと，提示されていないもの1つを対提示し，この2つに対して選好注視法で乳児の反応を調べた。そのようにしてもなお，8ヶ月児は新奇項目を見る時間が長かったことから，配列を覚えていたと言える。一方，成人と同様に一組の配列のみを提示したり消したりする手法に戻し，幼稚園児や小学校低学年児童で測定すると，答えられる項目数は2–2.5個であった（Riggs, McTaggart, Simpson, & Freeman, 2006; Simmering, 2012）。

物体隠蔽法は，もともとは作業記憶を測るために作られたものではなく，物体の永続性を調べる古典的研究（Piaget, 1977）から派生したものであった。ピアジェの手法では，実物を布や板などで隠す。そして乳児はその隠された場所を探索し，手を伸ばす行動を測定していた。この手法を利用して，実物を物理的にあり得る変化やあり得ない変化をさせて再び見せた時，乳児がどういう反応をするかを測定することで，乳児が遮蔽された物体についてどのような表象を形成しているかを調べることができる（表3-1）。ある物体が隠されたとして，その表象ができていれば，遮蔽を取り去った時に物体が消えていた場合は乳児はびっくりするという反応を示すだろう。キッベとレズリー（Kibbe & Leslie, 2011）は，6ヶ月児にこうした実験を実施した。その結果，2つのものが遮蔽物の後ろに隠れ，遮蔽が上がった時にものが消えていたらびっくりするが，別の遮蔽物の後ろに隠れた違う物になっていても6ヶ月児は驚かなかった。この結果は，6ヶ月児でも遮蔽された後は複数の物体の表象をもっていることを示している。しかし，その表象は原始的なもので，個々の物体についての色や形などの詳細は含まれていないことがわかる。上述のロス・シーヒーら（Ross-Sheehy et al., 2003）の手法では，それぞれのものの色が何であるかを知っておく必要があったがキッベとレズリーの物体隠蔽法では，「何かものがある」という水準だけで記憶できるかを測っていると言える。さらに，8ヶ月以降の乳児では物体の詳細はわからないものの，3個程度のものを覚えられる容量があった。また，1歳頃には3個を区別できる（Kibbe & Leslie, 2013）ことがわかった。これは乳児と成人（Luck & Vogel, 1997）とで手続きが同じだと見なせば，乳児と成人はほぼ同程度の作業記憶容量だということを意味する。

これに類似した手法で，物体表象の特性と個数について調べた事例もある（Zosh & Feigenson, 2012, 2015; 表3-1）。この手続きでは，まず乳児の前に箱が置かれ，そこに3つのもの（たとえばおもちゃのネコ，くつ，バス）が隠される。その後，乳児がその箱に手を突っ込んで取り出せるようにする。この時，いくつかをこっそりと違うものに取り替えておく（バスをブラシに）。乳児はこのような場面で，最初に見たものがまだ箱から出てきていないことに気づいて，箱の中を探すだろうか。箱を探し続けるならば，乳児は出てきたものは最初に箱に入ったものを記憶しており，それらとは違うことを認識しているという証拠になる。実験の結果，18ヶ月児では隠すものの数が2個の時までは，取り替えがあった時は乳児は探し続けた。しかし3個の場合は取り替えの有無にかかわらず，乳児は探し続けていた。したがって，18ヶ月の乳児の作業記憶容量は2個であると言える。特徴が明らかに異なるものに取り替えた場合（おもちゃのネコをスライム状のものに）は，3個の時もまだ箱の中を探りに行く行動が見られた。あまりにも異なるものを含めて3つ取り出した場合は，まだ出てきていない3個目が箱にあるに違いないと考えていることがわかる。13ヶ月児だと，隠したものを全部取り替えた時に3–4個までは探せることがわかった。そのため，13–18ヶ月の乳児は，細かい特徴までは保持できていないくらいの水準ではあるが，3–4個程度のものを留めておくだけの作業記憶容量をもっていると言える。

3-4　二重課題

注意容量の発達的変化を明らかにするためには，上述のように直接容量を測るというアプローチの他に，複数の課題を同時あるいは非常に近いタイミングで遂行できるかを調べる方法がある。注意の瞬き法は文字や単語，画像などを1秒間に10枚程度のスピードで1つずつ提示して，その中に含まれる標的（target）を2つ見つけるという課題（Raymond, Shapiro, & Arnell, 1992）である。たとえば，無作為な順で1文字ずつ現れるアルファベット文字の中に，2つひらがなを標的として混ぜておく。そして，1つめの標的のすぐ後にもう1つの標的が出たり，もう少し後に出るよう操作する。すると，1つめの標的はたいてい90％程度は正答できる。しかし，2つめの標的は，1つめの直後（200 ms）に出る時はきわめて見落とされやすい。標的の間隔を長くしていくと2つめの標的の正答率は向上し，若齢成人では700–800 ms程度経てば，標的が1つだけの場合と同程度の精度で正答できるようになる。標的間隔が短い時の見落としは，作業記憶への情報の書き込みには時間がかかることを反映している。第1標的を見つけたら，後から報告するためにこれを作業記憶に固定化しなければならない。これには時間を要し，約700–800 msしてようやく回復し，次の標的を受け入れる準備が整う。こうした第2標的の成績低下を注意の瞬きと呼ぶ。

ツルミら（Tsurumi et al., 2019）が7–8ヶ月の乳児で注意の瞬き現象が生じることを見出している。ラッソら（Russo et al., 2017）によると，注意の瞬きの大きさ（正答率の低下具合）は7–15歳では違いがないが，回復時間は加齢とともに短縮するという。マショカスとクロノール（Maciokas & Crognale, 2003）は高齢者（65–74歳）では，第1標的の正答率は若齢成人よりも10％程度低かった。さらに，第2標的の見落としは大きく，回復時間も長いことを見出した。若齢成人18–27歳は第2標的の正答率が50％程度まで低下し，600 msまでに回復したのに対し，高齢者は30％程度まで正答率が低下し，回復までには1秒以上かかった。しかし，興味深いことに第2標的の見落としが最も多くなる時間帯は年齢群間には差はなかった。ゲオルギュ=カリスティアニスら（Georgiou-Karistianis et al., 2007）は同様の課題を用いて，18–39歳の間に注意の瞬きの量が減少し，その後は年齢に伴って増大することを報告している。

注意の瞬きは2つの標的を時間的にずらして提示するのに対し，古典的な二重課題は2つの課題を文字どおり同時に課す。そのため，言語教示が可能になる年齢からが対象になる。これまで，子どもの二重課題成績の発達的変化を測ることには問題があると言われてきた。注意を2つの課題に分割する能力は全体的な能力と交絡するためである。また，二重課題の困難度を統制した場合には，必ずしも児童期に年齢に伴う発達傾向が見られない場合（Saxena et al., 2017）もある。アーウィン=チェイスとバーンズ（Irwin-Chase & Burns, 2000）は，単一課題成績で子どもの能力の差を統制しておいて，2年生（8歳）から5年生（11歳）では，2つの課題の重要性が等しい場合には二重課題成績差は見られないことを示した。しかし，優先順位を変えると，5年生のみが二重課題で注意資源を重みづけて分配できることがわかった。ヤンら（Yang et al., 2017）も Greenwich Multitask Test という成人向けのマルチタスク課題（Burgess et al., 2000）を子ども向けにしたもの（Battersea Multitask Paradigm; Mackinlay et al., 2006）と Six Elements Test（Siklos & Kerns, 2004）を用いて，7，9，11歳児に年3回マルチタスク課題を実施した。得られた横断・縦断データから，12歳までに単純な課題であれば効率的に注意資源を分配してマルチタスクができるようになることがわかった。

一方，高齢者では加齢に伴って二重課題の成績が低下することは想像に難くない。そのような成績低下が起こる原因として，いったん主課題から副課題へ切り替わると，高齢者は副課題を切り離すこと，および主課題に再度取りかかることの失敗が挙げられている（Clapp et al., 2011）。実験では参加者は fMRI で脳機能計測をしつつ1枚の風景画像を記憶した後に現れる顔画像の年齢と性別を答え，次に風景写真の記憶テストをした。その結果，高齢者は若齢成人に比べて，顔課題をしない時よりもした時のほうが，風景課題の成績が低かった。どちらの年齢群でも，顔課題に対して記憶の維持から顔処理に資源を移していた。重要なことに，若齢成人は顔判断が済むとすぐに記憶維持課題に戻ることができたが，高齢者は顔課題からの引き離しと，中断した風景記憶ネットワークを再度確立することに失敗していた。

3-5　妨害と作業記憶

すでに見てきたように，作業記憶容量は幼少期から若齢成人までに増加する。作業記憶の発達の中で最も重要な側面の1つは非関連情報を無視して関連情報に注目する能力の増大である。エリオット（Elliott, 2002）は数字リストを見せて，あとから思い出させた。この時，静かな所でさせる場合，あるいは人の声や音のノイズがある場面でこの課題を行った。この時，子どもに不利にならないよう，あらかじめ測った作業記憶に見合った単語長に記憶リストを調整した。7-8歳児は無音の環境では約70%の正答率だったが，無作為な順で次々に単語が聞こえる時（赤，青，緑，高い，大きい，小さいなど）の正答率は約30%と，大きく低下した。若齢成人（19歳）は音声の妨害効果が10%未満と非常に小さかった。非関連会話音は発達とともに減って，成人では非関連会話音の影響は10%減かそれよりも少ない程度だった。

非関連な情報を排除する能力と作業記憶容量は密接な関係がある。すなわち，この作業記憶容量が大きい個人ほど妨害を受けにくい（Fukuda & Vogel, 2009; 1章，

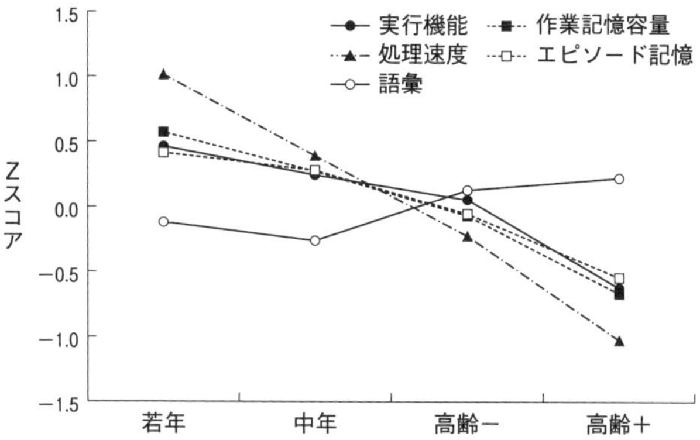

図 3-3　標準化した年齢ごとの認知成績（McCabe et al., 2010）

注意捕捉参照)。逆に，作業記憶容量が小さい個人は覚える必要のないことを覚えようとして，結果的に作業記憶容量を圧迫する（Vogel, McCollough & Machizawa, 2005)。その作業記憶容量の個人差は年齢群間でも同様に妨害の受けやすさと対応している。幼児や高齢者は作業記憶容量は成人に比べて小さく，妨害を受けやすい（高齢者については Hasher & Zacks, 1988)。作業記憶容量の大きさは必要な情報を選び取る効率の高さを反映している。裏を返せば，作業記憶容量が小さいと不要な情報をうまく捨てられず，妨害を受けやすいと言える（Conway et al., 2001; Vogel, McCollough & Machizawa, 2005)。ギャザコール（Gathercole, 2008）は，子どもが反抗したり，理解しない様子を見せるのは，作業記憶に基づく不全かもしれないという応用研究を報告している。子どもの行動の失敗は，妨害によって課題目標を忘れてしまったり，課題をうまく遂行するための情報を忘れてしまうという可能性にも注目する必要があるかもしれない。

高齢者では作業記憶容量は低下し，同時にエピソード記憶も減退し，処理速度や実行機能（Salthouse, Atkinson, & Berish, 2003）が低下する（図 3-3; McCabe et al., 2010)。処理速度の低下は行動目的の維持不全（目的無視）を引き起こしやすい。高齢者では，情報処理速度が遅い個人ほど目的無視が起こりやすいという知見がある（Iveson et al., 2017)。作業記憶容量が低下するのは，非関連なものごとからの妨害から耐えられなくなっていることが原因かもしれないと考えたマクナブら（McNab et al., 2015）は，スマートフォンのゲームアプリを作成して 18 歳から 69 歳の合計約 3 万人に参加してもらい，この仮説を検証した。4×4 のマスに現れる赤い丸の位置を覚えておく課題で，時々黄色い丸も出ることがあるが，これは無視しなければならなかった。マッケイブらは妨害するタイミングを操作した。1 つは記銘中に同時に妨害する条件で，覚えるべき赤丸と同時に黄色い丸も提示した。もう1つは保持時間中に妨害する条件で，赤い丸を記銘し，画面が消えた後，再生する前に黄色い丸を提示した。実験の結果，高齢者は特に保持期間中の妨害に強く邪魔されていた。興味深いことに，高齢者では記銘中の同時妨害条件の成績と，妨害がない場合の記憶成績は同程度だった。そして，同時妨害条件で不要な黄色い丸をうまく除外できている高齢者ほど，作業記憶容量が大きいことがわかった。高齢者は作業記憶に情報を書き込む時よりも維持している時に妨害を受けやすい。この弱みを補償するために，高齢者は情報を書き込む時の仕組みが変わるのかもしれないとマクナブらは述べている。そのため，作業記憶の訓練としては保持を鍛えるよりも，妨害を受けにくくすることを鍛えたほうがよいのかもしれない。

3-6　作業記憶容量発達のパラドックス？

ここまで見てきたように，また，だれもが信じていることと同様に，平たく言うと乳幼児期から若齢成人期に至るまでは作業記憶容量は加齢とともに増加することは疑いがない。しかし，測定結果には一致しない部分がある。変化検出法と物体遮蔽法で測った結果では，乳児期後期ですでには3–4個の容量がある。これは，若齢成人の作業記憶容量は3–4個程度という周知の事実からすると，作業記憶容量は乳児期後期ですでに若齢成人のレベルにまでに達していることになってしまう。一方で，成人と同様の手法で測定すると，幼稚園児や小学校低学年児童の容量のほうが乳児よりも少なく，2–2.5個となるというパラドックスが生じる。そのため，測定手続きを等質だと見なすと，作業記憶容量は6ヶ月を過ぎた辺りから急激に若齢成人程度にまで発達し，その後いったん減少し再び増大する，つまり，いわゆるU字曲線を描くという解釈になってしまう。さらに，乳児期だけに注目しても，ロス=シーヒーら（Ross-Sheehy et al., 2003）の6.5ヶ月児は，特徴か位置の違いを検出できたのは1要素の時だけであった。一方，キッベとレズリー（Kibbe & Leslie, 2011）の6ヶ月児は少なくとも2つのものを複数の位置で覚えていられた。

こうした不一致は測定法の違いによるもので，実際には発達上にそのような作業記憶容量の減少があるわけではないだろう。この不一致は，提示されたものを符号化するまでの時間や，保持時間，特徴が変化する際の複雑さといった違いではないだろう。なぜならば，これらの細かい変数の違いは同じ測定手法を使ったものどおしでもかなり違っているにもかかわらず，手法内では得られる結果が一致しているためである。カウアン（Cowan, 2016）は，乳児版と成人版の測定手続きには注意の制御に本質的な違いがあると示唆している。彼の考えによると，作業記憶に入る

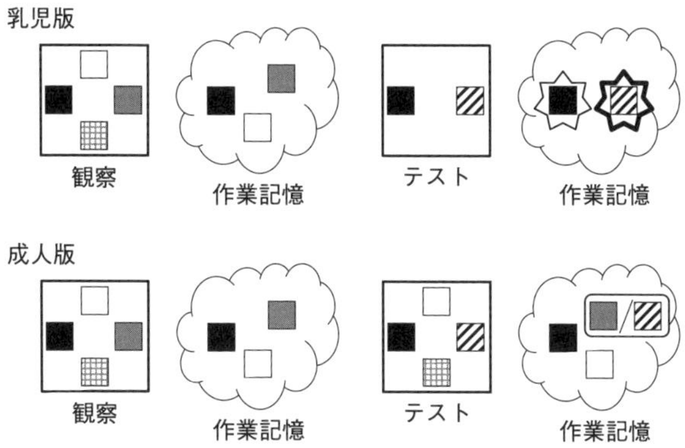

図 3-4　記憶容量が 3 個という仮定の下での，各年齢版変化検出課題ごとの記憶内容の比較（Cowan, 2016）

には 2 つのルートがある。1 つは顕著な刺激が自動的に注意捕捉をする場合で，もう 1 つは意図的に長期記憶から検索して活性化する場合である。そして，乳児版の課題では意図的制御を使わなくても，自動的制御だけで課題を遂行できてしまうと言う。図 3-4 で詳しく説明すると，乳児版（たとえば Oakes et al., 2013）では，変化がある画面と，変化がない画面が対提示される。変化があったほうの画面には新たに出た要素があり，これが自動的な制御に注意捕捉を起こす。そのため，眼球運動を引き起こしやすくなり，注視されやすくなる。一方，成人版（たとえば Luck & Vogel, 2008）では比較画面が単体で交代々々で出る。そのため，変化した要素は意図的制御で作業記憶から検索してこなければならない。つまり，自動的に課題が遂行できてしまう乳児版のほうが成績が高くなると説明される。

さらに，注目すべき測定手法の違いとして，キッベ（Kibbe, 2015）は 2 種類の作業記憶表象の形式を指摘している。具体的には，特徴に基づく表象と，物体に基づく表象という作業記憶表象が 2 種類あり，課題ごとに異なる形式を対象としていると彼女は指摘している。この 2 つの形式は物体認知の理論では古くから区別されている。特徴に基づく表象は，個々の特徴を束ね合わせたものだといえる。たとえば机の上に置かれているペンは黒，水平，細いという特徴を組み合わせたもので，これらすべての特徴を忘れてしまうと，このペンは記憶表象から消えてしまう。特徴に基づく表象は物理法則を破って消えたり，出現したりしても永続しうる。一方，物体に基づく表象は，ものとして存在しうるための物理的特性情報を含む。すなわち，どの位置にあって，つかむならどれくらいの大きさなのかという情報をもち，おまけとして色や形の情報を含んでいてもよい。この表象は，乳児ではちょうどキッベとレズリー（Kibbe & Leslie, 2011）が見出したような細かい特徴が忘れられても，「そこになにかがあった」という基礎となる物体の表象である。特徴に基づく表象とは違って，遮蔽された後に消えたり，分離したといった物理法則が破られると，この表象は破棄される。若齢成人では，この物体に基づく表象は複数物体追跡課題（Scholl & Pylyshyn, 1999）で見えてくる。この課題は，ちょうど水槽の中にたくさんいるメダカのうち数匹を目で追うことを模した課題で，成人は形状がまったく同じものに紛れる4個程度（8歳以降は4個，高齢者では3個; Trick et al., 2003, 2005）を追跡できる。追跡は遮蔽があっても続けられるが物理的な永続性の原則を破る場合（急に消えたり変形したり）は追跡に失敗する。

いずれの形式も，色や形といったものの特徴を含んでおり，物体の認識には使うことができる。また，もちろん乳児だけでなく，これらの表象は生涯使われる。図形が突然消えたり，再度出現するという手続きを用いる変化検出法に対処するためには，特徴に基づく表象が使われており，一方の物体隠蔽法では物体に基づく表象が主として使われる。そのため，変化検出法も物体隠蔽法も作業記憶を測定する手続きではあるものの，対象としている表象の性質が異なるため，結果として得られる容量が異なると解釈される。

加齢に伴う注意の発達に関しては非常に多くの知見が得られている。全体としては一貫して，若齢成人をピークとした作業記憶容量の増加とその後の減少（Matsuyoshi, Osaka, & Osaka, 2014; Peich, Husain, & Bays, 2013）という周知の傾向がある。そうしたなかで上述のマクナブら（McNab et al., 2015）のように，高齢者では単なる機能低下だけでなく補償が起こるという発見は興味深い。また，作業記憶容量は高次認知機能の要であることから，訓練法の開発とその効果評定も続いている（Shinaver et al., 2014）。これらの成果の蓄積は実験室研究だけでなく実生活場面（たとえばWechsler et al., 201）への展開できる可能性が大いにあり，発展が期待できる。

引用文献

Alvarez, G. A., & Cavanagh, P. (2004). The capacity of visual short term memory is set both by visual information load and by number of objects. *Psychological Science, 15,* 106–111.

Baddeley, A. (2012). Working memory: Theories, models, and controversies. *Annual Review of Psychology, 63,* 1–29.

Bolton, T. L. (1892). The growth of memory in school children. *American Journal of Psychology, 4,* 362–380.

Burgess, P. W., Veitch, E., de Lacy Costello, A., & Shallice, T. (2000). The cognitive and neuroanatomical correlates of multitasking. *Neuropsychologia, 38,* 848–863.

Clapp, W. C., Rubens, M. T., Sabharwal, J., & Gazzaley, A. (2011). Deficit in switching between functional brain networks underlies the impact of multitasking on working memory in older adults. *Proceedings of the National Academy of Sciences of the United States of America, 108,* 7212–7217.

Conway, A. R. A., Cowan, N., & Bunting, M. F. (2001). The cocktail party phenomenon revisited: the importance of working memory capacity. *Psychonomic Bulletin & Review, 8,* 331–335.

Cowan, N. (2001). The magical number 4 in short-term memory: A reconsideration of mental storage capacity. *Behavioral and Brain Sciences, 24,* 87–185.

Cowan, N. (2012). Working memory: The seat of learning and comprehension. In S. Della Sala & M. Anderson (Eds.), *Neuroscience in Education: The good, the bad, and the ugly* (pp. 111–127). Oxford, UK: Oxford University Press.

Cowan, N. (2016). Working memory maturation: Can we get at the essence of cognitive growth? *Perspectives on Psychological Science, 11,* 239–264.

Daneman, M., & Carpenter, P. A. (1980). Individual differences in working memory and reading. *Journal of Verbal learning and Verbal Behaviour, 19,* 450–466.

Elliott, E. M. (2002). The irrelevant-speech effect and children: Theoretical implications of developmental change. *Memory & Cognition, 30,* 478–487.

Fraser, S., & Bherer, L. (2013). Age-related decline in divided-attention: From theoretical lab research to practical real-life situations. *WIREs Cognitive Science, 4,* 623–640.

Fukuda, K., & Vogel, E. K. (2009). Human variation in overriding attentional capture. *Journal of Neuroscience, 29,* 8726–8733.

Fukuda, K., Awh, E., & Vogel, E. K. (2010). Discrete capacity limits in visual working memory. *Current Opinion in Neurobiology, 20,* 177–182.

Gaillard, V., Barrouillet, P., Jarrold, C., & Camos, V. (2011). Developmental differences in working memory: Where do they come from? *Journal of Experimental Child Psychology, 110,* 469–479.

Gathercole, S. E. (2008). Working memory in the classroom. *The Psychologist, 21,* 382–385.

Gathercole, S. E., Pickering, S. J., Ambridge, B., & Wearing, H. (2004). The structure of working memory from 4 to 15 years of age. *Developmental Psychology, 40,* 177–190.

Grégoire, J., & Van Der Linden, M. (1997). Effect of age on forward and backward digit spans. *Aging, Neuropsychology, and Cognition, 4,* 140–149.

Georgiou-Karistianis, N., Tang, J., Vardy, Y., Sheppard, D., Evans, N., Wilson, M., ... & Bradshaw, J. (2007). Progressive age-related changes in the attentional blink paradigm. *Aging, Neuropsychology, and Cognition, 14,* 213–226.

Gilchrist, A. L., Cowan, N., & Naveh-Benjamin, M. (2009). Investigating the childhood development of working memory using sentences: New evidence for the growth of chunk capacity. *Journal of Experimental Child Psychology, 104,* 252–265.

Hasher, L., & Zacks, R. T. (1988). Working memory, comprehension, and aging: A review and a new view. In G. H. Bower (Ed.), *The psychology of learning and motivation.* San Diego, CA: Academic Press.

Irwin-Chase, H., & Burns, B. (2000). Developmental changes in children's abilities to share and allocate attention in a dual task. *Journal of Experimental Child Psychology, 77,* 61–85.

Iveson, M. H., Della Sala, S., Anderson, M., & MacPherson, S. E. (2017). Goal neglect, fluid intelligence and processing speed: Manipulating instruction load and inter-stimulus interval. *Acta Psychologica, 176,* 1–10.

Jenkins, L., Myerson, J., Hale, S., & Fry, A. F. (1999). Individual and developmental differences in working memory across the life span. *Psychonomic Bulletin & Review, 6,* 28–40.

Johnson, M. K., McMahon, R. P., Robinson, B. M., Harvey, A. N., Hahn, B., Leonard, C. J., ... & Gold, J. M. (2013). The relationship between working memory capacity and broad measures of cognitive ability in healthy adults and people with schizophre-nia. *Neuropsychology, 27,* 220–229.

Kaldy, Z., & Leslie, A. M. (2005). A memory span of one? Object identification in 6.5-month-old infants. *Cognition, 97,* 153–177.

Kibbe, M. M., & Leslie, A. M. (2011). What do infants remember when they forget? Location and identity in 6-month-olds' memory for objects. *Psychological Science, 22,* 1500–1505.

Kibbe, M. M., & Leslie, A. M. (2013). What's the object of object working memory in infancy? Unraveling "what" and "how many". *Cognitive Psychology, 66,* 380–404.

Kibbe, M. M. (2015). Varieties of visual working memory representation in infancy and beyond. *Current Directions in Psychological Science, 24,* 433–439.

小林 晃洋・大久保 街亜 (2014). 日本語版オペレーションスパンテストによるワーキングメモリの測定　心理学研究, *85,* 60–68.

Kwon, M., Bao, P., Millin, R., & Tjan, B. S. (2014). Radial-tangential anisotropy of crowding in the early visual areas. *Journal of Neurophysiology, 112,* 2413–2422.

Luck, S. J., & Vogel, E. K. (1997). The capacity of visual working memory for features and conjunctions. *Nature, 390,* 279–281.

Luck, S. J., & Vogel, E. K. (1998). Response from Luck and Vogel. *Trends in Cognitive Sciences, 2,* 78–80.

Maciokas, J. B., & Crognale, M. A. (2003). Cognitive and attentional changes with age: Evidence from attentional blink deficits. *Experimental Aging Research, 29,* 137–153.

Mackinlay, R., Charman, T., & Karmiloff-Smith, A. (2006). High functioning children with autism spectrum disorder: A novel test of multitasking. *Brain and Cognition, 61,* 14–24.

Matsuyoshi, D., Osaka, M., & Osaka, N. (2014). Age and individual differences in visual working memory deficit induced by overload. *Frontiers in Psychology, 5,* article 384.

McCabe, D. P., Roediger, H. L., McDaniel, M. A., Balota, D. A., & Hambrick, D. Z. (2010). The relationship between working memory capacity and executive functioning: Evidence for a common executive attention construct. *Neuropsychology, 24,* 222–243.

McNab, F., Zeidman, P., Rutledge, R. B., Smittenaar, P., Brown, H. R., Adams, R. A., & Dolan, R. J. (2015). Age-related changes in working memory and the ability to ignore distraction. *Proceedings of the National Academy of Sciences of the United States of America, 112,* 6515–6518.

Meguro, Y., Fujii, T., Yamadori, A., Tsukiura, T., Suzuki, K., Okuda, J., & Osaka, M. (2000). The nature of age-related decline on the reading span task. *Journal of Clinical and Experimental Neuropsychology, 22,* 391–398.

Oakes, L. M., Baumgartner, H. A., Barrett, F. S., Messenger, I. M., & Luck, S. J. (2013). Developmental changes in visual short-term memory in infancy: Evidence from eye-tracking. *Frontiers in Psychology, 4,* article 697.

Oakes, L. M., & Luck, S. J. (2013). Short-term memory in infancy. In P. J. Bauer & R. Fivush

(Eds.), *The Wiley handbook on the development of children's memory* (pp. 157–180). Malden, MA: Wiley-Blackwell.

苧阪 満里子・苧阪 直行（1994）．読みとワーキングメモリ容量――日本語版リーディングスパンテストによる測定―― 心理学研究, *65*, 339–345.

Pailian, H., Libertus, M. E., Feigenson, L., & Halberda, J. (2016). Visual working memory capacity increases between ages 3 and 8 years, controlling for gains in attention, perception, and executive control. *Attention, Perception, & Psychophysics, 78*, 1556–1573.

Pelegrina, S., Lechuga, M. T., García-Madruga, J. A., Elosúa, M. R., Macizo, P., Carreiras, M., ... & Bajo, M. T. (2015). Normative data on the n-back task for children and young adolescents. *Frontiers in Psychology, 6*, article 1544.

Peich, M. C., Husain, M., & Bays, P. M. (2013). Age-related decline of precision and binding in visual working memory. *Psychology and Aging, 28*(3), 729.

Piaget, J. (1977). The essential Piaget. In H. E. Gruber & J. J., Voneche (Eds.), New York, NY: Basic Books.

Raymond, J. E., Shapiro, K. L., & Arnell, K. M. (1992). Temporary suppression of visual processing in an RSVP task: An attentional blink? *Journal of Experimental Psychology: Human Perception and Performance, 18*, 849–860.

Ricker, T. J., AuBuchon, A. M., & Cowan, N. (2010). Working memory. *WIREs Cognitive Science, 1*, 573–585.

Riggs, K. J., McTaggart, J., Simpson, A., & Freeman, R. P. J. (2006). Changes in the capacity of visual working memory in 5- to 10-year-olds. *Journal of Experimental Child Psychology, 95*, 18–26.

Ross-Sheehy, S., Oakes, L. M., & Luck, S. J. (2003). The development of visual short-term memory capacity in infants. *Child Development, 74*, 1807–1822.

Russo, N., Kates, W. R., & Wyble, B. (2017). Developmental changes in feature detection across time: Evidence from the attentional blink. *Journal of experimental child psychology, 164*, 32–44.

Salthouse, T. A., Atkinson, T. M., & Berish, D. E. (2003). Executive functioning as a potential mediator of age-related cognitive decline in normal adults. *Journal of Experimental Psychology: General, 132*, 566–594.

Saxena, S., Cinar, E., Majnemer, A., & Gagnon, I. (2017). Does dual tasking ability change with age across childhood and adolescence? A systematic scoping review. *International Journal of Developmental Neuroscience, 58*, 35–49.

Scholl, B. J., & Pylyshyn, Z. W. (1999). Tracking multiple items through occlusion: Clues to visual objecthood. *Cognitive Psychology, 38*, 259–290.

Schwarz, H., Schlittmeier, S., Otto, A., Persike, M., Klatte, M., Imhof, M., & Meinhardt-Injac, B. (2015). Age differences in the irrelevant sound effect: A serial recognition paradigm. *Psihologija, 48*, 35–43.

Shinaver, C. S. III, Entwistle, P. C., & Soderqvist, S. (2014). Cogmed WM training: Reviewing the reviews. *Applied Neuropsychology: Child, 3*, 163–172.

Siklos, S., Kerns, K. A. (2004). Assessing multitasking in children with ADHD using a modified Six Elements Test. *Archives of Clinical Neuropsychology, 19*, 347–361.

Simmering, V. R. (2012). The development of visual working memory capacity during early childhood. *Journal of Experimental Child Psychology, 111*(4), 695–707.

Sperling, G. (1960). The information available in brief visual presentations. *Psychological Monographs: General and Applied, 498*, 1–29.

Trick. L., Audet, D., & Dales, L. (2003). Age differences in enumerating things that move: Implications for the development of multiple-object tracking. *Memory & Cognition, 31*, 1229–1237.

Trick, L., Jaspers-Fayer, F., & Sethi, N. (2005). Multiple-object tracking in children: The "Catch the Spies" task. *Cognitive Development, 20*, 373–387.

坪見 博之・齊藤 智・苧阪 満里子・苧阪 直行 (2019). ワーキングメモリトレーニングと流動性知能――展開と制約――　心理学研究, *90*, 308–326.

Tsurumi, S., Kanazawa, S., Yamaguchi, M. K., & Kawahara, J. (2019). Attentional blink in preverbal infants. Poster presented at the 19th VSS conference. St. Pete Beach, Florida.

Turner, M. L., & Engle, R. W. (1989). Is working memory capacity task dependent? *Journal of Memory and Language, 28*, 127–154.

Vogel, E. K., McCollough, A. W., & Machizawa, M. G. (2005). Neural measures reveal individual differences in controlling access to working memory. *Nature, 438*, 500–503.

Wechsler, K., Drescher, U., Janouch, C., Haeger, M., Voelcker-Rehage, C., & Bock, O. (2018). Multitasking During Simulated Car Driving: A Comparison of Young and Older Persons. *Frontiers in Psychology, 9*, article 910.

Yang, T. X., Xie, W., Chen, C. S., Altgassen, M., Wang, Y., Cheung, E. F., & Chan, R. C. (2017). The development of multitasking in children aged 7-12 years: Evidence from cross-sectional and longitudinal data. *Journal of Experimental Child Psychology, 161*, 63–80.

Zosh, J. M., & Feigenson, L. (2012). Memory load affects object individuation in 18-month old infants. *Journal of Experimental Child Psychology, 113*, 322–336.

Zosh, J. M., & Feigenson, L. (2015). Array heterogeneity prevents catastrophic forgetting in infants. *Cognition, 136*, 365–380.

4章

注意の焦点範囲

蔵冨 恵・河西哲子

私たちは網膜に投射された情報すべてを処理するのではなく，あたかも「スポットライト」を当てるかのように，限定した領域に注意を向けて，その領域内の情報を優先的に処理する（Posner et al., 1980）。さらに，注意が向けられる領域の大きさは調整することもでき，大きい時よりも小さい時の方がその領域内の情報処理が促進される程度は高いため，注意には「ズームレンズ」のような機能もあると言われる（Eriksen & St. James, 1986）。たとえば，初めての場所へ行く時には，周辺の目印になるものを探すために注意を広げたり，手元の地図で現在位置や細かい情報を確認するために注意を狭めたりするだろう。また，注意が向けられる空間範囲は経験によっても変化することがわかっており，水平方向に注意を必要とするサッカー選手では左右方向に広く，反対に垂直方向に注意を必要とするバレーボール選手では上下方向に広いらしい（Hüttermann et al., 2014）。このことは，空間に向けられる注意がその広さだけでなく形も可変であることを示す。本章ではそれらが生涯を通じてどのように発達していくのかを見ていこう。

4-1　焦点化された注意の範囲

4-1-1　フランカー課題で検討される空間的注意の範囲

注意を特定の場所に焦点化する時，その空間範囲をどれくらいの大きさに絞ることができるのかを検討する方法として，エリクセンとエリクセン（Eriksen & Eriksen, 1974）によるフランカー（flanker）課題がある（2章も参照）。フランカーとは側面に位置することを意味する。この課題ではたとえば，図4-1のように，参加者は5文字の文字列の中から，中心の標的文字が“H”であるか“S”であるかについて，対応するボタンをできるだけ速く正確に押すよう求められる。提示される文字列は，“HHHHH”のように標的文字とフランカー文字が同じ反応を導く一致試行と，“SSHSS”のように異なる反応を導く不一致試行が設けられ，それらの条件がランダム順に提示される。不一致試行では，標的文字とフランカー文字が

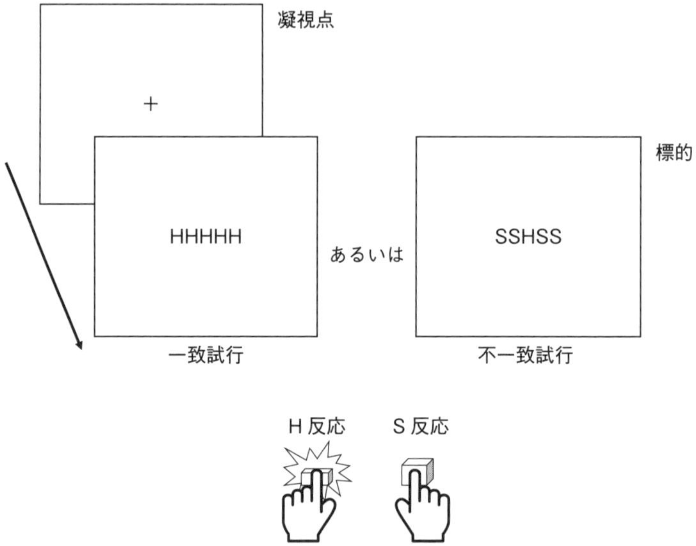

図 4-1　フランカー課題の例

知覚的に異なるだけではなく，標的文字への反応に対してフランカー文字に対する反応からの干渉が生じるため，一致試行に比べて反応時間は遅延し，誤答率も上昇する。このような条件間の遂行成績の差はフランカー効果と呼ばれ，標的文字をフランカー文字から適切に選択できた時には減少する。

フランカー効果はフランカー文字からの干渉を抑制できなかった程度，つまり抑制能力の指標ともなるが（抑制機能については5章，6章を参照），ここで重要な点は，標的とフランカー刺激の間の物理的な距離によって，フランカー効果が変動することである（Cerella, 1985; Eriksen & Eriksen, 1974）。エリクセンとエリクセン（Eriksen & Eriksen, 1974）は，若齢成人を対象として文字列内の文字間の距離を，視角にして0.06°，0.5°，1°の3段階で操作した。その結果，文字間の距離が遠いほどフランカー効果が減少した。このように注目する位置から遠ざかるほど周辺情報からの干渉が小さくなることは，注意のスポットライトの明るさが中心から外側に向けて弱まっていくような注意の特性を表すと考えられる。ただしフランカー効果は標的とフランカー文字の距離が約5°離れていても生起し（Goolkasian, 1999; Miller, 1991），標的とフランカー刺激の色や運動方向などの特徴の類似性，つまり刺激間の知覚的群化の度合いによっても変動する（Driver & Baylis, 1989）。このことは，注意の空間範囲は単純に視野の位置だけで決まるのではなく，刺激を構成する特徴にも影響されることを示す。

4-1-2 注意の空間範囲における生涯発達

注意が向けられる空間範囲の大きさは，空間手がかり法（2章参照）でも調べられている。手がかり刺激の大きさを操作した実験では，生後8ヶ月の子どもでさえも，注意を瞬時に狭くしたり広くしたりと調整できることが示されている(Ronconi et al., 2016)。

一方で，不要な情報を排除するために注意の焦点範囲を縮小させる能力については，上述したようなフランカー課題においてフランカーを片側だけに提示する実験で調べられている。エンスとギルガス（Enns & Girgus, 1985）は平行に並べられた2つの矢印の中から，左側に提示される矢印の向きを答える課題を平均して約5歳と8歳の子ども，および19歳の若齢成人を対象として行った。この課題は，“←←”のように同じ向きの矢印が提示される一致条件と，“←→”のように異なる向きの矢印が提示される不一致条件からなり，右側に配置された矢印は左側の矢印から，視角にして0.5°，2°，4°，8°，16°のいずれかの位置にランダム順に提示された。その結果，不一致試行の反応時間が一致試行よりも遅延する干渉効果が生じたのは，5歳群では4°以下の時，8歳群では0.5°の時であった。19歳群は0.5°の時のみ干渉効果が統計的に有意傾向であった。

またパストとビュラック（Pastò & Burack, 1997）は，4歳，5歳，7歳，および9歳の子ども，さらに21–29歳の若齢成人を対象に，画面中央に提示された標的刺激が○か＋かを判断する課題を行った。その際，標的刺激を単独で提示する条件と，その左右に妨害刺激（たとえば，@や#）を提示する条件を設け，さらに標的と妨害刺激の距離を近い時には0.95°，遠い時には5.7°と操作した。その結果，妨害刺激が標的刺激に近い時は年齢にかかわらず標的刺激に対する反応が遅延したが，妨害刺激が遠い時には4歳群でのみ遅延した。

以上の知見から，不要な情報を排除するために注意の焦点範囲を縮小させる機能は，少なくとも上述のような一度に提示される刺激数が少ない状況では，5歳頃には若齢成人と同等になると考えられる。一方でこのような縮小機能は，成熟後は加齢とともに低下する。フランカー課題において標的文字とフランカー文字が近い時には，高齢成人では若齢成人に比べてフランカー効果が増加することが示されている（Cerella, 1985; Zeef & Kok, 1993; Zeef et al., 1996）。ジーフら（Zeef et al., 1996）は，若齢成人と高齢成人に対して，標的文字とフランカー文字の距離を視角にして0.47°，0.93°，1.40°，3.26°と操作したフランカー課題を実施した。その結果フランカー効果は，文字間の距離が一番狭い0.47°の時にのみ高齢成人の方が大きく，それより離れている時には年齢間の差は見られなかった。したがって高齢成人は若齢成人に比べると，注意の範囲を縮小することが困難になることが示唆された。

4-1-3　注意の空間範囲における生涯発達への知覚的負荷の影響

ところでフランカー課題で測定される注意の焦点範囲は知覚的負荷によっても変動することもわかっている。知覚的負荷とは，標的を複数の刺激から見つける時や，特徴の小さな違いを弁別する時などに生じる負荷であり，記憶に関わる認知的負荷と区別される（Lavie, 2005）。興味深いことに知覚的負荷が高い時，フランカー課題で周辺に提示される妨害刺激による干渉効果が減少する。この現象は，注意のズームレンズがぐっと絞られたような状態を考えるとわかりやすい。有限な知覚処理資源のうちの多くが課題関連の刺激の処理に向けられれば，課題非関連な刺激への配分量が減少し，そのため干渉も減少するのである。

注意の焦点範囲への知覚的負荷の影響に関する最初の発達的研究では高齢者と若齢者が比較された。メイヤーとラヴィ（Maylor & Lavie, 1998）は特定の色の標的文字を弁別する視覚探索画面において，刺激数を１，２，４，６個と変えて知覚的負荷を操作し，その横に１つの大きなフランカー刺激を提示した。その結果，まず若齢者に比べて高齢者では低負荷時（１個）のフランカー効果の増加が確認された。重要な点は，若齢成人におけるフランカー効果は1–4個で変わらず6個において消失した一方で，高齢成人では1–4個で段階的に減少したことである。この結果は，高齢者では知覚処理資源の減少により若齢者よりも低い負荷で注意焦点の大きさが調節されたことを示すと解釈できる。ちなみにこれらの結果は，フランカー効果を一致条件の反応時間で割った値でも変わらず，高齢者における全般的な反応の遅れによっては説明できなかった。しかしながら後に行われた同様の実験では高齢者における負荷量1–4個の変化に伴うフランカー効果の減少は再現されておらず（Madden & Langley, 2003），さらなる検討が必要である。

子どもにおける注意の焦点範囲の知覚的負荷による調節に関する研究では，事象関連電位（９章参照）が用いられた（Couperus, 2011）。この実験のロジックは比較的シンプルである。中心で行われる課題の知覚的負荷が高い時，周辺に提示される視覚刺激の感覚誘発成分であるP1やN1の振幅が減衰することが，妨害刺激の知覚処理の減少，つまり注意焦点が縮小したことの直接的な指標となる。7–9歳，10–12歳，13–15歳，16–18歳，19歳以上の若齢成人といった幅広い年齢層が調べられた結果，年齢の増加によりP1頂点潜時は短縮し，知覚処理速度が速まることが示されたが，知覚的負荷による振幅の減少は変わらなかった。したがって学齢期から若齢成人にかけては知覚的負荷による注意の焦点調節は同様に起こることが示唆された。

4-2　注意の形状

物体の動きを追従する時の眼球運動は，乳幼児では水平方向から垂直方向へと発達していくことが示されている（Grönqvist et al., 2005）。さらにその傾向は若齢成人でも継続し，垂直方向よりも水平方向の方にスムーズであり，両方向が同等と言うわけではない（Rottach et al., 1996）。つまり，注意の大きさも水平方向と垂直方向では異なると考えられる。

実際，中央に注意を向けた状態での注意の及ぶ空間範囲は，横長の楕円形であることが示されている（Egly & Homa, 1984; Hüttermann et al., 2014）。フュッターマンら（Hüttermann et al., 2014）は，若齢成人に対し，凝視点を挟んで左右に配置した物体群を対提示した後，それらの物体の特徴について応えさせる課題によって注意の空間範囲を測定した。たとえば，凝視点の左側にライトグレーの三角形３つとダークグレーの三角形１つからなる物体群を，右側にはダークグレーの円１つ，ライトグレーの円２つ，ダークグレーの三角形１つからなる物体群を同時に提示し，各視野におけるライトグレーの三角形の個数を答えさせた。この例では，左側には１つ，右側には３つが正答となる。この時提示される物体群の位置を0°／180°（左右），45°／225°（対角），90°／270°（上下），135°／315°（対角）と操作し，さらに物体群間の距離を視角にして2°刻みで2°から60°とした。結果，水平方向の場合は約16°，垂直方向の場合は約13°，対角線方向の場合は約14°離れている刺激に対して高い遂行成績（正答率75%）を維持できることを示した。

このように注意は楕円形に分布するが，左右対称ではない。若齢成人では注意は中心からやや左側に向けられやすく，逆を言えば右側が無視されやすいことが知られる。たとえば，水平線分上の中心に見えるところに印をつける線分二等分課題では，若齢成人は線分の中央よりもやや左側に逸れる（Jewell & McCourt, 2000）。このような注意の左方向への偏りは，空間的注意の制御機能が対側の右半球で優位であることから生じると考えられている。

子どもでは右半球の機能が発達途上であるため，注意が左側に寄る傾向が小さいことを示す知見が蓄積されている（Patro et al., 2018）。また加齢に伴い右半球の機能低下が生じるという仮説に一致して，高齢成人では注意の左バイアスが減少するか，時には注意が右に寄ることが示されている（Benwell et al., 2014; Schmitz & Peigneux, 2011）。

4-3　刺激の階層構造と注意の範囲

4-3-1　局所・大域への注意

以上は主に注意が向けられる空間範囲について述べたが，実際の視覚場面には大小さまざまな物体があるだけでなく，それらは顔における目や鼻のようにさまざまな部分から成り立つ階層性がある。ネイヴォンは（Navon, 1977），図4-2の右側のように，小さな“S”（局所文字）から大きな“H”（大域文字）が構成される階層的刺激（ネイヴォン刺激とも呼ばれる）において，大域文字あるいは局所文字が“H”か“S”かを同定する課題を行った。たとえば小さな“S”で構成された大きな“S”が提示される一致試行（図4-2左），また小さな“S”で構成された大きな“H”が提示される不一致試行（図4-2右）があった。興味深いことに，いずれの試行でも局所文字よりも大域文字の方が速く同定され，さらには局所文字を同定する時には，不一致の大域文字からの干渉が生じ反応が遅延した。一方で大域文字を同定する時には不一致の局所文字による影響は少なかった。これらの結果は局所情報よりも大域情報が優先的に処理されることを示し，大域優先性（global precedence）と呼ばれる（Navon, 2003）。日常的には，たとえば山を見た時，大

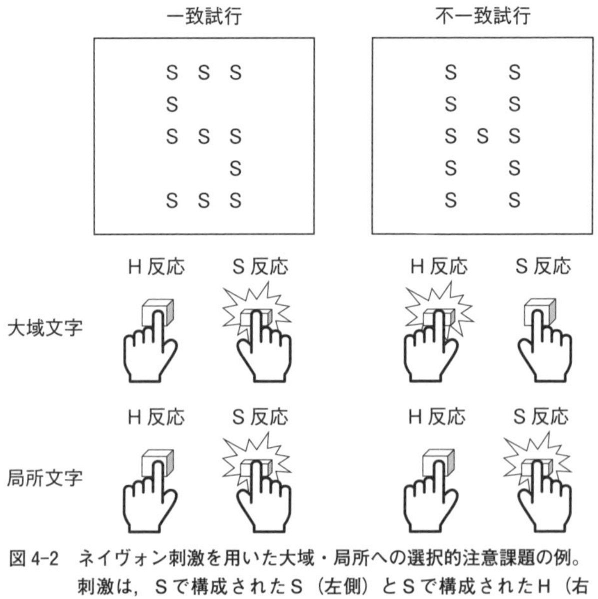

図4-2　ネイヴォン刺激を用いた大域・局所への選択的注意課題の例。刺激は，Sで構成されたS（左側）とSで構成されたH（右側）。

域情報である森を見てから局所情報である木を見るということにあたり，若齢成人において注意は，大域情報の方に向けられやすいことが示唆されている。

大域優先性は成人期において頑健に見られるが，必ず生じると言うわけではない。キンクラとウォルフ（Kinchla & Wolfe, 1979）は，ネイヴォン刺激内の大域水準と局所水準のいずれかに，特定の標的文字が含まれるか否かを判断する課題を行った。たとえば標的文字が“T”の時に，図4-2右のような“S”で構成された“H”が提示された時には，大域水準および局所水準のいずれにおいても“T”が含まれないため No 反応が正答となる。またこの課題では，大域文字の大きさを視角にして 4.8°，6.7°，8.0°，10.3°，22.1°の5段階に操作された。その結果，大域文字の大きさが小さい時には，大域文字に標的文字が含まれる時の方が局所文字にそれが含まれる時よりも検出が速い大域優先性が見られた。一方，大域文字が 10°を超える時には，局所文字に標的文字が含まれる時の方が大域文字にそれが含まれる時よりも検出が速かった。したがって，大域優先性が生じる注意の大きさは最大 10°程度であることが示された。

また，局所・大域の処理は大脳半球によって異なることも示されており，大域情報は右半球，局所情報は左半球でそれぞれ優位に処理される（Fink et al., 1997; Hübner et al., 2007; Lamb et al., 1990）。したがって，大域処理を行う際には左視野，局所処理を行う際には右視野に刺激を提示した方が，反応時間が速く，誤答率も低くなる。ただしこのような半球優位性は，大域・局所の階層というよりも，実際には刺激の顕著性に関わることを示す証拠がある。たとえば局所刺激の色を交互に変えて局所情報の顕著性を高め，大域情報のまとまりを低下させると優先性が逆転し，この効果は各半球への磁気刺激により調節される（Mevorach et al., 2006）。通常，局所情報は複数あるため互いに競合して顕著性が低下する一方で，画面に1つしかない大域情報には競合する相手がなく，結果として顕著になり得るのである。

4-3-2　局所・大域への注意における生涯発達

馴化・脱馴化法においてネイヴォン刺激を用いた研究では，生後3，4ヶ月から大域情報と局所情報の区別が可能であり，大域情報に対して局所情報よりも敏感であることが示されている（Ghim & Eimas, 1998; Frick et al., 2000）。しかしキムチ（Kimchi, 1990）は，単に大域優先性が生得的にあるのではなく，3歳児では，局所刺激が少ない時には局所処理が促進され，多い時には大域処理が促進されることを明らかにしている。これは距離の離れた局所情報をまとめる体制化能力の発達には，思春期までの比較的長い時間を要することと関わっている（Enns et al., 2000）。

関連してキムチら（Kimchi et al., 2005）は，局所情報の多寡によって，大域・局所処理の発達過程が異なることを見出した。彼女らは，5歳，10歳，14歳，23

歳を対象に，小さな正方形またはひし形で構成される大きな正方形またはひし形のネイヴォン刺激を用いて，大域あるいは局所の正方形かひし形を標的とする視覚探索課題を行った。その際，比較的大きな4個の局所刺激からなる場合（少数条件）と，小さな16個からなる場合（多数条件）があった。実験の結果，少数条件の大域探索と，多数条件の局所探索では，5歳から10歳にかけて探索時間が短くなった。一方，多数条件の大域探索と，少数条件の局所探索には明瞭な年齢差は見られなかった。つまり，離れた刺激をひとまとめにして全体を把握する知覚的群化と，密集した刺激の中の一部分を抽出するために注意を狭める個別化の機能は，比較的長い発達期間を要することが示された。

高齢成人においても大域優先性は見られるが，局所情報の処理を行う際の大域情報からの干渉が大きいことが報告されている（Roux & Ceccaldi, 2001; Sullivan, 1999）。このことは高齢期においては，上述のフランカー課題での知見と類似して，細かい情報を抽出するために注意の焦点範囲を狭く調整することが困難になるか，あるいは顕著な大域情報からの干渉を抑制するのが困難になることを反映すると考えられる。

4-4　注意焦点の調節における動的側面

ラバージ（LaBerge, 1983）は，課題要求に応じてその都度，注意の焦点範囲の大きさが変わることを示した。課題は，5文字の文字列（たとえば，ALICE）について，単語・非単語の判断（ここでは単語）あるいは文字列の中心がアルファベット26文字順の前後半のどちらにあるか判断（ここでは「I」なのでアルファベット順の前半）することであった。さらにこの文字列と交互に，文字列のいずれかの位置に1つだけ出現する数字（たとえば，+++7+）の検出も求められた。注目すべき点は数字を検出するのに要した時間であり，単語・非単語の判断を求めた時には数字の位置による差は見られなかった。一方，中心の文字に対する判断を求めた時には，数字の検出時間は中心に数字が出現した際に最も速いV字カーブとなった。これらの結果は，先行刺激に対する課題遂行によって生じた注意の空間配置が，後続刺激に持ち越されることを反映する。

このような課題に応じた空間的注意の大きさの変動のあり方は，高齢成人において異なるかもしれない。ペッシェら（Pesce et al., 2004）は，12–15歳の子ども，22–38歳の若齢成人，60–75歳の高齢成人に，大域手がかり（5°×5°の四角形）あるいは局所手がかり（1°×1°の四角形）を提示し，その後にネイヴォン刺激（大域情報：4.6°×4.6°，局所情報：0.6°×0.6°）に対する文字同定を求めた。さらに，手がかり刺激提示からネイヴォン刺激提示までの時間間隔（70 ms と 420 ms）が操作された。その結果，子どもと若齢成人では，手がかり刺激とネイヴォン刺激が一致する時（つまり，大域手がかり後の大域情報，局所手がかり後の局所情報）には反応の促進が見られた。一方，高齢成人では，大域手がかりについては若齢成人と同様の促進効果が得られたが，局所手がかりについては，ネイヴォン刺激が提示されるまでの間隔が短い時に，効果が逆転した。つまり，局所情報ではなく大域情報の反応が促進されたのである。これらの結果は，注意を広げることは加齢によらず速やかにできるが，注意を狭めることは，高齢成人は若齢成人に比べて時間を要することを示す。

4-5　おわりに：何が注意の焦点範囲を変えているのか

私たちは広い空間の中にある多くの情報の中から，必要な情報を抽出したり不要な情報を排除したりするために，注意の焦点範囲の大きさを調整している。本章はその発達的変化に関する知見を概観した。注意の焦点範囲の大きさやその調整能力の世代による違いを理解することは，実生活では特に教育場面における配慮や，デジタルデバイスのデザイン開発などにおいて有益だろう。たとえば，小学校低学年の子どもに「ここに注目しなさい」という教師の言葉は，そこにある刺激の大きさや数などの特徴によっては，その子どもにとって無理な要求になるかもしれない。また，高齢者が注意を狭めるのに困難があるならば，小さな面積に大量の情報が詰め込まれたデジタルデバイスの使用を苦手に感じたとしてもおかしくないだろう。

ただし注意焦点の大きさは，さまざまな要因，たとえば上述の知覚的負荷（Lavie, 1995, 2005）の他にも，ポジティブ気分（Gasper & Clore, 2002; Rowe et al., 2007）や動機づけ（Harmon-Jones et al., 2013），課題方略や認知制御（Gratton et al., 1992; LaBerge, 1983）などによって変化することが，若齢成人の研究で示されている。つまり注意の焦点範囲の大きさには課題の負荷や個人の処理容量，またそれらを変動させるような要因が関わり，そのような異なる要因が，発達的変化に関する知見に影響している可能性も排除できない。また，注意焦点の範囲を調整し得る基本的要因の1つとして，視力が見逃されているかもしれない。通常の認知実験では，視力や矯正視力は自己報告で確認されるのにすぎないが，精密に測定すると加齢による低下があり，それは視覚処理の違いを生じ得る（Daffner et al., 2013）。注意の焦点範囲やその調整機能の生涯発達過程の解明には，今後，さまざまな調節要因を考慮した検討が望まれる。

引用文献

Benwell, C. S., Thut, G., Grant, A., & Harvey, M. A rightward shift in the visuospatial attention vector with healthy aging. *Frontiers in Aging Neuroscience, 6,* 113.

Cerella, J. (1985). Age-related decline in extrafoveal letter perception. *Journal of Gerontology, 40,* 727–736.

Couperus, J. W. (2011). Perceptual load influences selective attention across development. *Developmental Psychology, 47,* 1431–1439.

Daffner, K. R., Haring, A. E., Alperin, B. R., Zhuravleva, T. Y., Mott, K. K., & Holcomb, P. J. (2013). The impact of visual acuity on age-related differences in neural markers of early visual processing. *Neuroimage, 67,* 127–136.

Driver, J., & Baylis, G. C. (1989). Movement and visual attention: The spotlight metaphor breaks down. *Journal of Experimental Psychology: Human Perception and Performance, 15,* 448–456.

Egly, R., & Homa, D. (1984). Sensitization of the visual field. *Journal of Experimental Psychology: Human Perception and Performance, 10,* 778–793.

Enns, J. T., Burack, J. A., Iarocci, G., & Randolph, B. (2000). The orthogenetic principle in the perception of "Forests" and "Trees"? *Journal of Adult Development, 7,* 41–48.

Enns, J. T., & Girgus, J. S. (1985). Developmental changes in selective and integrative visual attention. *Journal of Experimental Child Psychology, 40,* 319–337.

Eriksen, B. A., & Eriksen, C. W. (1974). Effects of noise letters upon the identification of a target letter in a nonsearch task. *Perception & Psychophysics, 16,* 143–149.

Eriksen, C. W., & St. James, J. D. (1986). Visual attention within and around the field of focal attention: A zoom lens model. *Perception & Psychophysics, 40,* 225–240.

Fink, G., Halligan, P. W., Marshall, J. C., Frith, C. D., Frackowiak, R. S. J., & Dolan, R. J. (1997). Neural mechanisms involved in the processing of global and local aspects of hierarchically organized visual stimuli. *Brain, 120,* 1779–1791.

Frick, J. E., Colombo, J., & Allen, J. R. (2000). Temporal sequence of global-local processing in 3-month-old infants. *Infancy, 1,* 375–386.

Gasper, K., & Clore, G. L. (2002). Attending to the big picture: Mood and global versus local processing of visual information. *Psychological Science, 13,* 34–40.

Ghim, H. R., & Eimas, P. D. (1998). Global and local processing by 3-and 4-month-old infants. *Perception & Psychophysics, 43,* 165–71.

Gratton, G., Coles, M. G. H., & Donchin, E. (1992). Optimizing the use of information: Strategic control of activation of responses. *Journal of Experimental Psychology: General, 121,* 480–506.

Grönqvist, H., Gredebäck, G., & von Hofsten, C. (2006). Developmental asymmetries between horizontal and vertical tracking. *Vision Research, 46,* 1754–1761.

Goolkasian, P. (1999). Retinal location and its effect on the spatial distribution of visual attention. *American Journal of Psychology, 112,* 187–214.

Harmon-Jones, E., Gable, P. A., & Price, T. F. (2013). Does negative affect always narrow and positive affect always broaden the mind? Considering the influence of motivational intensity on cognitive scope. *Current Directions in Psychological Science, 22,* 301–307.

Hübner, R., Volberg, G., & Studer, T. (2007). Hemispheric differences for global/local processing in divided attention tasks: Further evidence for the integration theory. *Perception & Psychophysics, 69*, 413–421.

Hüttermann, S., Memmert, D., & Simons, D. J. (2014). The size and shape of the attentional "spotlight" varies with differences in sports expertise. *Journal of Experimental Psychology: Applied, 20*, 147–157.

Jewell, G., & McCourt, M. E. (2000). Pseudoneglect: A review and meta-analysis of performance factors in line bisection tasks. *Neuropsychologia, 38*, 93–110.

Kimchi, R. (1990). Children's perceptual organization of hierarchical visual patterns. *European Journal of Cognitive Psychology, 2*, 133–149.

Kimchi, R., Hadad, B., Behrann, M., & Palmer, S. E. (2005). Microgenesis and ontogenesis of perceptual organization. *Psychological Science, 16*, 282–290.

Kinchla, R. A., & Wolfe, J. M. (1979). The order of visual processing: "Top-down," "bottom-up," or "middle-out." *Perception & Psychophysics, 25*, 225–231.

LaBerge, D. (1983). Spatial extent of attention to letters and words. *Journal of Experimental Psychology: Human Perception and Performance, 9*, 371–379.

Lamb, M. R., Robertson, L. C., & Knight, R. T. (1990). Component mechanisms underlying the processing of hierarchically organized patterns: Inferences from patients with unilateral cortical lesions. *Journal of Experimental Psychology: Learning, Memory, and Cognition, 16*, 471–483.

Lavie, N. (1995). Perceptual load as necessary condition for selective attention. *Journal of Experimental Psychology: Human Perception and Performance, 21*, 451–468.

Lavie, N. (2005). Distracted and confused?: selective attention under load. *Trends in Cognitive Science, 9*, 75–82.

Madden, D. J., & Langley, L. K. (2003). Age-related changes in selective attention and perceptual load. *Psychological Aging, 18*, 54–67.

Maylor, E. A., & Lavie, N. (1998). The influence of perceptual load on age differences in selective attention. *Psychological Aging, 13*, 563–573.

Miller, J. (1991). The flanker compatibility effect as a function of visual angle, attentional focus, visual transients, and perceptual load: A search for boundary conditions. *Perception & Psychophysics, 49*, 270–288.

Mevorach, C., Humphreys, G. W., & Shalev, L. (2006). Opposite biases in salience-based selection for the left and right posterior parietal cortex. *Nature Neuroscience, 9*, 740–742.

Navon, D. (1977). Forest before trees: The precedence of global features in visual perception. *Cognitive Psychology, 9*, 353–383.

Navon, D. (2003). What does a compound letter tell the psychologist's mind? *Acta Psychologica, 114*, 273–309.

Pastò, L., & Burack, J. A. (1997). A developmental study of visual attention: Issues of filtering efficiency and focus. *Cognitive Development, 12*, 523–535.

Pesce, C., Guidetti, L., Baldari, C., Tessitore, A., & Capranica, L. (2004). Effects of aging on visual attentional focusing. *Gerontology, 51*, 266–276.

Posner, M. I., Snyder, C. R. R., & Davidson, B. J. (1980). Attention and the detection of signals. *Journal of Experimental Psychology: General, 109*, 160–174.

Patro, K., Nuerk, H. C., Brugger, P. (2018). Visuospatial biases in preschool children: Evidence from line bisection in three-dimensional space. *Journal of Experimental Child Psychology, 173*, 16–27.

Ronconi, L., Franchin, L., Valenza, E., Gori, S., & Facoetti, A. (2016). The attentional 'zoom-lens' in 8-month-old infants. *Developmental Science, 19*, 145–154.

Rottach, K. G., Zivotofsky, A. Z., Das, V. E., Averbuch-Heller, L., Discenna, A. O., Poonyathalang, A., & Leigh, R. J. (1996). Comparison of horizontal, vertical and diagonal smooth pursuit eye movements in normal human subjects. *Vision Research, 36*, 2189–2195.

Roux, F., & Ceccaldi, M. (2001). Does aging affect the allocation of visual attention in global and local information processing? *Brain and Cognition, 46*, 383–396.

Rowe, G., Hirsh, J. B., & Anderson, A. K. (2007). Positive affect increases the breadth of attentional selection. *Proceedings of the National Academy of Sciences of the United States of America, 104*, 383–388.

Schmitz, R., & Peigneux, P. (2011). Age-related changes in visual pseudoneglect. *Brain and Cognition, 76*, 382–389.

Sullivan, M. P. (1999). The functional interaction of visual-perceptual and response mechanisms during selective attention in young adults, young-old adults, and old-old adults. *Perception & Psychophysics, 61*, 810–825.

Zeef, E. J., & Kok, A. (1993). Age-related differences in the timing of stimulus and response processes during visual selective attention: Performance and psychophysiological analyses. *Psychophysiology, 30*, 138–151.

Zeef, E. J., Sonke, C. J., Kok, A., Buiten, M. M., & Kenemans, J. L. (1996). Perceptual factors affecting age-related differences in focused attention: Performance and psychophysiological analyses. *Psychophysiology, 33*, 555–565.

5章

注意の混乱

松本亜紀

5-1　はじめに

出かけた先でトイレに入る時，出入り口に表示されている男女の区別は，あまり表示や文字を気にせず，男性は青，女性は赤と色で判断していないだろうか。もし，これが，男性が赤，女性が青だったら，混乱するだろう。どうして混乱が起きるのだろうか。簡単に言うと，私たちがすでにもっている色と男女の組み合わせの知識と，表示に書いてある事実を読み取る能力との間に矛盾があるからである。

このような注意の混乱は，心理学では系統立てて研究されている。この混乱を測定する課題として，刺激-反応適合性パラダイム（Fitts & Seeger, 1953）という枠組みを用いている。これは，複数の刺激情報のうち，標的情報以外の課題無関連情報（妨害情報）を抑制しながら，標的情報に対して反応を行うことが求められる実験手法である（蔵冨ら，2016）。具体的には，ストループ課題（Stroop, 1935），サイモン課題（Simon & Rudell, 1967），フランカー課題（Eriksen & Eriksen, 1974）などが挙げられる。本章では，サイモン課題とストループ課題を取り上げ，そこから明らかとなる注意の混乱の生涯発達的変化について検討する（フランカー課題については4章参照）。

5-2　注意の混乱に対する制御機能の生涯発達的変化：サイモン課題遂行から

サイモン課題は，サイモンとルデル（Simon & Rudell, 1967）が1967年に開発した課題であり，彼らの名前にちなんでいる。サイモン課題では，たとえば，刺激が赤色であれば右ボタン，緑色であれば左ボタンを押すというように刺激の特徴情報と反応の位置情報が対応づけられる。実験参加者は，画面の左右いずれかの位置に提示される刺激に対して，妨害情報である刺激の提示位置情報を抑制しながら，標的情報である刺激特徴が対応する反応位置のボタンを押すことが求められる。この時，標的特徴が示す反応位置と画面上の提示位置が一致している刺激-反応適合条件（先の例で言うと，赤色が右側に呈示される条件）の方が刺激反応不適合条件（先の例で言うと，赤色が左側に提示される条件）よりも反応が速く，正答率が高い。これをサイモン効果と言う。サイモン課題はフランカー課題と同様に空間的な刺激-反応適合性課題であるが，フランカー課題は同時に提示された複数の刺激間の競合，サイモン課題は単一の刺激がもつ複数の刺激特徴間の競合を扱う点に違いがある。

デヴィッドソンら（Davidson et al., 2006）は，4–13 歳の児童と若齢成人を対象にサイモン課題を実施して，注意を制御する機能の発達過程を検討している。すべての年齢で同じ課題を実施しているが，刺激提示時間は年齢ごとに変えられており，年少児（4–5 歳と 6 歳の一部の児童）は 2,500 ms，年長児および若齢成人（6 歳の残りの児童とそれ以上の年齢の実験参加者）は 750 ms であった。刺激絵として，蝶かカエルが用いられ，実験参加者は画面上の右側か左側いずれかに提示される絵が蝶の時は左側のボタン，カエルの時は右側のボタンを押して反応することが求められた。そして，すべての年齢において，刺激の提示位置と反応位置が不一致の試行よりも一致している試行で正答率が高く，反応時間が速かった。つまり，不一致試行ではすべての年齢で刺激の提示位置情報からの干渉が生じたということになる。しかし，これらの干渉の大きさ（不一致試行と一致試行の差）は 4–6 歳の年少児で特に大きく，6 歳以降，年齢に伴って減少していった。また刺激提示時間 2,500 ms の 4–5 歳と 750 ms の 6–9 歳では両者とも不一致試行の正答率は 80% であり，ほぼ変わらない正確さであった。10 歳以上では正答率が 85% 以上であり，低年齢児と比べて正確さが向上していた。これらの結果から，最年少の 4 歳でも優勢反応（提示された刺激と同じ側のボタンを押す反応傾向）を抑制することができるが，優勢反応を抑制するためのコストは年長児者と比べて大きいことが示唆された。

続けて同じ実験参加者を対象に，より高負荷の条件を検討するために，刺激として縞模様と無地のドットを用いたサイモン課題が実施された。画面上の右側か左側いずれかに提示されるドットが縞模様の場合は，刺激の提示位置と同じ側のボタン，無地の場合は，刺激の提示位置と反対側のボタンを押すことが求められた。先に紹介した絵を使った課題は，「カエルは右ボタン」というように刺激特徴と反応位置の左右どちらかが固定されていたが，この課題では，「縞模様は刺激提示位置と同じ側のボタン」というように刺激特徴と左右の反応位置は固定されず，より高負荷になるように，刺激特徴に応じて刺激位置と一致した位置もしくは不一致の位置のボタンを押すように設定された。このように課題負荷が高くなると，一致試行と不一致試行の正答率の差は，年齢が高くなるにつれて減少していくものの，まだ 13 歳では若齢成人のレベルには到達していないことが結果から示され，成人レベルに達するにはもう少し発達的時間が必要であることが明らかとなった。

また，より年齢幅を広めて，6-82歳を対象に，サイモン課題の遂行成績の生涯発達的変化を検討した研究がある（Christ et al., 2001）。この研究では，一致試行では画面上の右側か左側のいずれかに提示されるドットと同じ側のボタン，不一致試行では提示されたドットと反対側のボタンを押すことを実験参加者は求められた。その結果，反応時間における干渉の大きさ（不一致試行と一致試行の差）は，若齢成人（17-22歳）と比較して子ども（6-15歳）と高齢成人（61-82歳）で大きいことが示された。これらの研究から，サイモン課題で測定される抑制機能は幼児期の早期から発達し始め，若齢成人にかけてピークに達し，高齢期に衰退すると考えられる。

一方，反応競合が単一の刺激がもつ複数の刺激特徴間ではなく，同時に提示される複数の刺激間からもたらされる場合は，その干渉の大きさは高齢成人と若齢成人とで変わらないことが示されている（Kawai et al., 2012; Proctor et al., 2005）。たとえば，画面中央に提示されたドットが赤の場合は右側のボタン，緑の場合は左側のボタンを押すように求められた時，ドットと同時にヘッドホンの右か左に音が提示されても若齢成人と高齢成人の干渉の大きさに差がなかったことが示されている（Proctor et al., 2005）。これらの研究から，高齢者は抑制機能全般が低下するわけではなく，妨害情報と標的情報が単一の刺激に含まれる時に抑制が困難になると考えられる。

5-3　ストループ干渉の生起機序

本節以降では，ストループ課題遂行から示される注意の混乱に対する制御機能の生涯発達的変化について紹介する。まずはストループ干渉の生起機序について見てみよう。ストループ課題では，「あか」や「あお」などの色名単語の文字が単語の意味とは異なるインク色で書かれている刺激が使用される。たとえば，赤いインクで書かれた「みどり」という文字である。そして，色名単語の意味とその単語が書かれたインクの色が同じ時（一致刺激）と，違う時（不一致刺激）に対する反応時間や正答率などの成績差で注意の混乱を測定する。この時，不一致の刺激のインクの色を読み上げようとすると（先の例であれば「あか」が正答），一致刺激の場合よりも戸惑ってしまう。つまり不一致の単語の意味〈みどり〉から干渉を受けていると解釈する。これをストループ干渉と言う。一方で，不一致刺激の単語をそのまま読んでみてほしい（先の例であれば「みどり」が正答）。不一致のインクの色からの干渉をほとんど受けずに簡単に単語を読むことができただろう。このように，色名単語の読みが不一致のインクの色から受ける干渉は，逆ストループ干渉と呼ばれるが，ストループ干渉と比べると逆ストループの干渉の程度は非常に小さいことが知られている（MacLeod, 1991）。

ストループ干渉も逆ストループ干渉も標的情報と妨害情報が単一の刺激に含まれており，それぞれが異なる反応をもたらす点では同じであるのに，なぜストループ干渉は大きく生じ，逆ストループ干渉はほとんど生じないのであろうか。その答えについては，この現象を最初に論文に発表したストループ（Stroop, 1935）が，訓練（学習）量による刺激と反応の結びつきの強さ（連合強度）の違いという観点から説明している。私たちは日常的に文字を見ると，ほとんどの場合，読むという反応をする。読む以外の反応，たとえば書かれた文字を触るなどをすることもあるが，その場合も読むという反応を行いながら触っていることが多い。したがって，日常生活において文字という刺激に対して読むという反応が常にセットになって繰り返され結びつきは強くなる。一方で，色という刺激に対しては，必ずしも「色名を読む」という反応を行っているわけではなく，他にも眺める，触るなどさまざまな種類の反応をしている。したがって，色刺激に対する読み反応の頻度は，文字刺激に対する読み反応と比べると圧倒的に少ない。そのため，単語読みのほうが色読みよりも速くなり，強い連合強度をもつ単語読みは弱い連合強度の色読みに対して干渉するが（ストループ干渉），反対の色読みから単語読みへの干渉（逆ストループ干渉）は連合強度が弱い方から強い方への干渉であるため，小さくしか生じないのである。

ストループ（Stroop, 1935）の研究から時代が進むと，刺激と反応の間にある認知過程に着目した干渉生起機序の説明がなされるようになった。その１つに干渉は認知過程のうちの反応段階で生じるという反応競合説がある。ストループ刺激には文字情報と色情報の２つの刺激属性がある。この２つの刺激属性は同時に知覚されてから並列で読むという反応の出力（output）に向かって処理が進んでいく。相対的な処理速度は，よく学習された単語読みにおけるほうが色読みよりも速いため，文字情報が先に反応段階に到達する。単語読みを求められる逆ストループ干渉課題では先に反応段階に到達した文字情報をそのまま出力すればよいため色情報からの干渉を受けないが，色読みを求められるストループ干渉課題では，色情報よりも先に文字情報が反応段階に到達してしまうため，色読みが文字情報からの干渉を受けるのである（Morton & Chambers, 1973）。また，ポズナーとスナイダー（Posner & Snyder, 1975）も，単語読みの自動性の観点から同様の説明を行っている。よく学習された単語読み反応は自動的に行われる。自動的な処理は注意を必要としないため意図せず非常に素早く処理され（Shiffrin & Schneider, 1977），非自動的で意図的な処理である色情報よりも先に反応段階に到達して，遅れて到達する色情報への反応に干渉すると述べている。

近年では，ストループ（Stroop, 1935）が行った口頭反応（文字や色名を声に出して反応する方法）の他に，ボタン押しや指差しなどさまざまな反応を用いた実験方法が開発されており，反応方法によって干渉の出現の仕方が異なることが示されている（後述 5-4-5）。

5-4　注意の混乱に対する制御機能の生涯発達的変化：ストループ課題遂行から

5-4-1　ストループ干渉と読み能力との関連と発達逆U字曲線

ストループ課題は色読みと文字読みができれば誰でも参加できる課題であるため，抑制機能の指標として幅広い年齢に用いられている。しかし，乳児は言語理解が未熟であるため，ストループ課題を用いた研究は幼児期以降のものとなる。ペルーら（Peru et al., 2006）は，イタリアの 3–10 歳の 212 名を対象にしてストループ課題を実施した。不一致刺激の色読みの反応時間から色パッチ（一色に塗られた長方形図版）の色読みの反応時間を差し引いてストループ干渉の大きさを求めたところ，文字読みができない 3–5 歳の未就学児を含めたすべての年齢群でストループ干渉が生じていた。この結果は，読み能力が未熟な 3–5 歳児でも，アルファベットという文字形態からの干渉を受けていることを示している。しかし，ストループ干渉の大きさには年齢ごとに違いが見られ，読み能力に乏しい 3–5 歳はストループ干渉が小さく，文字学習を始めた 6–7 歳（小学校 1，2 年生）で干渉が最大になり，それ以降は年齢が上がるにつれて干渉が小さくなることが明らかとなった。アメリカの公立学校 1–8 年生（日本の小学校 1 年生から中学校 2 年生の年齢に相当）を対象にした研究でも，ストループ干渉は，1 年生で最も小さく，2，3 年生で最大になった後は小さくなっており（Schiller, 1966），ペルーらの研究と同様の変化パターンが確認されている。

このように，幼児期から児童期にかけてのストループ干渉は，年齢に伴って直線的に減少するのではなく，干渉が非常に小さいところから始まり，就学開始年齢で急激に増大し，就学年数が増えるに従って減少するという逆U字型の発達変化を示すことがわかる。この逆U字型の発達過程は非常に興味深いが，幼児期から児童期の初期は年齢とともに読み能力を獲得していく時期であるため，この発達過程は読み能力の影響を大きく受けている可能性がある。そこで子どもの読み能力を 3 水準（低群・中群・高群）に分けてストループ干渉との関連が検討されたところ，読み能力中群の子どもが低群・高群と比べて干渉が大きく，読み能力を横軸とした逆U

字関係が示された。また，読み能力低群の子どもでは，中・高群の子どもや若齢成人では生じない逆ストループ干渉が生じていた（Corbitt, 1978）。これらの結果から，幼児期から児童期初期にかけてのストループ干渉の変化は，干渉効果でみられる抑制の発達過程を純粋に反映するものではなく，読み能力の影響を大きく受けていると考えられる。

5-4-2　文字以外を刺激に用いたストループ様課題で示されるストループ干渉

読み能力の未熟な幼児や児童の抑制機能を測定するためには，どうしたらよいのだろうか。先人の研究者たちは，文字が読めなくても意味を理解できる絵などを工夫して刺激に用いたストループ様課題を実施している。たとえば，月と星が描かれたカードに対しては「昼」，輝いている太陽が描かれたカードに対しては「夜」と言うことが求められる昼・夜ストループ課題（Gerstadt et al., 1994），動物の顔と体の組み合わせが一致しない絵（たとえば，不一致刺激では牛の体にアヒルの顔がついている絵）が提示され，実験参加者は顔を無視して体が何の動物かを口頭で答えることが求められるアニマルストループ課題（Wright et al., 2003），典型的な色のイメージがある絵（たとえば，トマトは赤，カエルは緑など）に対して，絵を無視して絵の輪郭についている色を答えることが求められる色・物体ストループ課題（Jongen & Jonkman, 2008; La Heij & Boelens, 2011）などがある。

これら絵カードなどを使用したストループ様課題では，5-1-4で紹介した文字を使用したストループ干渉課題とは異なり，幼児期（3-5歳）で大きな干渉が生じ，年齢とともに干渉効果が減少して抑制機能が発達していくことが示されている（Gerstad et al., 1994; Wright et al., 2003）。また，干渉が刺激と反応のどちらのレベルで生じるかによって発達過程が異なっている。ジョンゲンとヨンクマン（Jongen & Jonkman, 2008）は，イチゴの線画が赤色・緑色・黄色・灰色いずれかの色で描かれている刺激に対して，線画の色が赤色か緑色の場合は左ボタンを，黄色か灰色の場合は右ボタンを押すことを実験参加者に求めた。緑色で描かれたイチゴは，線の色と絵の典型的なイメージ色（赤色）が一致していないため刺激レベルでは干渉が生じるが，反応はイメージ色の赤色と同じボタンであるため反応レベルの干渉は生じない。このような刺激レベルの干渉が生じる課題における抑制機能は6-7歳という比較的幼い子どもでも成熟しているが，黄色や灰色で描かれたイチゴのように反応レベルの干渉が生じる課題では，抑制機能の発達は10-12歳になっても若齢成人レベルには達しておらず，青年期後期まで発達が続くことが示されている。

5-4-3　読み能力既有者におけるストループ・逆ストループ干渉の生涯発達的変化

十分な読み能力を有している児童期以降については，高齢期までの異なる年齢群に対して同じ実験条件のストループ課題を実施した生涯発達的研究が数多く存在する。最初に生涯発達的研究を行ったのは，コマリら（Comalli et al., 1962）である。7–80 歳の男女 235 名を対象にした実験では，ストループ干渉課題の反応時間は低年齢の児童（7 歳）で最も長く，青年期（17–19 歳）にかけて減少し，高齢期（65–80 歳）に再び増大した。日本でも，6–89 歳までの男女計 721 名を対象に実験を実施した結果，コマリらと同様にストループ干渉の大きさ（(「不一致刺激の色読み」－「色パッチの色読み」）／「黒インクの文字読み」）は低年齢の児童（6 歳）で最も大きく，青年期（19–22 歳）にかけて減少し，高齢期（60 歳代）以降に再び増大することが報告されている（浜・橋本，1985）（図 5-1）。このように，ストループ干渉は，幼児期，児童期には大きく，いったん青年期，成人期には減少し，再び高齢期に増大するという U 字型の発達変化をすることがわかる。

一方で，弱い連合である色読みから強い連合である文字読みへの干渉である逆ストループ干渉，つまり弱い干渉に対する抑制については，高齢になっても可能であることが示されている。若齢成人（17–26 歳），健常の前期高齢成人（58–79 歳），健常の後期高齢成人（80–93 歳），非常に軽度の認知症患者（60–83 歳），軽度認知

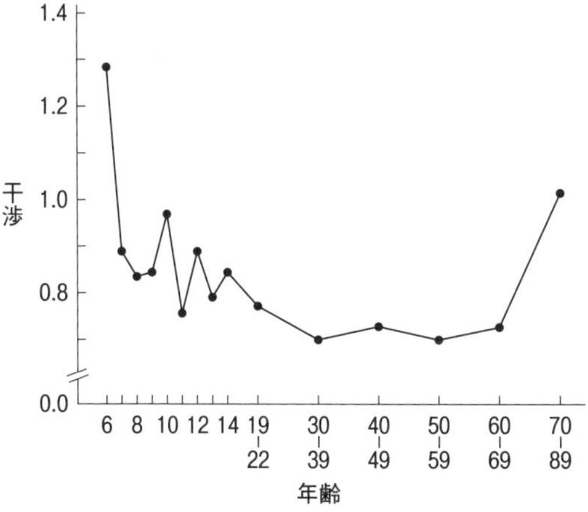

図 5-1　ストループパフォーマンスの生涯発達的変化
（浜・橋本，1985 より一部を改変）
干渉の大きさ＝(「不一致刺激に対する色読み」の反応時間－「色パッチの色読み」の反応時間)／「黒インクの文字読み」の反応時間。

症患者（51–87歳）の5群を対象に，不一致刺激と一致刺激の単語読みを口頭で実施した実験では，軽度認知症患者（51–87歳）でのみ，逆ストループ干渉が生じることが報告されている（Spieler et al., 1996）。また，健常高齢者と認知症患者にストループ・逆ストループ干渉課題の両方を実施して課題実施順序の効果を検討した実験では，健常高齢者ではどちらの課題を先に実施しても逆ストループ干渉課題のエラー数はほぼ0であったが，認知症患者では逆ストループ課題を後に実施するとエラー数が増えていた（Amieva et al., 2004）。この結果は，認知症患者は，新しい課題のルール（逆ストループ干渉課題のルール：色情報を無視し，文字読みをする）を実行するために，前に行った課題のルール（ストループ干渉課題のルール：文字情報を無視し，色読みをする）を抑制することが困難であるが，健常高齢者は，前に行ったストループ課題のルールを抑制し，新しい課題である逆ストループ干渉課題に対する干渉制御ができていることを示している。

5-4-4　口頭反応以外の反応を用いた逆ストループ干渉

口頭反応による逆ストループ干渉は高齢になっても生じない（Amieva et al., 2004; Spieler et al., 1996）。また，中程度以上の読み能力をもつ子どもや若齢成人でも生じない（Corbitt, 1978）。つまり，口頭反応による逆ストループ干渉は，文字読み能力を十分に有した健常者であれば年齢に関わらず干渉が生じないと言える。しかし，ストループ干渉と逆ストループ干渉の大きさは反応モダリティによって変化し，逆ストループ干渉は，不一致刺激の色名単語に対して，色名を口頭ではなく，色名単語が意味する色インクをボタン押しや指さしで答える（手動で反応する）と，干渉が大きくなることが知られている（たとえば，Pritchatt, 1968; 松本ら，2012a）。

松本ら（2012b）は，干渉効果の生じやすい手動反応で逆ストループ干渉の幅広い年齢における発達・加齢による変化を，ストループ干渉と合わせて検討した。方法として，ストループ干渉と逆ストループ干渉の両方を手動の反応で測定できる新ストループ検査Ⅱ（箱田・渡辺，2005）を用いて，7歳（小学校2年生）から86歳の男女1,945名に実施した。この検査は，図5-2に示した4種類の課題で構成される（箱田・佐々木，1990）[1]。両干渉の生涯発達的変化を示したものが図5-3である。ストループ干渉は，最も干渉が大きいのが低年齢の児童（7–8歳）であり，青年期（18–19歳）にかけて干渉が減少し，高齢期（60歳代）以降に再び干渉が増大しており，反応モダリティが変わっても口頭反応を用いた先行研究（Comalli et al., 1962; 浜・橋本，1985）と同じU字型の発達的変化を示すことが確認された。一

1）新ストループ検査のオリジナルとⅡとの違いは，課題の実施時間が40秒から60秒になったことである。

図 5-2 新ストループ検査Ⅱの 4 種類の課題例

（箱田・佐々木，1990 に課題例を加筆し改変）

いずれの課題も一番左端が刺激で，その右に並ぶ 5 種類の反応選択肢から課題 1，課題 2 は刺激の色名単語に該当する色パッチを，課題 3，課題 4 は刺激のインク色に該当する色名単語をペンでチェックする。上記では色パッチをパターンで示しているが，実際は色名単語に対応する 5 色の色が使用されている。また，課題 1 の刺激部分と課題 3，課題 4 の反応選択肢部分の色名単語は黒インクで印字されており，課題 2 と課題 4 の刺激部分の色名単語はその意味と一致しないインク色で印字されている。

方で，逆ストループ干渉は，どの年齢でも干渉が生じなかった従来の口頭反応による先行研究（たとえば，若齢成人と高齢者：Amieva et al., 2004; Spieler et al., 1996, 子ども：Corbitt, 1978）とは異なり，手動の反応では 7–9 歳では干渉が生起せず，青年期までにかけて干渉が大きくなり，60 歳以降になっても干渉の大きさは青年期と変わらないという変化パターンを示した。

ストループ干渉は抑制機能の未発達（La Heij & Boelens, 2011）や加齢による低下（Troyer, Leach, & Strauss, 2006）を反映すると言われている。手動の反応で測定された逆ストループ干渉も同様に妨害情報の抑制を必要とする課題ではあるが，逆ストループ干渉が児童期初期では生じず，児童期の間，年齢とともに急激に大きくなる現象が，妨害情報（色情報）からの干渉に対する抑制機能の発達的変化であるとは解釈しにくい。逆ストループ干渉が反映する認知機能はまだ明らかにされていないが，逆ストループ干渉が高齢になっても若齢成人のレベルと変わらないことは，言語的知識（語彙，同義語，反意語）が高齢になっても低下しないこと（Park et al., 2002）と変化パターンが類似しており，逆ストループ干渉と言語的知

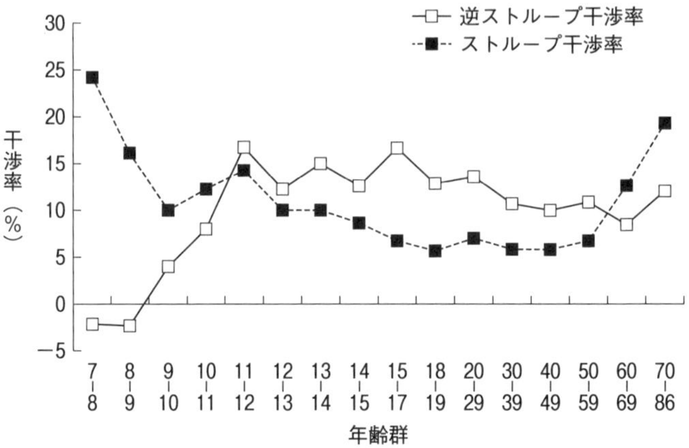

図5-3　ストループ干渉と逆ストループ干渉の年齢群ごとの干渉率の平均
（データは松本ら，2012b に，作図は松本，2018 による）
逆ストループ干渉率（%）=（「課題1の正答数」−「課題2の正答数」）／「課題1の正答数」，ストループ干渉率（%）=（「課題3の正答数」−「課題4の正答数」）／「課題3の正答数」。

識の関連が示唆される。また，ADHD児は健常児と比較して，ストループ干渉の大きさは健常児と同等である一方で，逆ストループ干渉のみ健常児よりも大きいことが報告されている（Song & Hakoda, 2011; Yasumura et al., 2014）。以上より，手動の反応で測定された逆ストループ干渉はストループ干渉とは異なる注意の制御機能を反映している可能性があり，今後の研究が待たれる。

5-5　今後の展望

本章では，サイモン課題とストループ課題を取り上げ，そこから明らかとなる注意の混乱の生涯発達的変化について検討した。サイモン課題もストループ課題も共通した結果を示しており，注意の混乱の生涯発達的変化について以下のようにまとめることができる。

①3，4歳という幼い子どもでも干渉課題に正答することができることから，干渉効果で見られる抑制機能はかなり幼い時期から発達し始めている。

②抑制機能は20歳前後の青年期にピークを迎え，60歳以降の老年期に衰退するという逆U字型の生涯発達的変化を示す。

③青年期と比べて児童期や老年期は，干渉が生じる場面全般で抑制機能が低いわけではなく，妨害情報と標的情報が異なる反応を導く時，標的情報よりも妨害情報

の方が反応と強く結びついている時，妨害情報と標的情報が単一の刺激に含まれていて妨害情報を無視しにくい時に発達的な差が見られる。

注意の混乱について私たちの日常生活に立ち返って考えてみると，注意の混乱が生じる場面はヒューマンエラーが生じやすい場面とも言える。私たちはすでにもっている知識や習慣を使って行動しているため，冒頭で述べた例のように，トイレのマークが女性は青色，男性は赤色で書かれていたら，とまどうだけでなく，間違えて入ってしまう人が増えるだろう。このようなことはもっと重大な，命に関わるような場面にもあてはまる。たとえば，医療現場では普段よく使う薬とそれに似た色や形の薬を間違えて患者に投与してしまったり，性別や年頃で患者を判断して患者を取り違えてしまったりといった医療事故が深刻な問題となっている。エラー防止のために，複数の医療スタッフによるダブルチェックや患者名の確認などが行われているが，私たちの注意能力には限界があり，そしてそれは年齢によっても変化する。行為者の努力だけでなく，注意の混乱が生じにくい環境作りが重要であり，そこに注意の混乱の生涯発達的変化の知見は役立つと考えられる。

引用文献

Amieva, H., Lafont, S., Rouch-Leroyer, I., Rainville, C., Dartigues, J. F., Orgogozo, J. M., & Fabrigoule, C. (2004). Evidencing inhibitory deficits in Alzheimer's disease through interference effects and shifting disabilities in the Stroop test. *Archives of Clinical Neuropsychology, 19*, 791–803.

Christ, S., White, D., Martielli, T., & A. Keys, B. (2001). Inhibitory control across the life span. *Developmental Neuropsychology, 20*, 653–669.

Comalli, P. E., Wapner, S., & Werner, H. (1962). Interference effects of Stroop Color-Word Test in childhood, adulthood, and aging. *The Journal of Genetic Psychology, 100*, 47–53.

Corbitt, R. (1978). Cognitive organization for words and colors as related to reading ability level: A developmental approach. (Doctrial dissertation, University of Wyoming, 1977). *Dissertation Abstracts International, 38*, 4501–B.

Davidson, M. C., Amso, D., Anderson, L. C., & Diamond, A. (2006). Development of cognitive control and executive functions from 4 to 13 years: Evidence from manipulations of memory, inhibition, and task switching. *Neuropsychologia, 44*, 2037–2078.

Eriksen, B. A., & Eriksen, C. W. (1974). Effects of noise letters upon the identification of a target letter in a nonsearch task. *Perception & Psychophysics, 16*, 143–149.

Fitts, P. M., & Seeger, C. M. (1953). S-R compatibility: Spatial characteristics of stimulus and response codes. *Journal of Experimental Psychology, 46*, 199–210.

Gerstadt, C. L., Hong, Y. J., & Diamond, A. (1994). The relationship between cognition and action: performance of children 3 1/2–7 years old on a stroop — like day-night test. *Cognition, 53*, 129–153.

箱田 裕司・佐々木 めぐみ (1990). 集団用ストループ・逆ストループテスト——反応様式，

順序，練習の効果――　教育心理学研究, *38*, 389–394.

箱田 裕司・渡辺 めぐみ（2005）．新ストループ検査Ⅱ　トーヨーフィジカル

浜 治世・橋本 恵以子（1985）．Stroop Color-Word Test によるコンフリクトの発達的研究　心理学研究, *56*, 175–179.

Jongen, E. M. M., & Jonkman, L. M. (2008). The developmental pattern of stimulus and response interference in a color-object Stroop task: An ERP study. *BMC Neuroscience, 9,* 1–24.

Kawai, N., Kubo-Kawai, N., Kubo, K., Terazawa, T., & Masataka, N. (2012). Distinct aging effects for two types of inhibition in older adults: A near-infrared spectroscopy study on the Simon task and the flanker task. *NeuroReport, 23,* 819–824.

蔵冨 恵・杉浦 悠子・吉崎 一人・平井 達也・吉元 勇輝（2016）．高齢者におけるサイモン課題と MoCA-J の関係性　愛知淑徳大学論集心理学部篇, *6*, 23–29.

La Heij, W., & Boelens, H. (2011). Color-object interference: Further tests of an executive control account. *Journal of Experimental Child Psychology, 108,* 156–169.

MacLeod, C. M. (1991). Half a century of research on the Stroop effect: An integrative review. *Psychological Bulletin, 109,* 163–203.

松本 亜紀・箱田 裕司・渡辺 めぐみ（2012a）．新たな集団版ストループ・逆ストループテストにおける反応様式と実施順序の効果　九州大学心理学研究, *13*, 57–65.

松本 亜紀・箱田 裕司・渡辺 めぐみ（2012b）．マッチング反応を用いて測定したストループ・逆ストループ干渉の発達変化　心理学研究, *83*, 337–346.

松本 亜紀（2018）．新ストループ検査Ⅱで測定したストループ・逆ストループ干渉の特徴　九州大学大学院人間環境学府博士論文

Morton, J., & Chambers, S. M. (1973). Selective attention to words and colours. *Quarterly Journal of Experimental Psychology, 25,* 387–397.

Park, D. C., Lautenschlager, G., Hedden, T., Davidson, N. S., Smith, A. D., & Smith, P. K. (2002). Models of visuospatial and verbal memory across the adult life span. *Psychology and Aging, 17,* 299–320.

Peru, A., Faccioli, C., & Tassinari, G. (2006). Stroop effects from 3 to 10 years: The critical role of reading acquisition. *Archives Italiennes de Biologie, 144,* 45–62.

Posner, M. I., & Snyder, C. R. R. (1975). Attention and cognitive control. In R. L. Solso (Ed.), *Information processing and cognition: The Loyola symposium.* Hillsdale, NJ: Lawrence Erlbaum.

Pritchatt, D. (1968). An investigation into some of the underlying associative verbal processes of the Stroop colour effect. *Quarterly Journal of Experimental Psychology, 20,* 351–359.

Proctor, R. W., Pick, D. F., Vu, K.-P. L., & Anderson, R. E. (2005). The enhanced Simon effect for older adults is reduced when the irrelevant location information is conveyed by an accessory stimulus. *Acta Psychologica, 119,* 21–40.

Schiller, P. H. (1966). Developmental study of color-word interference. *Journal of Experimental Psychology, 72,* 105–108.

Shiffrin, R. M., & Schneider, W. E. (1977). Controlled and automatic human information processing: II. Perceptual learning, automatic attending, and a general theory. *Psychological Review, 84,* 127–190.

Simon, J. R., & Rudell, A. P. (1967). Auditory S-R compatibility: The effect of an irrelevant cue on information processing. *Journal of Applied Psychology, 51*, 300–304.

Song, Y., & Hakoda, Y. (2011). An asymmetric stroop/reverse-stroop interference phenomenon in ADHD. *Journal of Attention and Disorders, 15*, 499–505.

Spieler, D. H., Balota, D. A., & Faust, M. E. (1996). Stroop performance in healthy younger and older adults and in individuals with dementia of the Alzheimer's type. *Journal of Experimental Psychology: Human Perception and Performance, 22*, 461–479.

Stroop, J. R. (1935). Studies of interference in serial verbal reactions. *Journal of Experimental Psychology, 18*, 643–662.

Troyer, A. K., Leach, L., & Strauss, E. (2006). Aging and response inhibition: Normative data for the Victoria Stroop Test. *Aging, Neuropsychology, and Cognition, 13*, 20–35.

Wright, I., Waterman, M., Prescott, H., & Murdoch-Eaton, D. (2003). A new Stroop-like measure of inhibitory function development: Typical developmental trends. *Journal of Child Psychology and Psychiatry, 44*, 561–575.

Yasumura, A., Kokubo, N., Yamamoto, H., Yasumura, Y., Nakagawa, E., Kaga, M., Hiraki K., Inagaki, M. (2014). Neurobehavioral and hemodynamic evaluation of Stroop and reverse Stroop interference in children with attention-deficit/hyperactivity disorder. *Brain and Development, 36*, 97–106.

6章 注意の切り替えと持続

土田宣明

6-1　乳児が起こすエラー

乳児期に，注意の問題が密接に関わる興味深い現象がある。まずは，その現象の前提となることから説明してみたい。ピアジェ（J. Piaget）は生後2年までの時期（感覚運動期）を6つの段階に分けた。その第4段階（8ヶ月–12ヶ月）になると，いわゆる「モノの永続性」が乳児に備わる。「モノの永続性」とは次のような現象である。この時期の乳児を前にして，大人が乳児の興味を引くオモチャを見せたとする。乳児はオモチャに興味を示し，それを取ろうとするだろう。この時，オモチャを乳児の目の前で，ゆっくりと布片の下に隠したとする。そうすると，それまで（第3段階まで）ならば，乳児はオモチャが存在しなくなったかのように振る舞う。これに対して，この時期（8ヶ月–12ヶ月）の乳児は，布片に隠れたオモチャを探す。モノが見えなくなっても，モノ自体は存在し続けることがわかるようになったと考えられている。

しかし，どのような場面・どのような状況でも隠されたオモチャを見つけることができるわけではない。場面を少し変えるだけで，結果は大きく変化する。図6-1のように，実験者が第4段階の乳児を前にして，オモチャを布片（Aとする）に隠すところを見せたとする。前述したように，この時期の乳児はそれを簡単に見つけ

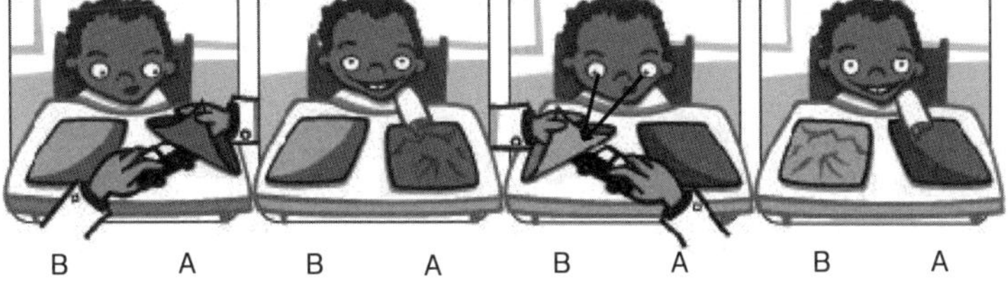

図6-1　A-not-B課題
（The Hospital for Sick Childrenのホームページより一部改変して引用）

られる。この過程を繰り返したうえで，今度は，実験者が乳児の目の前で，ゆっくりと，オモチャをもう一方の布片（Bとする）に隠す。この場面で，乳児はオモチャがBの布片の下に隠されたことを見ていたにもかかわらず，依然として布片Aの方を探そうとする。実際にオモチャが隠れた場所（B）ではなく，何度もオモチャを見つけた場所（A）を探し続ける。こうした誤りを「A-not-B エラー」と言う。

「A-not-B エラー」は「第4段階特有の誤り」とも呼ばれている。目の前でオモチャがAからBに移動したことに対応して，Bの方を探すのは感覚運動期の第5段階（12ヶ月から18ヶ月）に入ってからだと言われている。さらに，オモチャが移動するところを見られないような状況でも，それに対応できるようになるには，感覚運動期の終わり（18ヶ月から24ヶ月）を待つ必要がある。このように，乳児にとって注意の移動（AからB）に対応するのはかなり困難な作業であることがわかる。

それでは，乳児にとっては，「A-not-B」の課題は何が難しいのであろうか。課題の難しさを説明するさまざまな説があり，未だにどの説が正しいか確定するには至っていない。ただ，有力と思われる仮説がある。たとえば，「A-not-B」課題では，手の運動反応を抑制できないことが大きな要因となっているという仮説である（Diamond, 1990）。「A-not-B」課題では，乳児は，Aの方に手を伸ばす運動を繰り返すことになるが，場面が変わっても，この繰り返し行ってきた運動を抑制することができず，結果的にAの方に手を伸ばしてしまう（「A-not-B エラー」が起きる）と考えるものである（また，繰り返しAの方を探して成功してきたという，大人を介した明示的手がかり（ostensive cues）が強力に働いているという仮説（Topal et al., 2008）もある）。

「A-not-B エラー」の要因に抑制の問題があるとする説の背景には，神経科学的な知見がある。「A-not-B エラー」を起こす乳児ではまだ前頭前野の領域が未成熟であり，その前頭前野が，行動の抑制を司る点である。このため，繰り返してきたAの方に手を伸ばすという反応（もしくは，大人からの手がかりが指示する側への反応）を抑制することができないのではないかと考えられる。この説はニューロイメージングの技法を使った研究からも，支持されている（Baird et al., 2002）。

さて，「注意」に話を戻すとするならば，乳児期に見られる，この興味深い現象にはいくつか重要なポイントがある。1つは注意の切り替えは発達的に見てかなり難しい作業であること。さらに，注意の切り替えの問題の背景には，前頭前野の領域が関わっていること。そして，注意の切り替えには抑制機能が関与していることである。いずれも，乳児期以降の注意の発達を考えるうえでも重要な要素と言える。

6-2　注意の切り替えの生涯発達的変化

注意の切り替えの能力は，就学前の時期に著しく発達する（Colombo, 2001）。そして，この注意の切り替えの能力は，単なるルールの切り替えの獲得にとどまらず，さまざまな能力とも関連する（板倉，2011）。たとえば，注意の切り替えが可能になることで，目の前の刺激と，心の中にある心的表象との間の注意の「行き来」が可能になる。これは発達的に見てもきわめて重要な能力を獲得したことになろう。たとえば，「ごっこ遊び」は，目の前にあるいろいろな道具を使いつつ，イメージ化されているものを参考にしながら，遊びを構成するものである。その際には，外的事象（目の前の玩具）と内的事象（イメージ）との注意の切り替えが必要になる。注意の切り替えは発達上の多くの現象とも関連している（Nielsen & Dissanayake, 2004）。

注意の切り替えの問題を検討する課題として，次元変化カード分類（Dimensional Change Card Sort: 以下 DCCS とする）課題がある（Frye et al., 1995; Zelazo et al., 1996）。これは分類のルールを柔軟に切り替えることができるかどうかを見る課題である。図 6-2 に示したように，「黄色の車」と「緑色の花」の

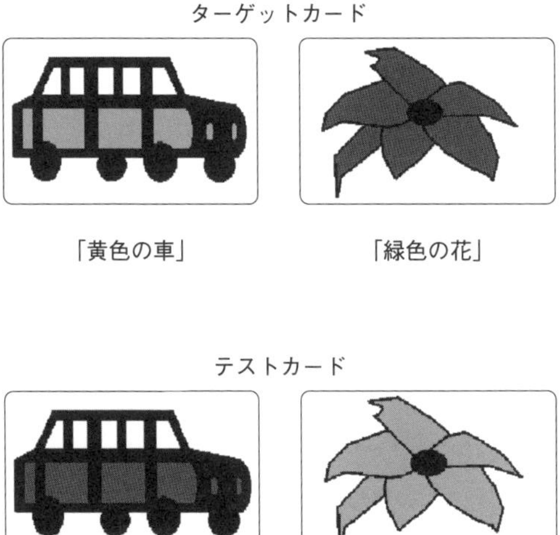

図 6-2　次元変化カード分類（DCCS）課題
（Zelazo, Frye, & Rapus, 1996 を一部改変して引用）

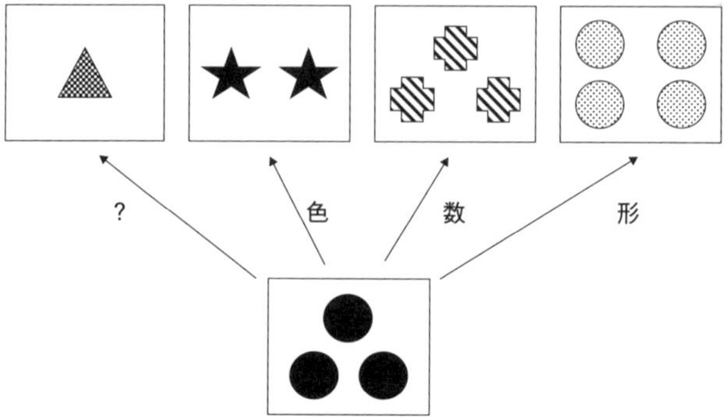

図 6-3　ウィスコンシンカード分類課題（WCST）

カード（ターゲットカード）と，分類用のテストカード（「緑色の車」と「黄色の花」）がある。第 1 段階では，たとえば形で分類するように求められる。そして，第 2 段階では，最初のルールとは異なり，色で分類することを指示される。このような課題を実施すると，4 歳児頃までには通過できるようになるが，3 歳児までは第 2 段階でも，はじめのルールで分類してしまい，一度分類した次元に固執してしまうと考えられている（Kirkham et al., 2003）。3 歳児では，いわゆる注意の切り替えの難しさがうかがえる。

それでは就学以降になれば，このような注意の切り替えに関しては，問題なく対応できるのであろうか。別の課題でその発達的変化を見てみよう。DCCS 課題と同様にルールの切り替えが必要な課題として，ウィスコンシンカード分類課題（Wisconsin Card Sorting Task: 以下 WCST とする）がある（Berg, 1948）。この課題では，参加者は形・色・数のルールに従ってカードを分類するように求められる。この点は DCCS 課題と同じである。ただし，WCST では，課題のルールは実験者からは指示されず，正誤のフィードバックだけを手がかりとして，正しい分類ルールを推測しなければならない。たとえば，形が正しいルールであるとするならば，参加者がカードを形で分類したら「正解」と伝えられ，形以外で分類したら「不正解」と告げられる。そして，「正解」がある程度（10 回）続いたら，実験者側が予告なしに別のルール（たとえば，色）に変更してしまうのである。形から色，色から数というように，次々とルールを変更し，それに柔軟に対応できるかどうかを見るのである。

WCST を 5 歳から 80 歳代を対象とした研究（加戸ら，2004）によると，その成績のピークは 30 歳代半ばから 40 歳代半ば頃にあることがわかった。このように，課題の難易度や記憶の負荷などによる影響を受けるものの，注意の柔軟な切り替えの獲得には，かなりの歳月を要することがうかがえる。

さらに，注意の切り替えの能力は，成人期以降，加齢の影響を受けて機能が低下する一面もある。WCST 同様に注意の切り替えが必要な課題にトレイル・メイキング課題がある（Hoges, 1994）。この課題には２つのタイプがあり，タイプＡの方は単に数字の順番に線をつないでいくものである。これに対して，タイプＢの方は数字とひらがなを交互につないでいく必要がある。タイプＢでは「数字を順につなぐ」という課題と「ひらがなを順につなぐ」という課題の，２つの課題を切り替える必要がある。このような課題を実施して，タイプＡとタイプＢの間で，課題に要した時間やエラー数を比較することで，切り替えの効率を見ることが可能となる。高齢者を対象としてこの課題を実施すると，若齢成人と比較して効率の悪さを示すこととなる（Tombaugh, 2004）。ただし，この種の課題では，課題の遂行に必要なルールを記憶しておく必要がある。その意味で，記憶の負荷が結果に影響している可能性も認識しておく必要があろう。

6-3　持続的注意の生涯発達的変化

対象を次々に切り替えていくような注意もあれば，特定の対象への注意を持ち続けるという注意もある。持続的注意と呼ばれているものだ。この持続的注意は情報処理の多くの側面と関連し，人の発達，とりわけ認知の発達にとっては不可欠な基盤となっている（Faught et al., 2016）。たとえば，本書の「はじめに」にもあったように，授業中，教壇に立つ先生から「注意して聞きなさい」と言われた時には，「特定の対象に，しばらくの間，注意を向け続けなさい」という意味が暗に含まれている。

この持続的注意を可能にしている要素には２つの側面がある。１つは覚醒状態の維持である。特定の対象への注意を維持するための活動をビジランスと言い，特に覚醒状態の維持を検討する課題をビジランス（vigilance）課題と呼んでいる。たとえば，一定以上の時間にわたって，レーダーに映る機影（航空機の姿）を探し続けるような作業の基盤にある機能と言えよう。もう１つは，抑制機能である。誤った対象に無意味に反応しないようにしなければならない。レーダーによる探索の例で考えるならば，探している航空機の機影ではない，他の飛行物体に注意を向けないようにする能力の基盤にある機能と言えよう。

持続的注意を見る課題として典型的なものは連続遂行課題（Continuous Performance Task: CPT）であろう（Rosvold et al., 1956）。この課題では，たとえばコンピュータ画面上に連続して提示される刺激の中から，指示された刺激が出現した時にのみ反応する（たとえば，マウスをクリックする）ように指示される。このような課題での成績を左右するのは，①標的（target）となる刺激とそれ以外の刺激の区別の難しさと，②標的の記憶のしやすさ（あるいはしにくさ）である。標的と非標的の区別がつきにくい場合は，誤再認（false alarm：非標的に誤って反応してしまうエラー）が多くなり，記憶しにくい標的ならば，当然，心的負荷は大きくなる。その他，標的の出現頻度や，出現位置の予測性，求める反応の違いなどを変数とした検討が進められている。

この持続的注意の発達変化はどのような経過をたどるのであろうか。まず発達の初期に関しては，注意の切り替え同様，就学前に飛躍的にその能力が向上する。そして，広範囲の年齢層（3歳から87歳まで）を対象とした研究（眞田ら，2006）によると，次のような傾向が見られた。標的の見逃し，フォルス・エラー（非標的への反応），標的への反応時間とそのばらつき，標的の検出しやすさ（d'：ディープライム）など，すべての指標において，40歳代が最も良い成績を収めていた。注意以外の影響も考慮しなければならないが，持続的注意に関しても，その機能の形成にはかなりの時間を要することがうかがえる。

さらに，中高年期に入ると，加齢の影響が予想される。ただし，持続的注意に対する発達後半期の変化を検討した研究では，特定の条件が重なった時のみ加齢効果が確認できたとする研究が多い。たとえば，標的の出現頻度が高く，標的が提示される位置の予測が困難な時にのみ，加齢の影響が確認できたとしている研究（Mouloua & Parasuraman, 1995）がある。また，別の研究（Staub et al., 2015）では，まれに出現する標的に反応する課題と，まれに出現する標的への反応を抑制する課題では加齢効果が異なり，前者でのみ加齢効果が確認された。このように，ある一定の条件が重なった時にのみ，加齢の影響が顕在化するようである。持続的注意に関しては，他の注意機能同様に，加齢に伴い，単純に機能が低下するとは想定しない方がいいだろう。

さらに，この持続的注意に関しては，近年マインドワンダリング（mind wandering）を見る指標として活用されている。マインドワンダリングとは，「今この瞬間」，現実に起こっていることに注意を向けないで，目の前の課題とは関係のないことに注意が向いてしまい，「さまよう」状態のことを言う。作業中に，ふと昨日の悪い出来事が思い出されて，あれこれと思いを巡らせてしまい，作業が停滞しているような状態である。このマインドワンダリング状態ではまさに，持続的注意が阻害されていると言えよう。高齢成人ではマインドワンダリングが少ないとする研究（Staub et al., 2014）がある一方で，後期高齢者（75歳以上）になると，マインドワンダリング状態の指標が高くなること（たとえば，標的への反応時間のばらつきが大きくなり，不正確な反応や，見逃しが多くなること）を指摘する研究もある（Zavagnin et al., 2014）。

6-4 抑制機能の生涯発達的変化

注意の切り替えや維持に関する発達的な変化を概観してきたが，最後に，どちらの注意機能にも密接に関わっている，抑制機能の発達的変化についても確認しておきたい。

抑制機能とは，実行機能の重要な要素の1つと考えられている。最近では，実行機能を，統合（unity）する因子（Common EF）と，「転換」に特化した因子，「更新」に特化した因子に分ける枠組みが提案されている（Miyake & Friedman, 2012）。この枠組みでは，従来のモデルには存在した，「抑制」の因子が消えてしまったが，これは「転換」と「更新」の中に抑制が分離し難く入っているためと考えられている。

抑制機能を見る典型的な課題としては，Go/No-go 課題がある。ルリヤ（Luria, 1961）が実施した実験がその始まりと言える。実験内容はきわめて単純で，ランプの点灯に合わせて，ゴム球を握るというものである。実験には複数のバージョンがあるが，Go/No-go 課題の原型は，赤のランプが点灯したら（go 信号），ゴム球を握り，緑のランプが点灯したら（no-go 信号），ゴム球は握らないという課題であろう。その実験結果の反応例を示したものが図 6-4 である。ゴム球なので，実験参加者の反応は波形で示されている。また，go 信号と no-go 信号の ON/OFF が，凸凹で示されている。

図 6-4 では，3歳児，4歳6ヶ月，5歳6ヶ月の3人の子どもの反応例を示している。3歳児では go 信号と no-go 信号のどちらにもゴム球を握ってしまっている。4歳6ヶ月児では no-go 信号に対して，反応を抑えることができつつあるがまだ不安定である。5歳6ヶ月になってようやく，確実に go 信号の時にのみ反応し，no-go 信号の時には反応を抑制できている。このように，抑制機能に関しても，就学前期に急激に発達することがうかがえる。

認知面以外の抑制機能についても触れておきたい。典型的なものは，マシュマロ・テスト（Mischel et al., 1972）で測定する衝動性の制御と言われるものである。この課題は，就学前の子どもを対象として，いますぐマシュマロを1個もらうか，少し待って2個もらうかを選択させるもので，自制心を試すものと言われている。そして，課題発表後，数十年にわたり追跡調査が行われている。その結果，就学前における自制心の有無が，将来にわたるさまざまな側面（進学適性試験の成績，肥

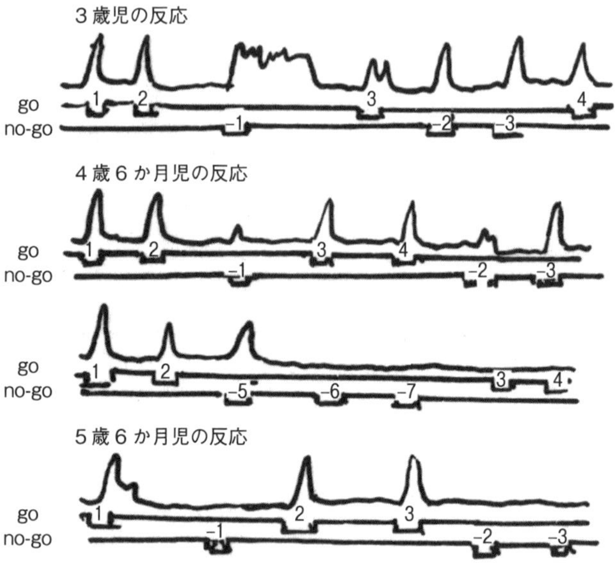

図 6-4　Go/No-go 課題の反応例
（Luria, 1961 を一部改変して作成）

満度，自尊心など）を予測すると言われてきた（Mischel, 2014／邦訳，2015）。ただし，この課題の成績と，将来の成功の程度との因果関係については疑問視する研究報告が最近出され（Watts et al., 2018），この研究分野が再び注目されるようになってきた。

それでは，就学期以降，抑制機能は完璧に機能するのであろうか。結論から言うと，問題なく機能する時ばかりとは言えない。基本的な抑制機能は就学前期に形成されるものの，課題の内容によっては青年期でも単純な反応の抑制が困難になるような例が示されている。たとえば図 6-5 に示されたようなアンチサッカード課題（2 章参照）がある。この課題では画面中央に注視点が提示される。その時に視線の先は注視点にある。次に注視点の左右に信号（サッカード信号）が提示される。このような刺激が提示されると，思わず（衝動的に）視線は刺激が提示された側に移動してしまいがちである。しかし，青年期であれば，口頭指示（「刺激が提示されていない側に視線を向けなさい」）に合わせて，反対側（信号が提示されていない側）に視線を向けることは可能である。

このアンチサッカード課題を大学生対象として実施した研究がある（Jamieson

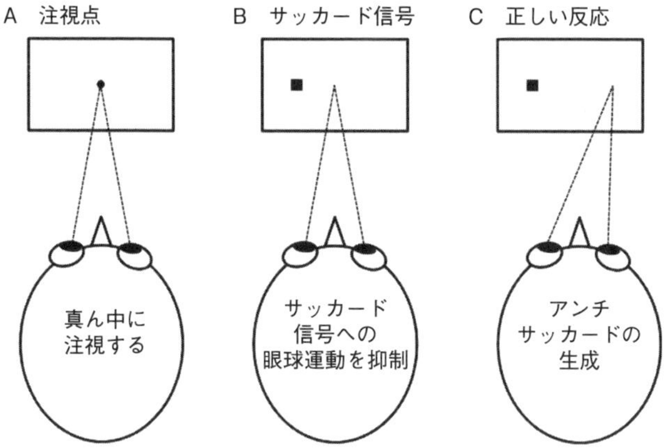

図 6-5　アンチサッカード課題
（Chen & Machado, 2016 を一部改変して作成）

et al., 2010)。ただし，この研究では事前に，参加者にパソコンのオンラインでゲームをしてもらい，意図的に「仲間外れ」になるような条件を設定した。その結果，仲間外れを経験したグループは，仲間外れを経験していないグループと比較して，アンチサッカード課題において，サッカード反応（刺激が出た側に視線が移動する反応）を抑える率が低下したのである。このような単純な実験課題であったとしても，さらに前頭前野が成熟した青年期であったとしても，仲間外れを経験したという「精神的負荷」が加わると，抑制機能は簡単に影響を受けることがわかる。

さらに，抑制機能は加齢の影響を受けやすいことが知られている。認知的加齢モデルの代表的なものとして，抑制機能低下説がある（Hasher & Zacks, 1988）。この仮説では，高齢者になると抑制機能が衰退し，指示された課題とは無関連な刺激に注意を向けてしまい，結果的に指示された課題に対する処理能力が落ちると考えられている。この仮説は，もともと作業記憶（working memory）を念頭において，提起されたものであった。抑制機能が衰退することにより，目的とは無関連な情報が作業記憶の中に入り込み，その情報を排除することができず，作業記憶の効率が落ちると言うものである。

ただし，加齢に伴う抑制機能の低下をメタ分析した研究結果からは，課題によって加齢の影響が異なることも指摘されている（Rey-Mermet & Gade, 2018）。たとえば，フランカー課題やサイモン課題（4 章参照）は，いずれも抑制機能を検討する課題と言われているが，（無関連な）情報を抑制するフランカー課題では加齢の影響は少なく，（指示されない）反応の抑制が必要なサイモン課題では加齢の影響が顕著となった（Kawai et al., 2012)。

さらに，高齢者の抑制機能の低下は，特定の条件（状況）が負荷された時にのみ顕著となるようだ。たとえば，刺激-反応適合性課題（Stimulus-Response Compatibility Task）（5章参照）を高齢成人と若齢成人を対象に実施した研究がある（Tsuchida, 2017）。この課題は，注視点をはさんで，左右に提示される視覚刺激の位置に合わせて左右2つのスイッチを押し分けるという単純なものである。視覚刺激が提示された側のスイッチを押す（compatible）条件と，反対側のスイッチを押す（incompatible）条件が設定されている。このような課題を実施すると，高齢成人では，視覚刺激の提示位置の違いによる影響よりも，刺激とは無関連の聴覚刺激（ビープ音）が提示される条件や，指先だけでスイッチを押す条件と比較して手のひら全体を使ってスイッチを握る条件で，誤反応率が増加した。一方，若齢成人では，同様の条件で実験を実施しても，大きな影響は確認できなかった。以上のように，高齢者で，抑制機能の低下が確認される場面は多様であり，一律に加齢の影響を受けるとは考えにくいようである。

以上見てきたように，抑制機能は，就学前期に急速に発達し，他の諸機能と連携しながら，機能のネットワークを形成していくものと思われる。注意に関しても同様である。注意の切り替えにおいては，以前注意を向けていた刺激や有効だったルールに注意が向くことを抑える必要があり，注意の維持においては，作業にとって無関連な刺激や情報に，一定期間注意を向けないようにすることが必要である。いずれも抑制機能が強く関わっていることをうかがわせる。注意の切り替えや維持の能力は，このように抑制機能を中心とした複数の要素が連携しながら発達していくものと思われる。

引用文献

Baird, A. A., Lagan, J., Gaudette, T., Walz, K. A., Hershlag, N. & Boas, D. A. (2002). Frontal lobe activation during object permanence: Data from near-infrared spectroscopy. *NeuroImage, 16*, 1120–1126.

Berg, E. A. (1948). A simple objective technique for measuring flexibility in thinking. *Journal of General Psychology, 39*, 15–22.

Chen, P. L., & Machado, L. (2016). Age-related deficits in voluntary control over saccadic eye movements: Consideration of electrical brain stimulation as a therapeutic strategy. *Neurobiology of Aging, 41*, 53–63.

Colombo, J. (2001). The development of visual attention in infancy. *Annual Review of Psychology, 52*, 337–367.

Diamond, A. (1990). Developmental time course in human infants and infant monkeys, and the neural bases of, inhibitory control in reaching. *Annals of the New York Academy of Sciences, 608*, 637–676.

Faught, G. G., Conners, F. A., & Himmelberger, Z. M. (2016). Auditory and visual sustained attention in Down syndrome. *Research in Developmental Disabilities*, 53–54, 135–146.

Frye, D., Zelazo, P. D., & Palfai, T. (1995). Theory of mind and rule-based reasoning. *Cognitive Development, 10*, 483–527.

Hasher, L., & Zacks, R. (1988). Working memory, comprehension, and aging: A review and a new review. In G. Brown (Ed.), *The psychology of learning and motivation* (pp. 193–325). San Diego, CA: Academic Press.

Hoges, J. R. (1994). *Cognitive assessment for clinicians*. Oxford,UK: Oxford Medical Publication.

板倉 昭二 (2011). 注意と発達　日本認知心理学会（監修）原田 悦子・篠原一光（編） 現代の認知心理学 4　注意と安全（pp. 110–128） 北大路書房

Jamieson, J. P., Harkins, S. G., & Williams, K. D. (2010). Need threat can motivate performance after ostracism. *Personality and Social Psychology, 36*, 690–702.

加戸 陽子・眞田 敏・柳原 正文・荻野 竜也・阿比留 聖子・中野 広輔 (2004). 健常児・者における Keio 版 Wisconsin Card Sorting Test の発達的および加齢変化の検討　脳と発達, *36*, 475–480.

Kawai, N., Kubo-Kawai, N., Kubo, K., Terazawa, T., & Masataka, N. (2012). Distinct aging effects for two types of inhibition in older adults: a near-infrared spectroscopy study on the Simon task and the flanker task. *Neuroreport, 23*, 819–824.

Kirkham, N. Z., Cruess, L., & Diamond, A. (2003). Helping children apply their knowledge to their behavior on a dimensional-switching task. *Developmental Science, 6*, 449–476.

Luria, A. R. (1961). *The role of speech in the regulation of normal and abnormal behavior*. New York, NY: Pergamon Press.

Mischel, W. (2014). The marshmallow test: Mastering self-control. New York, NY: Hachette Book.（ミッシェル，W.　柴田裕之（訳）(2015). マシュマロ・テスト――成功する子・しない子――　早川書房）

Mischel, W., Ebbsen, E. B., & Zeiss, A. R. (1972). Cognitive and attentional mechnaisms in delay of gratification. *Journal of Personality and Social Psychology, 21*, 204–218.

Miyake, A., & Friedman, N. P. (2012). The nature and organisation of individual differences in executive functions: Four general conclusions. *Current Directions in Psychological Science, 21*, 8–14.

Mouloua, M., & Parasuraman, R. (1995). Aging and cognitive vigilance: Effects of spatial uncertainty and event rate. *Experimental Aging Research, 21*, 17–32.

Nielsen, M., & Dissanayake, C. (2004). Pretend play, mirror self-recognition and imitation: A longitudinal investigation through the second year. *Infant Behavior and Development, 27*, 342–365.

Rey-Mermet, A., & Gade, M. (2018). Inhibition in aging: What is preserved? What declines? A meta-analysis. *Psychonomic Bulletin and Review, 25*, 1695–1716.

Rosvold, H. E., Mirsky, A. F., Sarason, I., Bransome, E. D., Jr., & Beck, L. H. (1956). A continuous performance test of brain damage. *Journal of Consulting Psychology, 20*, 343–350.

眞田 敏・高橋 秀美・加戸 陽子・中山 利美・柳原 正文・荻野 竜也 (2006). 健常児・者における幼児用持続的注意集中力検査の発達的および加齢的変化の検討　岡山大学教育学部研究収録, *132*, 57–62.

Staub, B., Doignon-Camus, N., Bacon, E., Bonnefond, A. (2014). Investigating sustained attention ability in the elderly by using two different approaches: Inhibiting ongoing behavior versus responding on rare occasions. *Acta Psychologia, 146*, 51–57.

Staub, B., Doignon-Camus, N., Marques-Carneiro, J. E., Bacon, É., & Bonnefond, A. (2015). Age-related differences in the use of automatic and controlled processes in a situation of sustained attention. *Neuropsychologia, 75*, 607–616.

The Hospital for Sick Children/ about Kids Health, The development of executive function in infancy and early childhood. URL: http: //www. aboutkidshealth. ca/En/News/Series/ExecutiveFunction/Pages/Executive-Function-Part-Two-The-development-of-executive-function-in-infancy-and-early-childhood.aspx/　最終アクセス日 2018 年 3 月 31 日.

Tombaugh, T. N. (2004). Trail making test A and B: Normative data stratified by age and education. *Archives of Clinical Neuropsychology, 19*, 203–214.

Topal, J., Gergely G., Miklosi, A., Erdohegyi, A., & Csibra, G. (2008). Infants' perseverative search errors are induced by pragmatic misinterpretation. *Science, 321*, 1831–1834.

Tsuchida, N. (2017). Age differences in variables affecting motor inhibition. *Japanese Psychological Research, 59*, 238–245.

Watts, T. W., Duncan, G. J., & Quan, H. (2018). Revisiting the Marshmallow Test: A conceptual replication investigating links between early delay of gratification and later outcomes. *Psychological Science, 29*, 1159–1177.

Zavagnin, M., Borella, E., & De Beni, R. (2014). When the mind wanders: Age-related differences between young and older adults. *Acta Psychologica, 145*, 54–64.

Zelazo, P. D., Frye, D., & Rapus, T. (1996). An age-related dissociation between knowing rules and using them. *Cognitive Development, 11*, 37–63.

7章 社会的な注意

大塚由美子

ヒトを含む霊長類は多くの個体からなる集団で生活を行う社会的動物であり，複雑な集団社会を生き抜くには他個体の意図を推定し，次の行動を予測する高い社会的認知能力が必要である。多くの霊長類，特にヒトが身体の大きさの割に大きな脳を持つのは，複雑な社会生活で要求される高い社会的認知能力を支えるように脳が進化したことに起因するという説がある（「社会脳仮説」Dunbar, 1998; 異論は DeCasien et al., 2017 参照）。また，他者と円滑な相互作用を行うための社会的認知機能に関与する脳領域は社会脳と呼ばれ（Brothers, 1990），脳機能計測技術の向上に伴って研究がさかんに行われてきた（Frith, 2007 など）。

サリーとコロンボ（Salley & Colombo, 2016）によると，心理学や認知神経科学分野で用いられている「社会的注意」という用語の初出は 1990 年代の文献だが，その後しばらくあまり使用されなかった。しかし，共同注意に関する文献（Mundy et al., 2000）で用いられて以降，広くさまざまな研究文脈で使用されるようになってきた。社会的注意という用語は明確に定義されずに用いられることも多く，文脈により内容が異なる場合があるが，ここでは，(1)社会的認知のための多くの重要な情報をもたらす顔へと注意をふり向ける能力，そして(2)他者と注意を共有する共同注意の能力を取り上げ，生涯にかけての発達的変化を概観する。

7-1　顔への注意と顔の検出

幼い乳児でさえ顔に注目することが知られている。多くの研究が複雑さや強度レベルが一致した画像対のうち，顔写真や顔らしいパターンを新生児や乳児がより長く見つめると報告してきた（Fantz, 1961; Farroni et al., 2005; Johnson et al., 1991; Mondloch et al., 1999; Valenza et al., 1996）。こうした，一方の画像を他方より長く見つめる行動を選好注視（preferential looking）と言う（1 章参照）。たとえば，ファロニーら（Farroni et al., 2005）は，新生児は顔写真や単純な顔パターンをそれらの倒立像よりも選好注視すると報告した。また，超音波技術を用いた最近の研究では，妊娠後期の胎児は母体表面から照射された目と口に相当するような3つのLED光点の配列パターンに対し，その倒立パターンよりも頻繁に振り向き反応を行ったと報告されている（Reid et al., 2017）。これらの知見は，新生児や胎児さえ顔を検出し見つめようとする特性をもつことを示唆する。新生児の顔選好注視反応が顔の認識に基づくか否かについては異論もあるが（Cassia et al., 2004; Simion et al., 2002），生後3ヶ月頃までには，成人にとって顔らしく感じられる形状に特化した反応が生じるようになると示されてきた（Chien et al., 2011; Turati et al., 2005）。

上述の研究では，顔と比較画像以外が見えない状況で顔への注意が検討されたが，いくつかの研究はより日常に近い，多数の物体が視野内に存在する中で顔に注意を向ける能力の発達を検討してきた。グリガら（Gliga et al., 2009）は顔と同時に5つの物体を提示した際の6ヶ月児の眼球運動を計測し，画像提示後の最初のサッカードが他の物体よりも高確率に顔へ向けられ，試行期間全体でも他の物体より顔に頻繁に視線が向けられたと報告した（サッカードについては2章参照）。類似した手法を用いた後の研究でも，生後6ヶ月以降の乳児が他の物体よりも高頻度に顔へ視線を向けることが確認されているが（Di Giorgio et al., 2012; Gluckman & Johnson, 2013; Kwon et al., 2016），より低月齢の乳児は顔よりも，色・明るさ・輪郭の複雑さなどの画像特徴に基づく目立ちやすさの高い領域に高頻度に視線を向けたという報告もある（Kwon et al., 2016）。

メイスナーら（Meissner et al., 2017）は3歳児，4歳児，5歳児および若齢成人を対象として8つの異なる物体の中から，顔あるいは車を発見する速度を比較した。タッチパネルを用いた反応計測の結果，全般的な反応時間は年少幼児ほど長かったが，全年齢群で顔に対する反応時間が車に対する反応時間よりも短いことが明らかにされた。さらに，この反応時間の差異を指標とした顔検出の優位性の度合いには年齢間で差が見られず，幼児期までには素早く顔を検出する能力が発達することが示唆された。

顔検出能力の高齢期にかけての発達的変化については，不完全な輪郭で描かれた目・鼻・口の配置関係を統合することで初めて顔が知覚されるような画像を用いた報告がある。ノートンら（Norton et al., 2009）は20–30代，40–50代，および60–80代の参加者を対象として顔検出能力の変化を検討し，高齢期にかけて顔検出成績が低下すること，この成績低下は高齢期にかけての低空間周波数帯域でのコントラスト感度の低下と関連することを報告した。

若齢成人を対象として眼球運動の計測を行った複数の研究は，多数の物体を含む複雑な画像の中でも顔は非常に素早く視線を引きつけることや（Cerf et al., 2009; Martin et al., 2018），他の物体と比べ顔に視線を向けないことの困難さを報告してきた（Gilchrist & Proske, 2009; Morand et al., 2010）。しかし，素早い顔検出能力の高齢期にかけての発達的変化を扱った研究報告は見当たらない。ヒトの乳児は誕生初期から顔を検出し選好注視するだけでなく，顔を識別したり再認したりする顔認知の能力を備えている（Otsuka, 2014）。顔認知の能力は青年期頃までにピークに達するが，高齢期にかけては顔認知能力が低下すると報告されている（Megreya & Bindemann, 2015）。若齢成人と高齢成人の顔認知成績についての多数の研究からの知見のメタ分析も，顔認知成績が若齢成人と比べて低下することを示している（Martschuk & Sporer, 2018）。高齢期における顔認知能力の低下には顔へ注意を向ける能力の低下も関与する可能性もあり，今後の検討が必要とされるだろう。

7-2　共同注意

対話していた相手がふと目を逸らし，ある一点を見つめた場合，相手が何を見つめているか確認するため同一方向へ視線を向けるだろう。このように他者と同時に同じ地点を見つめ，注意対象を共有することを共同注意（joint attention）と言う。共同注意の発達について最初に報告したスカイフとブルーナーの研究（Scaife & Bruner, 1975）は，他者の注意方向の変化を捉え，それに応じて同一方向へと視線を向ける能力の発達を検討した。この能力は視線追従（gaze following）と呼ばれ，2者で共通の対象へ注意を向ける共同注意を達成するための重要な能力であると考えられている。共同注意を，自分と他者が注意対象を共有している状態についての認識を含むものとして定義する研究者もいる（Mundy et al., 2000; Tomasello, 1995）。他者と同一の事象を見つめ注意を共有することは，共通の対象の知覚経験，ひいてはそこから生じる心的経験の共有につながる。また，これは心的経験を共有していることの気づきをもたらす。このことから，バロン=コーエン（Baron-Cohen, 1995）は共同注意を確立するために他者の視線方向を利用する能力は，他者の行動の背後にある心的状態を推測したり他者の行動を予測する能力である「心の理論」の発達を支える重要な役割を果たすと主張している。

以下に，共同注意の基礎となる，視線方向知覚の発達と他者の注意方向に応じて協調的に注意方向を切り替える能力の発達的変化を概観する。協調的な注意方向切り替え能力の発達は視線追従課題および視線手がかり課題を用いて検討されており，これらを順に取り上げる。

7-2-1　視線方向の知覚と発達的変化

生後数日の新生児が，閉眼した顔や視線の大きく逸れた顔よりも自分を見つめる直視視線の顔を選好注視したという報告があるが（Batki et al., 2000; Farroni et al., 2002），この選好注視反応は正面向きの顔に限定され，斜め向きの顔では消失する（Farroni et al., 2006）。注視方向を保ったまま顔を回転しても眼裂内の瞳の相対的な位置は変化する。このため，さまざまな向きの顔から安定して視線方向を知覚するには瞳の相対的な位置だけでなく顔向きの情報を合わせて捉えることが必要である（Otsuka et al., 2014）。斜め向きの顔からの直視視線の知覚は生後 4–8 ヶ月頃に発達すると報告されている（Farroni et al., 2004; Nakato et al., 2009; Otsuka et al., 2016）。乳児研究では視線方向の異なる顔画像への反応の差異から視線方向の知覚能力が検討されてきたが，ドハティら（Doherty et al., 2009）は明示的に他者が何を見ているのか問う課題では，2 歳児は困難を示すことを明らかにした。ドハティらは明示的に他者の視線方向や顔向きを判断する能力は 4 歳頃に急速に発達すると報告している。また，6 歳以上の児童を対象とした研究では，年少児童ほど視線方向知覚の精度は低く，児童期の間徐々に精度が高くなると報告している（Mareschal et al., 2016; Vida & Maurer, 2012a; 2012b）。

成人期以降の視線方向知覚の発達的変化を検討するため，スレッサーら（Slessor et al., 2016）は，若齢成人（20 歳前後）と高齢成人（70 歳前後）に顔写真の視線方向を左・直視・右へと分類するよう求めた。その結果，直視視線と逸視視線の識別成績は若齢成人と比べ高齢成人では低下した。しかし，この差異はわずかに逸れた視線に高齢成人が直視反応を行ったことに起因していた。視線方向知覚の研究では，目領域の明暗コントラスト差が小さく瞳の視認性が低い条件では直視反応が増加することが報告されており（Mareschal et al., 2013），高齢成人における視感度の低下が直視反応の増加に関係する可能性がある。一方，スレッサーと同一の刺激と課題を用いて健常高齢成人群とアルツハイマー病患者群を比較したインシュら（Insch et al., 2017）は，アルツハイマー群で識別成績が低下したと報告している。興味深いことにスレッサーでの若齢成人と高齢成人の平均正答率が 73％と 65％であったのに対し，インシュらの健常高齢成人群とアルツハイマー群の平均正答率は 74％と 63％であった。インシュの報告での健常高齢成人群の成績はスレッサーの報告での若齢成人の成績と同等である。これらのデータを考慮すると視線方向知覚の精度は高齢期にも視感度低下によるわずかな低下を除き維持されると考えるのが妥当だろう。

7-2-2　視線追従の発達的変化

乳児を対象として視線追従（gaze following）能力の発達を検討した多くの研究では，先に述べたスカイフらの研究（Scaife & Bruner, 1975）同様，まず実験者が乳児と目を合わせた後，側方へと視線を移動した。その後，一定の期間内に実験者の視線移動方向へ乳児が視線を向けるか否かが検討された。実験は対面状況で実施されることもあれば，PC スクリーン画面上の実験者の映像への反応が検討されることもある。いくつかの研究は生後 3–4 ヶ月の乳児にも視線追従反応を見出している（D'Entremont et al., 1997; D'Entremont, 2000; Gredebäck et al., 2010）。さらに，生後 6 ヶ月以上ではより多くの研究で一貫して視線追従反応が確認されてきた（Butterworth & Cochran, 1980; Butterworth & Jarrett, 1991; Gredebäck et al., 2008）。視線追従反応の発現時期は，視線の追従先となる標的（target）の位置や，与えられる視線方向手がかりに左右される。幼い乳児の視線追従反応は目立った標的物体が実験者の顔のすぐ側にある場合のみに生じる（D'Entremont et al., 1997; D'Entremont, 2000; Gredebäck et al., 2010）。一方，生後 9 ヶ月以降では，標的がより離れた位置にある場合にも追従反応が生じるようになる（Butterworth & Cochran, 1980; Flom et al., 2004）。また，生後 18–20 ヶ月頃には，実験者が顔を正面に向けたまま目だけを標的へ向けた場合にも視線追従反応が生じると報告されている（De Bordes et al., 2013; Moore & Corkum, 1998）。

乳幼児期以降の視線追従反応を調べた少数の研究からの知見は，成人にも視線追従反応は生じるがその頻度は比較的低いことを示唆する。ギャラップら（Gallup et al., 2012）は街中で 1–15 名の実験協力者（サクラ）が立ち止まり一斉にビルの上方の 1 点へ視線を向けた際の，周囲の通行人の頭の向きの変化をビデオ映像に基づいて分析し，視線追従反応を計測した。その結果，視線追従反応を示した通行人の割合は全体で 30% 弱であった。ただし，この研究で分析対象とされた通行人の平均年齢などは報告されていない。ヘイワードら（Hayward et al., 2017）は実験者との対面事態での若齢成人の視線追従反応を検討した。実験者は対面した参加者との 2 分間の会話の間，参加者を自然に見つめたが，上・下・左・右のいずれかの方向へと視線を 5 回逸らした。ビデオ分析の結果，参加者は会話期間全体の 80% で実験者の顔を見つめていたが，視線追従反応は平均で 33% の試行のみで生じた。ボルジら（Borji et al., 2014）は人物やさまざまな物体を含む光景写真を観察中の眼球運動を計測した。その結果，顔へ視線を向けた直後のサッカードの方向は，観察者が見つめた顔が視線を向けている側へと偶然（チャンスレベル）よりも高い確率で偏り，人物像を含む自然光景画像の観察中にもいくらかの視線追従反応が生じることが見出された。

視線追従反応については同一の実験設定で多様な年齢層の参加者の反応を比較した研究例は見当たらず，研究間で視線追従の指標や実験条件が非常に異なる。このため異なる年齢間のデータを比較することは困難である。以下に議論する視線手がかり効果については，より広範な年齢を対象として生涯の発達変化が検討されている。

7-2-3　視線手がかり効果の発達的変化

成人に対して右や左方向を見つめる顔画像や写真を提示すると，直後に視線と一致した側に出現する標的の検出や同定が促進されることが知られている。この現象は視線手がかり効果（gaze cueing effect）と呼ばれる。フライセンら（Friesen & Kingstone, 1998）は正面，左，右のいずれかを見つめる顔パターンの提示後，顔の左右どちらかに標的文字を提示した（図7-1参照）。参加者の課題は顔を注視し続けたまま，標的文字（FまたはT）を同定すること，あるいは標的文字の出現位置（左または右）を判断することであった。参加者には視線方向は標的の位置と無関係であると伝えられていた。しかしながら，両課題で顔の視線方向と標的位置が一致した条件で，不一致条件よりも反応時間が短くなる視線手がかり効果が示された。別の研究では，80％の試行で標的が顔の視線方向と逆側に出現するよう設定され，この設定が参加者に告げられた条件でさえ，視線の向けられた側の標的がより素早く検出される視線手がかり効果が生じたと報告されている（Driver et al., 1999）。このことから，若齢成人では他者の視線方向は自動的・反射的に空間内で注意を振り向けるための手がかりとして用いられることが示唆された（2章参照）。

幼い乳児にも視線手がかり効果が生じる可能性を示す報告がある。フッドら（Hood et al., 1998）は生後4ヶ月前後の乳児に，正面を注視した状態から側方へ視線を逸らす顔写真を提示した。その後，顔の左右どちらかの位置に注視標的が提示され，これと同時に顔画像は消失した。標的の位置へのサッカードが生じるまでの時間が，乳児が標的検出に要した時間の指標として計測された。実験の結果，顔の

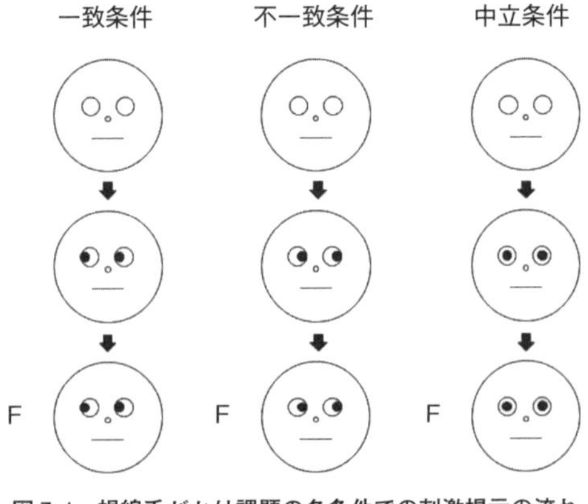

図7-1　視線手がかり課題の各条件での刺激提示の流れ
（Friesen & Kingstone, 1998に基づいて作成）

視線移動方向と一致する側の標的にはより頻繁にサッカードが生じた。またサッカードの反応時間も不一致側と比べて一致側で短く視線手がかり効果が確認された。ファロニーら（Farroni et al., 2000, 2004）も4ヶ月児と新生児において顔の視線の移動方向に出現した標的へのサッカードの反応時間が速まる視線手がかり効果を確認したが，両月齢群で瞳の運動情報を排除すると視線手がかり効果が消失したと報告している。

より年長の2歳児を対象として，ハヴァースカら（Chawarska et al., 2003）は顔写真の瞳の移動方向と一致する側の標的へより素早くサッカード反応が生じる視線手がかり効果を発見した。この促進効果は刺激顔画像をモザイク化した背景の上に配置した暗い点が瞳と同じように動いた条件では生じず，2歳児での視線手がかり効果は局所的な運動情報に基づくものではなく，他者の目の動きの知覚に基づくと議論された。さらに年長の児童を対象としたスウェッテンハムら（Swettenham et al., 2003）の研究では，瞳の動きを伴う視線手がかりが画面中央に提示され，参加児童は画面中央を固視したまま，周辺の標的の検出をキー押しで回答することが求められた。その結果，8–11歳の定型発達と自閉スペクトラム症の両群の児童で，視線手がかり効果が確認された。一方，顔の倒立提示により視線手がかり効果が減少すると報告した成人での先行研究（Langton & Bruce, 1999）とは異なり，この年代の児童での反応は顔を倒立提示した条件でも変化しなかった。

若齢成人と高齢成人を対象として視線手がかり効果が高齢期に変化する可能性を検討した研究もある。市川・坂田（2013）は単純な顔パターンを用いて瞳の動きを伴う視線手がかりにより標的検出が促進される可能性をキー押し反応を指標として検討した。その結果，顔の視線移動から標的出現までの時間間隔（SOA）が300 msに設定された条件では若齢成人と高齢成人の両方で視線手がかり効果が示された。全体的な反応時間は高齢成人で若齢成人よりも遅延したが，視線手がかり効果の大きさに差異はなかった。クーンら（Kuhn et al., 2015）も，視覚探索課題を用いて眼球運動とキー押しの2つの指標により高齢期の視線手がかり効果を検討し，類似した結果を得ている。彼らの実験では各試行で，右・左・上・下のいずれかへ視線を移動する顔画像の周辺に，探索標的文字「C」と3つの妨害刺激（Cの鏡映像）が提示された。参加者は標的を発見したらなるべく素早く標的へ視線を向け，キー押しで反応するよう教示された。標的探索中の眼球運動の方向は高齢成人と若齢成人の両方で顔が視線を移動した方向に偏っていた。また，キー押し反応時間は，両年齢群で顔の視線移動方向の標的で反応時間が減少し，視線手がかり効果が高齢成人と若齢成人の両方で確認された。以上の結果から，瞳の動きを伴う刺激によって生じる視線手がかり効果は，発達初期から頑健に生じ，高齢期に入ってもあまり変化しないと考えられる。

視線手がかり効果についての初期の研究では（Driver et al., 1999; Friesen & Kingstone, 1998），視線手がかりは瞳の動きを伴わずに提示された。静止情報のみに基づく視線手がかり効果の発達は運動情報を伴う場合と比べより遅く，幼児期から児童期にかけてやっと発現するようである。顔写真の目領域を手がかり刺激として用いた研究（Gregory et al., 2016）は，視線手がかりによるサッカード反応促進効果は 3–5 歳児では見られず，6–7 歳児および 8–10 歳児のみで示されたと報告している。郷式（2011）も，年少群（3.5–4.5 歳）と年中群（4.5–5.5 歳）を対象として，視線手がかりは年中群だけで標的に対するサッカード反応を促進したと報告している。一方，キー押し反応を指標として顔パターンの視線または矢印による手がかり一致効果を検討し，成人と 3–5 歳児の両群で視線と矢印による手がかり一致効果を発見した研究もある（Ristic et al., 1963）。このように，学齢期前の幼児における静止情報に基づく視線手がかり効果についての知見にはやや齟齬が見られる。しかし，10 歳前後のより年長の児童を対象とした研究では，キー押し反応を指標として静止情報に基づく視線手がかり効果が一貫して報告されている（Senju et al., 2004; Kylliainen & Hietanen, 2004）。

高齢期における発達的な変化を検討したスレッサーら（Slessor et al., 2016）は，若齢成人と高齢成人の両群で視線手がかりによって標的検出が促進されると発見した。ただし，視線手がかりによる促進効果は高齢成人よりも若齢成人でより大きく，矢印手がかりによる促進効果には年齢間の差異が生じなかった。これに基づき，高齢期には社会的手がかりを用いる能力が特異的に低下すると議論された。しかし，高齢期にも視線手がかり効果は維持されるとする報告もある。デローチェら（Deroche et al., 2016）は，視線手がかり提示からターゲット出現までの SOA を操作し，若齢成人と高齢成人を対象に実験を行った。その結果，若齢成人と高齢成人では視線手がかり効果が最大となるピーク SOA がそれぞれ 300 ms，600 ms と異なり，高齢成人でピーク SOA が遅延した。しかし，視線手がかり効果の最大値には年齢群間の差異は見られなかった。高齢成人で視線手がかり効果の低下を報告した研究（Slessor et al., 2016）では SOA が 220 ms と比較的短く設定され，若齢成人に有利な条件となっていた可能性が指摘された。また，視線手がかり効果が最大となる SOA が遅延は，高齢期における全般的な情報処理速度の低下によるものであると議論された。

7-3 まとめと展望

現在までの知見は，社会的注意の能力は乳幼児期に急速に発達することを示唆する。高齢期にかけて社会的注意能力のわずかな低下を示す知見もあるが，これは視感度の低下や全般的な情報処理速度の低下など社会的注意能力を支えるより基礎的な機能の加齢に伴う低下に起因するようである。社会的注意に関する研究の対象は乳幼児期と若齢成人期に集中しており，それ以外の年齢群を対象とした研究例は限られている。特に成人期以降の加齢に伴う変化については検討が開始されたばかりで十分な知見の蓄積がなされているとは言い難く，今後さらなる検討が望まれる。

引用文献

Baron-Cohen, S. (1995). *Mindblindness: An essay on autism and theory of mind*. Cambridge, MA: MIT Press.

Batki, A., Baron-Cohen, S., Wheelwright, S., Connellan, J., & Ahluwalia, J. (2000). Is there an innate gaze module? Evidence from human neonates. *Infant Behavior and Development, 23*, 223–229.

Borji, A., Parks, D., & Itti, L. (2014). Complementary effects of gaze direction and early saliency in guiding fixations during free viewing. *Journal of Vision, 14*, 1–32.

Brothers, L. (1990). The social brain: A project for integrating primate behavior and neurophysiology in a new domain. *Concepts in Neuroscience, 1*, 27–51.

Butterworth, G., & Cochran, E. (1980). Towards a mechanism of joint visual attention in human infancy. *International Journal of Behavioral Development, 3*, 253–272.

Butterworth, G., & Jarrett, N. (1991). What minds have in common is space: Spatial mechanisms serving joint visual attention in infancy. *British Journal of Developmental Psychology, 9*, 55–72.

Cassia, V. M., Turati, C., & Simion, F. (2004). Can a nonspecific bias toward top-heavy patterns explain newborns' face preference? *Psychological Science, 15*, 379–383.

Cerf, M., Frady, E. P., & Koch, C. (2009). Faces and text attract gaze independent of the task: Experimental data and computer model. *Journal of Vision, 9*, 1–15.

Chawarska, K., Klin, A., & Volkmar, F. (2003). Automatic attention cueing through eye movement in 2-year-old children with autism. *Child Development, 74*, 1108–1122.

Chien, S. H.-L. (2011). No more top-heavy bias: Infants and adults prefer upright faces but not top-heavy geometric or face-like patterns. *Journal of Vision, 11*, 1–14.

De Bordes, P. F., Cox, R. F. A., Hasselman, F., & Cillessen, A. H. N. (2013). Toddlers' gaze following through attention modulation: Intention is in the eye of the beholder. *Journal of Experimental Child Psychology, 116*, 443–452.

DeCasien, A. R., Williams, S. A., & Higham, J. P. (2017). Primate brain size is predicted by diet but not sociality. *Nature Ecology & Evolution, 1*, 112.

D'Entremont, B., Hains, S. M. J., & Muir, D. W. (1997). A demonstration of gaze following in 3-

to 6-month-old. *Infant Behavior and Development, 20*, 569–572.

D'Entremont, B. (2000). A perceptual-attentional explanation of gaze following in 3-and 6-month-olds. *Developmental Science, 3*, 302–311.

Deroche, T., Castanier, C., Perrot, A., & Hartley, A. (2016). Joint attention is slowed in older adults. *Experimental Aging Research, 42*, 144–150.

Di Giorgio, E., Turati, C., Altoè, G., & Simion, F. (2012). Face detection in complex visual displays: An eye-tracking study with 3-and 6-month-old infants and adults. *Journal of Experimental Child Psychology, 113*, 66–77.

Doherty, M. J., Anderson, J. R., & Howieson, L. (2009). The rapid development of explicit gaze judgment ability at 3 years. *Journal of Experimental Child Psychology, 104*, 296–312.

Driver, J., Davis, G., Ricciardelli, P., Kidd, P., Maxwell, E., & Baron-Cohen, S. (1999). Gaze perception triggers reflexive visuospatial orienting. *Visual Cognition, 6*, 509–540.

Dunbar R. I. M. (1998). The social brain hypothesis. *Evolutionary Anthropology, 6*, 178–190.

Fantz, R. (1961). The origin of form perception. *Scientific American, 204*, 66–73.

Farroni, T., Csibra, G., Simion, F., & Johnson, M. H. (2002). Eye contact detection in humans from birth. *Proceedings of the National Academy of Sciences of the United States of America, 99*, 9602–9605.

Farroni, T., Massaccesi, S., Pividori, D., & Johonson, M. H. (2004). Gaze following in newborns. *Infancy, 5*, 39–60.

Farroni, T., Johnson, M. H., Brockbank, M., & Simion, F. (2000). Infants' use of gaze direction to cue attention: The importance of perceived motion. *Visual Cognition, 7*, 705–718.

Farroni, T., Johnson, M. H., & Csibra, G. (2004). Mechanisms of eye gaze perception during infancy. *Journal of Cognitive Neuroscience, 16*, 1320–1326.

Farroni, T., Johnson, M. H., Menon, E., Zulian, L., Faraguna, D., & Csibra, G. (2005). Newborns' preference for face-relevant stimuli: Effects of contrast polarity. *Proceedings of the National Academy of Sciences of the United States of America, 102*, 17245–17250.

Farroni, T., Menon, E., & Johnson, M. H. (2006). Factors influencing newborns' preference for faces with eye contact. *Journal of Experimental Child Psychology, 95*, 298–308.

Flom, R., Deák, G. O., Phill, C. G., & Pick, A. D. (2004). Nine-month-olds' shared visual attention as a function of gesture and object location. *Infant Behavior and Development, 27*, 181–194.

Friesen, C., & Kingstone, A. (1998). The eyes have it! Reflexive orienting is triggered by nonpredictive gaze- download. *Psychonomic Bulletin Review, 5*, 490–495.

Frith, C. D. (2007). The social brain? *Philosophical Transactions of the Royal Society B, 362*, 671–678.

Gallup, A. C., Hale, J. J., Sumpter, D. J., Garnier, S., Kacelnik, A., Krebs, J. R., & Couzin, I. D. (2012). Visual attention and the acquisition of information in human crowds. *Proceedings of the National Academy of Sciences of the United States of America, 109*, 7245–7250.

Gilchrist I. D., & Proske H. (2006). Anti-saccades away from faces: Evidence for an influence of high-level visual processes on saccade programming. *Experimental Brain Research, 173*, 708–712.

Gliga, T., Elsabbagh, M., Andravizou, A., & Johnson, M. (2009). Faces attract infants' attention in complex displays. *Infancy, 14*, 550–562.

Gluckman, M., & Johnson, S. P. (2013). Attentional capture by social stimuli in young infants.

Frontiers in Psychology, 4, article527, 1–7.

郷式 徹（2011）．幼児期における意識的な視覚的注意反応に対する他者の視線方向の影響：手がかりパラダイムによる実験と計算理論的モデルによるコンピュータ・シミュレーションを用いて　発達心理学研究, *22,* 109–119.

Gredebäck, G., Fikke, L., & Melinder, A. (2010). The development of joint visual attention: A longitudinal study of gaze following during interactions with mothers and strangers. *Developmental Science, 13,* 839–848.

Gredebäck, G., Theuring, C., Hauf, P., & Kenward, B. (2008). The microstructure of infants' gaze as they view adult shifts in overt attention. *Infancy, 13,* 533–543.

Gregory, N. J., Hermens, F., Facey, R., & Hodgson, T. L. (2016). The developmental trajectory of attentional orienting to socio-biological cues. *Experimental Brain Research, 234,* 1351–1362.

Hayward, D. A., Voorhies, W., Morris, J. L., Capozzi, F., & Ristic, J. (2017). Staring reality in the face: A comparison of social attention across laboratory and real world measures suggests little common ground. *Canadian Journal of Experimental Psychology, 71,* 212–225.

Hood, B. M., Willen, J. D., & Driver, J. (1998). Adult's eyes trigger shift of visual attention in newborn infants. *Psychological Science, 9,* 131–134.

Insch, P. M., Slessor, G., Warrington, J., & Phillips, L. H. (2017). Gaze detection and gaze cuing in Alzheimer's disease. *Brain Cognition, 116,* 47–53.

市川 恭子・坂田 陽子（2013）．他者の視線方向による手がかり効果における加齢の影響について　愛知淑徳大学論集心理学部篇, *3,* 23–28.

Johnson, M. H., Dziurawiec, S., Ellis, H., & Morton, J. (1991). Newborns' preferential tracking of face-like stimuli and its subsequent decline. *Cognition, 40,* 1–19.

Kuhn, G., Pagano, A., Maani, S., & Bunce, D. (2015). Age-related decline in the reflexive component of overt gaze following. *Quarterly Journal of Experimental Psychology, 68,* 1073–1081.

Kwon, M. K., Setoodehnia, M., Baek, J., Luck, S. J., & Oakes, L. M. (2016). The development of visual search in infancy: Attention to faces versus salience. *Developmental Psychology, 52,* 537–555.

Kylliainen, A., & Hietanen, J. K. (2004). Attention orienting by another's gaze direction in children with autism. *Journal of Child Psychology and Psychiatry, 45,* 435–444.

Langton, S. R. H., & Bruce, V. (1999). Reflexive visual orienting in response to the social attention of others. *Visual Cognition, 6,* 541–567.

Mareschal, I., Calder, A. J., & Clifford, C. W. (2013). Humans have an expectation that gaze is directed toward them. *Current Biology, 23,* 717–721.

Mareschal, I., Otsuka, Y., Clifford, C. W. G., & Mareschal, D. (2016). "Are you looking at me?" How children's gaze judgments improve with age. *Developmental Psychology, 52,* 695–703.

Martin, J. G., Davis, C. E., Riesenhuber, M., & Thorpe, S. J. (2018). Zapping 500 faces in less than 100 seconds: Evidence for extremely fast and sustained continuous visual search. *Scientific Reports, 8,* 1–12.

Martschuk, N., & Sporer, S. L. (2018) Memory for faces in old age: A meta-analysis. *Psychology and Aging, 33,* 904–923.

Megreya, A. M., & Bindemann, M. (2015). Developmental improvement and age-related decline in unfamiliar face matching. *Perception, 44*, 5–22.

Meissner, T. W., Prüfer, H., Nordt, M., Semmelmann, K., & Weigelt, S. (2017). Development of face detection in preschool children. *International Journal of Behavioral Development, 42*, 439–444.

Mondloch, C. J., Lewis, T. L., Budreau, D. R., Maurer, D., Dannemiller, J. L., Stephens, B. R., & Kleiner-Gathercoal, K. A. (1999). Face perception during early infancy. *Psychological Science, 10*, 419–422.

Moore, C., & Corkum, V. (1998). Infant gaze following based on eye direction. *British Journal of Developmental Psychology, 16*, 495–503.

Morand, S. M., Grosbras, M. H., Caldara, R., & Harvey, M. (2010). Looking away from faces: Influence of high-level visual processes on saccade programming. *Journal of Vision, 10*, 1–10

Mundy, P., Card, J., & Fox, N. (2000). EEG correlates of the development of infant joint. *Developmental Psychobiology, 36*, 325.

Nakato, E., Otsuka, Y., Konuma, H., Kanazawa, S., Yamaguchi, M. K., & Tomonaga, M. (2009). Perception of illusory shift of gaze direction by infants. *Infant Behavior and Development, 32*, 422–428.

Norton, D., McBain, R., & Chen, Y. (2009). Reduced ability to detect facial configuration in middle-aged and elderly individuals: Associations with spatiotemporal visual processing. *Journal of Gerontology: Psychological Sciences, 64B*, 328–334.

Otsuka, Y. (2014). Face recognition in infants: A review of behavioral and near infrared spectroscopic studies. *Japanese Psychological Research, 56*, 76–90.

Otsuka, Y., Ichikawa, H., Clifford, C. W. G., Kanazawa, S., & Yamaguchi, M. K. (2016). Wollaston's effect in infants: Do infants integrate eye and head information in gaze perception? *Journal of Vision, 16*.

Otsuka, Y., Mareschal, I., Calder, A. J., & Clifford, C. W. G. (2014). Dual-route model of the effect of head orientation on perceived gaze direction. *Journal of Experimental Psychology: Human Perception and Performance, 40*, 1425–1439.

Reid, V. M., Dunn, K., Young, R. J., Amu, J., Donovan, T., & Reissland, N. (2017). The human fetus preferentially engages with face-like visual stimuli. *Current Biology, 27*, 1825–1828.

Ristic, J., Friesen, C. K., & Kingstone, A. (1963). Are eyes special? It depends on how you look at it. *Psychonomic Bulletin Review, 9*, 507–513.

Salley, B., & Colombo, J. (2016). Conceptualizing social attention in developmental research. *Social Development, 25*, 687–703.

Scaife, M., & Bruner, J. S. (1975). The capacity for joint visual attention in the infant. *Nature, 253*, 265–266.

Senju, A., Tojo, Y., Dairoku, H., & Hasegawa, T. (2004). Reflexive orienting in response to eye gaze and an arrow in children with and without autism. *Journal of Child Psychology and Psychiatry and Allied Disciplines, 45*, 445–458.

Simion, F., Valenza, E., Cassia, V. M., Turati, C., & Umiltà, C. (2002). Newborns' preference for up-down asymmetrical configurations. *Developmental Science, 5*, 427–434.

Slessor, G., Venturini, C., Bonny, E. J., Insch, P. M., Rokaszewicz, A., & Finnerty, A. N. (2016). Specificity of age-related differences in eye-gaze following: Evidence from social and nonsocial stimuli. *Journals of Gerontology — Series B Psychological Sciences and Social Sciences, 71,* 11–22.

Swettenham, J., Condie, S., Campbell, R., Milne, E., & Coleman, M. (2003). Does the perception of moving eyes trigger reflexive visual orienting in autism? *Philosophical Transactions of the Royal Society B: Biological Sciences, 358,* 325–334.

Tomasello, M. (1995). Joint attention as social cognition. In C. Moore & P. J. Dunham (Eds.), *Joint attention: Its origins and role in development* (pp. 103–130). Hillsdale, NJ: Lawrence Erlbaum Associates.

Turati, C., Valenza, E., Leo, I., & Simion, F. (2005). Three-month-olds'visual preference for faces and its underlying visual processing mechanisms. *Journal of Experimental Child Psychology, 90,* 255–273.

Valenza, E., Simion, F., Macchi Cassia, V., & Umilta, C. (1996). Face preference at birth. *Journal of Experimental Psychology: Human Perception and Performance, 22,* 892–903.

Vida, M. D., & Maurer, D. (2012a). Gradual improvement in fine-grained sensitivity to triadic gaze after 6 years of age. *Journal of Experimental Child Psychology, 111,* 299–318.

Vida, M. D., & Maurer, D. (2012b). The development of fine-grained sensitivity to eye contact after 6 years of age. *Journal of Experimental Child Psychology, 112,* 243–256.

8章

表情への注意

田渕 恵・坂田陽子

相手が表出する表情を読み取ること，すなわち，表情に対する高度な認知能力は，私たちが円滑なコミュニケーションを行ううえで，重要な役割を果たす。表情認知とそれに関連する注意は，どのような生涯発達的変化をたどるのだろうか。本章では，まず表情の違いを読み取る際の顔内の注視部位について紹介し，次に，さまざまな年齢群ごとに注意を向ける表情が異なる現象と，その意味づけについて概説する。

8-1　表情認知のための注視部位の生涯発達的変化

私たちは表情の違いによって，無意識に顔内の異なる部位に注意を向けているという。顔全体の表情認知を取り上げた研究に比べると数は少なく，研究手法によって結果が一貫しない部分もある（Guarnera et al., 2015）が，乳幼児期から高齢期を通した先行研究により，特定の感情を読み取る際に，顔内の特定の部位を注視することが，相手の表情判断に有用であることがわかってきた。以下で見ていこう。

8-1-1　幼児期の表情認知の注視部位とその発達

幼児期を対象とした研究として，たとえばケステンバウム（Kestenbaum, 1992）は，5歳から7歳の子どもと，若齢成人を対象に，顔内のどの部位から表情認知ができるかを調べた。異なる表情を上下半分ずつ組み合わせた1枚の顔のスライドが継時的に提示され，幸福（笑顔），怒り，恐怖，怒りの表情のいずれかを合致するボタンを押して判断するという課題であった。その結果，どの年齢群も，幸福の表情は目よりも口の部位から，反対に，恐怖・驚き・怒りの表情は，口よりも目の部位から正確に読み取っていた。また，5歳群は他の年齢群に比べて，読み取りの正確さが劣っていた。

その後，ギャニオンら（Gagnon et al., 2014）は，5歳と10歳の子どもを対象に，顔の上部，中部，下部のうち，どこで表情を判断しているか検討している。対象児は部分的または完全な表情写真を見せられ，怒り，恐れ，驚き，または嫌悪のうちどの表情と合致しているか判断するよう求められた。結果は先述したケステンバウム（Kestenbaum, 1992）と一致して，5歳の子どもでも部分的な表情から恐怖，怒り，および驚きを認識することができた。そして，下部よりも上部の情報から恐怖がよく認識された。さらに，同様のパターンは怒りにも見られたが，それは女児に限られるという性差も見られた。驚きと怒りに関しては，5歳から10歳のまでで認知の正確性は向上したが，恐れと嫌悪に関しては，向上は見られなかった。

特定の部位の注視が表情判断に有用であることは，自閉症児を対象とした研究でも示されており，自閉症児の目への注視回避傾向が，表情認知課題の困難さを引き起こしているとする研究もある（例，Baron-Cohen et al., 1997）。

さらに，言語的なラベリングをさせることで表情について検討した研究がある。ガルネラら（Guarnera et al., 2015）は，顔の上部か下部のどちらで怒り，幸福，恐怖，驚き，悲しみ，嫌悪，そして中立的な表情を読み取るかについて，6歳から7歳の子どもを対象に検討した。3種類の顔写真刺激（目の部位，口の部位，顔全体）を使用し，表情のラベリング付けをさせた。その結果，口から認識された中立的な表情と，目から認識された悲しみを除いて，刺激が顔全体を表している時，子どもたちが基本的な表情を正しく認識していることが示された。性差について，怒りについては，男児は目の部位から，女児は口の部位から正確な表情を読み取るが，中立については，男女間で差は見られず，両群ともに，目の部位よりも口の部位から正確な情報を読み取っており，表情によっては性差が見られることがわかった。

8-1-2　青年期の表情認知の注視部位

青年期を対象とした研究は多数あり，得られた知見もおおむね一貫している。たとえばバウチャーら（Boucher & Ekman, 1975）は，顔を上部，中部，下部（額の部位，目の部位，口の部位）の3つの部位に切り分け，6つの感情（怒り・嫌悪・恐怖・喜び・悲しみ・驚き）を判断する際にどの部位を手がかりにすれば正確な表情を読み取れるのかを調べた。その結果，恐怖や悲しみでは目の部位を手がかりにした場合に正答率が高く，嫌悪や喜びでは口の部位の正答率が高かった。後に，大学生の日本人サンプルを対象とした研究でも，悲しみでは顔の上部，喜びでは顔の下部へ注意を向けているという，類似した知見が得られている（伊藤・吉川，2011）。

8-1-3　高齢期の表情認知の注視部位

高齢期になると，認知機能の全般的な低下に伴い，顔の表情認知も全体的に困難になるとする先行研究がある。たとえばフィリップスら（Phillips et al., 2002）は，高齢者が他者の目から正確に表情を読み取る能力について実験を行った。その結果，高齢者は，reflective（思慮深い）や，sympathetic（共感的な）といった，複雑な目の表情を正確に読み取る能力が低下する傾向が示された。一方で，高齢者では顔内の特定部位からではなく，顔全体の表情の情報を利用することで，機能低下を補完していることが報告されている（上田・小山，2006）。

ここで見てきたように，表情を認知する際には，多くの情報から表情を判断するというよりも，必要な情報に注意を向け選択的に取り入れた方が，効率的であることがわかる。言い換えると，表情によって顔内の注視部位を変え，特定の表情の時に特定の部位に注意を向けることで，私たちは表情を判断する時に交絡する手がかりを無意識に取り除いていると考えられる（Guarnera et al., 2015）。こうした能力を私たちは幼いころからすでにもっており，普段意識せずに実行しているというのは，面白い発見である。先行研究から，おおむね怒りや恐怖，悲しみなどのネガティブな表情は目の部位に，幸福などのポジティブな表情は口の部位に注意を向け，その表情を正確に読み取っている。そしてこの傾向は，幼児期から青年期まで続いている。一方，高齢期になると，顔全体を見て表情を判断するようであるが，これについては先行研究が少なく，表情認知の注視部位が生涯を通してどのように変化するのか不明な点が多いため，さらなる研究が待たれる。

8-2　注意を向けやすい表情と生涯発達的変化

私たちが注意を向けやすい表情や，思わず向けてしまうような表情はあるのだろうか。それは年齢ごとに異なるのであろうか。

8-2-1　乳幼児期の表情選好のシフト現象

新生児の視覚的注意能力を検討した研究により，新生児期でも相手の表情を弁別する認知能力が備わっているとする研究がある（Field et al., 1983; Field et al., 1982）。生後2ヶ月ごろまでは網膜が未発達であるにもかかわらず，人の表情を弁別する認知能力が備わっていることは，その後の認知発達を考えるうえで非常に重要な意味をもつ。さらにラバーベラら（LaBarbera et al., 1976）は，生後4ヶ月の子どもでは表情選好が認められ，怒り顔や中立顔よりも，幸福顔を好んで見ることを報告している。

ところが，ずっと幸福顔への選好が続くわけではない。7ヶ月頃になると，幸福顔よりも恐怖顔へ選好がシフトする（Nelson & Dolgin, 1985）。この7ヶ月前後は，他者の表情により敏感に反応するようになる時期だと言われている。たとえば，7ヶ月の乳児に，怒りと喜びの表情を並べて提示したうえで，それぞれの表情に合致する音声をランダムに流すと，合致する表情の方に注意が向くという傾向が報告されている（Walker-Andrews, 1986）。同様に，生後7ヶ月の乳児において，喜び顔と驚き顔の区別が可能であるという報告（Ludemann & Nelson, 1988）や，同じく生後７ヶ月で喜びと恐怖の表情を認知できるという報告もある（Kotsoni et al., 2001）。つまり，生後７ヶ月頃になると，視覚的にも聴覚的にも基本的な表情を正確に見分ける能力が確立し始めると言える。

１歳前後になると，他者の表情に合わせて自身の行動をコントロールできるようになる。母親の表情によって，人工的に作成した断崖を１歳の子どもが渡るか否かを調べた実験（Sorce et al., 1985）では，母親の「誘導表情（たとえば笑顔）」あるいは「禁止表情（たとえば怒り顔）」によって１歳の子どもが行動を変え，誘導表情の場合は断崖を渡るが，禁止表情の場合は渡らないという結果が得られた。

幼児期に入ると，生後４ヶ月のころと同様に，再び幸福顔への選好に戻る。幼児期の子どもはネガティブな顔よりもポジティブな顔の方を，より早く正確に表情を同定できることが明らかとなっている（例，Widen & Russell, 2003）。そして，この正確性は７歳まで発達し続ける（Durand et al., 2007），もしくは10歳まで（Tremblay et al., 1987），さらには15歳かそれ以上の成人になるまで（Montirosso et al., 2010）とする研究も見られる。

このように乳幼児期は，生後４ヶ月ごろの表情認知の微視発生的段階では笑顔のようなポジティブ顔への選好が見られるが，７ヶ月ごろになると，いったん恐怖顔のようなネガティブ顔へ選好がシフトし，幼児期に入ると再びポジティブ顔への選好が見られるようになる。ただし，生後４ヶ月と幼児期のポジティブ顔への選好は質的には異なるかもしれない。乳児期は，他者の表情から感情までを読み取っていることにつながるわけではないという指摘もある（櫻庭・今泉，2001）。つまり，異なる表情を認知する能力は１歳頃までに確立するものの，それが明確な相手の感情状態と結びついているか否かは不明である。口角を上げ目じりを下げて「笑顔」の表情を示すことと，その個人が「嬉しい」「楽しい」と感じているといった感情をつなげて理解するためには，高度な認知能力が必要である。さらに言語との関連で，さまざまな感情語と連動させて明確に他者の感情を理解するということは，この段階では依然困難であり，３歳以降になって状況と感情語，表情をある程度関連させることが可能になると言われている（菊池，2004）。すなわち，表情の違いを検出することと，表情に感情を結び付けて認識することの間には発達初期には乖離があり，それが幼児期に入ってようやく埋まりはじめ，より正確に判断できるようになるには長い発達的時間を要するようだ。

8-2-2　成人期の脅威検出優位性

若齢成人を対象とした研究では，怒り表情に対して他の表情よりも素早く注意が向くという研究が多数ある。これは脅威検出優位性（Hansen & Hansen, 1988）と呼ばれる。たとえばハンセンら（Hansen & Hansen, 1988）は，中立顔，幸福顔，怒り顔を，目標刺激および妨害刺激とし，視覚探索課題を用いて実験を行った。その結果，怒り顔が目標刺激で，中立顔あるいは幸福顔が妨害刺激の場合の方が，中立顔あるいは笑顔が目標刺激である場合よりも検出時間が速いことや，怒り顔の検出時間は妨害刺激が増えても影響を受けないことを報告し，脅威刺激が妨害刺激の中でポップアップすることを指摘している。また，オーマンら（Öhman et al., 2001）は，目，鼻，眉，口の部位を簡略化した線画の図式顔を用い，8つの中立顔と1つの標的となる顔（怒り顔，悲しみ顔，幸福顔）の，計9つの顔刺激の中からできるだけ速く正確に標的顔を検出させる課題を行った（図8-1）。

その結果，怒り顔が最も検出時間が速く，かつ正確であることが明らかとなった。こうした脅威検出優位性は，成人期を対象とした多くの研究で報告されている（例，Eastwood et al., 2001; Pratto & John, 1991）。脅威検出優位性の生起要因については，生体生存の観点から説明されることが多い。すなわち，人が集団を維持し，自分自身の生命を保つためには，他者からの攻撃行動に対してより敏感に反応し，自身の行動（逃げるか，反撃するかなど）をコントロールする必要がある。そのため，他者の攻撃行動に付随した怒り顔に対して，より素早く注意を向ける進化を遂げてきた，と言われる。

一方，探索課題に用いた顔刺激が，怒り顔の検出にとって優位に働いた，という方法論上の問題を指摘している研究もある。パーセルら（Purcell & Stewart, 2010）は，上記のオーマンら（Öhman et al., 2001）が用いた怒り顔の図式顔が，検出を促進させるような知覚的特徴を有していることを指摘し，図式顔の部位の位置や輪郭を変えることで，怒り顔の検出優位性が消えることを報告している。

また，上記のような探索課題を用いた注意を測定する課題ではなく，記憶課題では，この怒り顔の検出優位性に反する結果も報告されており，成人期では幸福顔が優位に記憶されやすい，という研究もある（Shimamura et al., 2006）。シマムラらは，若齢成人を対象に，記憶課題を用いて幸福顔・驚き顔・怒り顔・恐怖顔の記憶成績を比較した結果，幸福顔が最も記憶成績が高いことを明らかにしている。このような課題が異なると脅威検出優位性が消失する原因のメカニズムについては明らかになっていない。

さらに，成人期のある表情に対する優位性には，乳幼児期からの環境の影響による個人差も絡んでくる。金政（2005）によれば，若齢成人における顔表情の認知には，幼児期から形成された愛着と，自己や他者に対する信念や期待が影響しており，他者に対する不安傾向が強い成人は，他者のポジティブ顔からポジティブ感情を検出する傾向が低く，ネガティブ顔からネガティブ感情をより強く検出する傾向が認

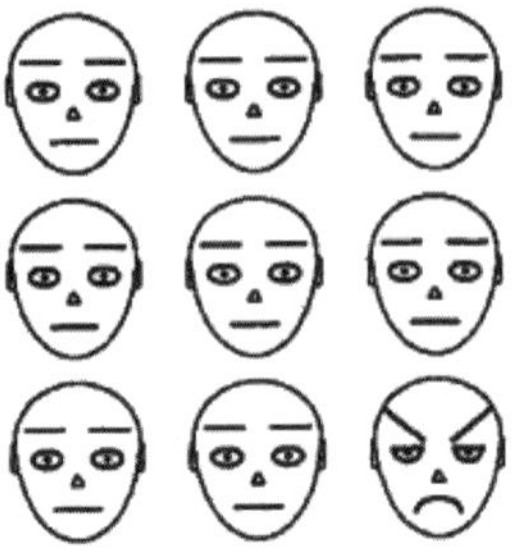

図 8-1　怒り顔優位性を発見した実験
(Öhman et al., 2001, p. 384, Figure2 より一部抜粋, 転載)
8 個の中立顔と 1 個の怒り顔がランダムの位置に配列されている。参加者は 9 個の顔の中に仲間はずれがあるかないかを判断し，なるべく速く正確にキーを押して反応する。

められた。成人期における顔表情認知の知見を一般化する際には，こうした経験による個人差を考慮することも重要となってくる。

8-2-3　高齢期の表情認知の二極化

高齢期を対象とした研究では，マザーとナイト（Mather & Knight, 2006）が，若齢成人と同様，怒り顔をより速く検出することを見出している。彼女らは，オーマンら（Öhman et al., 2001）と同様の課題（図 8-1 参照）を，高齢成人と若齢成人を対象に行った。その結果，高齢成人と若齢成人の双方において，中立顔から怒り顔を検出する方が，中立顔から幸福顔や悲しみ顔を検出するよりも検出が速く正確であるという結果を得た。

同様の実験方法で幼児を対象に行った研究でも，高齢者と同様の結果が得られている（LoBue, 2009）。つまり，このような表情を素早く検出するような状況下においては，自動処理レベルで即時警告システム（rapid alerting system）が働くため（Öhman & Mineka, 2001），怒り顔のような脅威の表情を素早く検出でき，このシステムは幼児から高齢成人まで生涯を通じて維持されることがわかる。

一方で，高齢期になると相手のポジティブな表情，たとえば幸福顔に対して，より注意が向くようになるという研究も報告されている。この現象は，ポジティブバイアスと呼ばれている。これは，先述した若齢成人の怒り顔検出優位性とは逆の傾向へシフトすることを示し，生涯発達的変化から鑑みると非常に興味深い現象である。

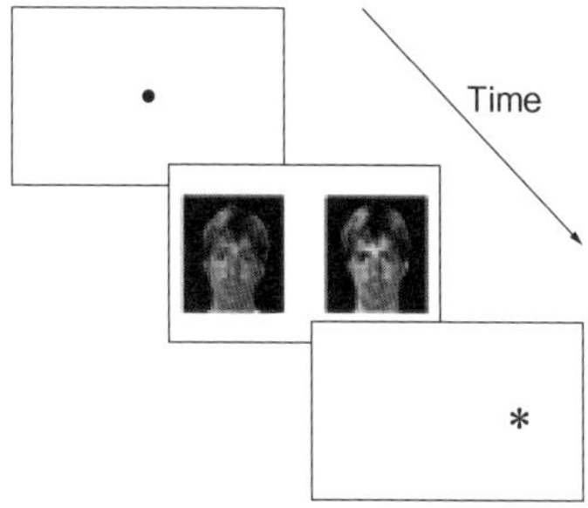

図 8-2　高齢者のポジティブ効果を発見した最初の実験
（Mather & Carstensen, 2005, p. 497, Figure1 より転載）
最初の画面では注視点が出て，第 2 画面では中立顔と幸福顔もしくは怒り顔が提示される。第 3 画面ではアスタリスクが左右どちらかに出され，参加者は，その位置と同じ位置のキーを素早く押す。

たとえば，イサコヴィッチら（Isaacowitz et al., 2006）は，感情的な顔写真（幸福顔・悲しみ顔・怒り顔・恐怖顔のいずれか）と，中立顔写真のペアを実験参加者に提示し，刺激に対する視線を計測した。そして，若齢成人では恐怖顔に視線を向ける傾向があるのに対し，高齢成人では幸福顔に視線を向け，怒り顔からは視線をそらす傾向があることを示した。またマザーとカーステンセン（Mather & Carstensen, 2003）は，中立顔と感情的な顔（幸福顔・怒り顔・悲しみ顔のいずれか）の 2 つの顔写真刺激が左右並列に 1 秒間提示された後に，左右いずれかに現れる標的のドットへの反応時間を測定し，幸福顔をポジティブ顔，怒り顔と悲しみ顔をネガティブ顔として比較した（図 8-2）。その結果，高齢成人ではネガティブ顔の側に標的が現れた場合には反応が遅く，ポジティブ顔の場合には反応が速いという偏りが見られたのに対し，若齢成人ではそうした偏りは認められなかった。彼女らは，この高齢者の幸福顔への反応が他の顔よりも速い現象，すなわちポジティブバイアスについて「ポジティブ効果（Positivity effect）」と命名している[1)]。

高齢者がポジティブな刺激に対して敏感に注意を向ける現象については，顔の表情認知研究のみならず，情動や記憶など他の様々な研究分野でも示されている（たとえば，Kennedy, Mather, & Carstensen, 2004）。加齢に伴い，身体的機能や健康状態が低下するにもかかわらず，中年期から高齢期に向けてポジティブなものに注

1）positivity effect の訳は研究者によって多様であり，積極性効果や，ポジティビティ効果などと訳されている場合もあるが，本書では，ポジティブ効果と訳す。

意を向けるようになり，高齢者自身の幸福感が高くなる，もしくは低下しないといった現象は，「エイジング・パラドックス」と呼ばれており（例，Mroczek & Kolarz, 1998），人の心的な生涯発達的変化を考えるうえで，非常に重要な意味をもつ現象であろう。

ではなぜ加齢に伴い，ポジティブな表情に注意を向けるようになるという現象が起こるのだろうか。近年，高齢者のポジティブバイアスが，高齢期のさまざまな資源低下に対して，認知的制御が機能することで生じる，と考える理論がある。たとえば社会情動性選択性理論（socioemotional selectivity theory; Carstensen, 1992）では，認知機能をはじめとするさまざまな資源が加齢に伴い低下することで，目標に変化が生じると考える。若齢期には，多大なエネルギーを必要とする新しい関係の構築や新規な知識の獲得を追い求めるが，加齢に伴い，心理的な安寧を得るために既存の関係への満足へと動機づけられるようになる。つまり，加齢変化により自分に残された時間が限られていると認知することで，行動の目標が「新しい経験の獲得」から「情動の調整」へと変化する。そのため，感情的な満足を得ることに焦点を当てるようになり，ポジティブな刺激への注目が増す，と要約できる。

こうした高齢者のポジティブバイアスを，脳機能の低下として捉える研究もある。たとえばカルダーら（Calder et al., 2003）は，高齢者における恐怖顔の検出の顕著な低下は，加齢に伴う扁桃体の構造変性・機能低下の結果であると考察している。一方で，偏桃体の損傷は恐怖だけでなく，喜び以外の基本情動の表情認知にも障害をもたらすことが報告されており，また恐怖顔をポジティブな表情と混同する「快感情へのバイアス」が生じることも報告されている（Sato et al., 2002）。

さらに，認知症患者の表情認知に関する研究でも，ポジティブバイアスが認められている。たとえば牧（2016）は，喜び・驚き・恐怖・怒り・嫌悪・悲しみの６種類の表情顔の静止画を刺激として用い，その認知について健常成人・健常高齢者・初期認知症を対象として比較を行った。その結果，喜び顔の認知のみ，健常成人と健常高齢者，認知症者で有意な差が認められなかった。残りの５種類の表情に関しては，認知症患者は健常高齢者よりも有意に認知が低下していた。顔の表情認知は，言語を用いない非言語コミュニケーションの中心的機能である。認知症の場合には語彙流暢性や抽象表現といった語彙能力が低下し，言語コミュニケーションが困難になるため，非言語コミュニケーションのツールが重要となる。それゆえ，認知症患者の表情認知に関する研究は，認知症患者とのコミュニケーションを円滑に行ううえで非常に重要である。

このように，高齢期のポジティブバイアスを説明する理論はいくつか提案されているが，先述した脅威の表情をすばやく検出するシステムとの関連性については明らかになっておらず，今後の解明が求められる。

8-3　表情への注意と生涯発達的変化

本章では，各年齢層を対象とした表情認知研究を概観したが，年齢によって注意が向く表情が異なり，ポジティブな表情とネガティブな表情との間で時系列とともにシフトを繰り返していることがうかがえた。しかし，幼児期までの低年齢児には，表情の読み取りと感情の理解には乖離があり，その乖離がどのように埋まっていくのかという発達過程と，そこでの注意機能の役割についてはまだ不明瞭な点が多い。また，他者の表情や感情を読み取る行動にはさまざまな要因，たとえば会話の文脈，場の状況，他者とのコミュニケーション，言語等の思考や知識などが絡むため，それらを一様に統制したうえで，表情認知の加齢変化そのものを捉えることが非常に難しい。言語指標を用いることができない乳児や，認知機能が著しく低下した認知症患者のみならず，通常加齢の範囲内である健常高齢者であっても，この研究が困難である理由はそこにある。

また高齢者の特徴を若齢成人と比較し，その差異を一概に「機能低下」と捉えることはいささか危険である。高齢者に特有の顔表情認知の傾向があるのと同様，先述したとおり若齢成人にもその年齢特有の認知傾向があり，すべてを加齢による脳機能の低下から説明することには限界があろう。むしろ低下ではなく，その年齢にとって適応的な「シフト」が起こっていると考え，その意味を探るべきであろう。特に高齢期は，生理・認知機能がある程度低下することは否めないが，その分，既有の知識や感情コントロール，さらには蓄積された社会性などで補足しながら生活水準を維持している可能性がある。これはたとえば，人の心的な生涯発達的変化の代表的なモデルである，SOC モデル（The model of selection, optimization, and compensation; Baltes, 1997）でも示されてはいるが，生理的・認知的変化だけでなく，社会的な能力の変化の両輪を考慮しながら，高齢者の表情認知の特徴を捉えることは，ひいては基礎的な注意や認知能力からコミュニケーション能力にわたる総合的な人の生涯発達的変化をダイナミクスな視点で捉えることになるだろう。

引用文献

Baltes, P. B. (1997). On the incomplete architecture of human ontogeny: Selection, optimization, and compensation as foundation of developmental theory. *American Psychologist, 52,* 366–380.

Baron-Cohen, S., Jolliffe, T., Mortimore, C., & Robertson, M. (1997). Another advanced test of theory of mind: Evidence from very high functioning adults with autism or Asperger syndrome. *Journal of Child psychology and Psychiatry, 38,* 813–822.

Borke, H. (1971). Interpersonal perception of young children: Egocentrism or empathy? *Developmental psychology, 5,* 263–269.

Boucher, J. D., & Ekman, P. (1975). Facial areas and emotional information. *Journal of Communication, 25,* 21–29.

Calder, A. J., Keane, J., Manly, T., Sprengelmeyer, R., Scott, S., Nimmo-Smith, I., & Young, A. W. (2003). Facial expression recognition across the adult life span. *Neuropsychologia, 41,* 195–202.

Carstensen, L. L. (1992). Social and emotional patterns in adulthood: Support for socioemotional selectivity theory. *Psychology and Aging, 7,* 331–338.

Carstensen, L. L., & Mikels, J. A. (2005). At the intersection of emotion and cognition: Aging and the positivity effect. *Current Directions in Psychological Science, 14,* 117–121.

Durand, K., Gallay, M., Seigneuric, A., Robichon, F., & Baudouin,J.-Y. (2007). The development of facial emotion recognition: The role of configural information. *Journal of Experimental Child Psychology, 97,* 14–27.

Eastwood, J. D., Smilek, D., & Merikle, P. M. (2001). Differential attentional guidance by unattended faces expressing positive and negative emotion. *Perception & Psychophysics, 63,* 1004–1013.

Erikson, E. H. (1950). *Childhood and society.* New York: W. W. Norton & Company.

Field, T. M., Woodson, R., Cohen, D., Greenberg, R., Garcia, R., & Collins, K. (1983). Discrimination and imitation of facial expressions by term and preterm neonates. *Infant Behavior & Development, 6,* 485–489.

Field, T. M., Woodson, R., Greenberg, R., & Cohen, D. (1982). Discrimination and imitation of facial expression by neonates. *Science, 218,* 179–181.

Gagnon, M., Gosselin, P., & Maassarani, R. (2014). Children's ability to recognize emotions from partial and complete facial expressions. *The Journal of Genetic Psychology, 175,* 416–430.

Guarnera, M., Hichy, Z., Cascio, M. I., & Carrubba, S. (2015). Facial expressions and ability to recognize emotions from eyes or mouth in children. *Europe's Journal of Psychology, 11,* 183–196. doi:10.5964/ejop.v11i2.890

Hansen, C. H., & Hansen, R. D. (1988). Finding the face in the crowd: An anger superiority effect. *Journal of Personality and Social Psychology, 54,* 971–924.

Isaacowitz, D. M., Wadlinger, H. A., Goren, D., & Wilson, H. R. (2006). Selective preference in visual fixation away from negative images in old age? An eye-tracking study. *Psychology and Aging, 21,* 40–48.

伊藤 美加・吉川 左紀子 (2011). 表情認知における顔部位の相対的重要性　人間環境学研究, *9,* 89–95.

金政 祐司 (2005). 自己と他者への信念や期待が表情の感情認知に及ぼす影響　心理学研究, *76,* 359–367.

Kennedy, Q., Mather, M., & Carstensen, L. L. (2004). The role of motivation in the age-related positivity effect in autobiographical memory. *Psychological Science, 15,* 208–214.

Kestenbaum, R. (1992). Feeling happy versus feeling good: The processing of discrete and global categories of emotional expressions by children and adults. *Developmental Psychology, 28,* 1132–1142.

菊池 哲平（2004）．幼児における自分自身の表情に対する理解の発達的変化　発達心理学研究, *15*, 207–216.

Kotsoni, E., de Haan, M., & Johnson, M. H. (2001). Categorical perception of facial expressions by 7-month-old infants. *Perception, 30*, 1115–1125.

LaBarbera, J. D., Izard, C. E., Vietze, P., & Parisi, S. A. (1976). Four-and six-month-old infants' visual responses to joy, anger, and neutral expressions. *Child Development, 47*, 535–538.

LoBue, V. (2009). More than just another face in the crowd: Superior detection of threatening facial expressions in children and adults. *Developmental Science, 12*, 305–313.

Ludemann, P. M., & Nelson, C. A. (1988). Categorical representation of facial expressions by 7-month-old infants. *Developmental Psychology, 24*, 492–501.

Mather, M., & Carstensen, L. L. (2003). Aging and attentional biases for emotional faces. *Psychological Science, 14*, 409–415.

牧 陽子（2016）．社会生活障害としての認知症――アルツハイマー型認知症を中心に　認知神経科学, *18*, 146–153.

Mather, M., & Knight, M. R. (2006). Angry faces get noticed quickly: Threat detection is not impaired among older adults. *The Journals of Gerontology Series B: Psychological Sciences and Social Sciences, 61*, 54–57.

Montirosso, R., Peverelli, M., Frigerio, E., Crespi, M., & Borgatti, R. (2010). The development of dynamic facial expression recognition at different intensities in 4- to 18-year-olds. *Social Development, 19*, 71–92.

Mroczek, D. K., & Kolarz, C. M. (1998). The effect of age on positive and negative affect: a developmental perspective on happiness. *Journal of Personality and Social Psychology, 75*, 1333–1349.

Nelson, C. A., & Dolgin, K. G. (1985). The generalized discrimination of facial expressions by seven-month-old infants. *Child Development, 56*, 58–61.

Öhman, A., Lundqvist, D., & Esteves, F. (2001). The face in the crowd revisited: A threat advantage with schematic stimuli. *Journal of Personality and Social Psychology, 80*, 381–396.

Öhman, A., & Mineka, S. (2001). Fears, phobias, and preparedness: Toward an evolved module of fear and fear learning. *Psychological Review, 108*, 483–522.

Phillips, L. H., MacPherson, S. E., & Della Sala, S. (2002). Age, cognition and emotion: The role of anatomical segregation in the frontal lobes: the role of anatomical segregation in the frontal lobes. In F. Boller & J. Grafman (Eds.), *Handbook of neuropsychology: The frontal lobes* (pp. 73–97). Amsterdam: Elsevier Science.

Pratto, F., & John, O. P. (1991). Automatic vigilance: the attention-grabbing power of negative social information. *Journal of personality and social psychology, 61*, 380–391.

Purcell, D. G., & Stewart, A. L. (2010). Still another confounded face in the crowd. *Attention, Perception, & Psychophysics, 72*, 2115–2127.

櫻庭 京子・今泉 敏（2001）．２～４歳児における情動語の理解力と表情認知能力の発達的比較　発達心理学研究, *12*, 36–45.

Sato, W., Kubota, Y., Okada, T., Murai, T., Yoshikawa, S., & Sengoku, A. (2002). Seeing happy emotion in fearful and angry faces: qualitative analysis of facial expression recognition in a bilateral amygdala-damaged patient. *Cortex, 38*, 727–742.

Shimamura, A. P., Ross, J. G., & Bennett, H. D. (2006). Memory for facial expressions: The power of a smile. *Psychonomic Bulletin & Review, 13*, 217–222.

Sorce, J. F., Emde, R. N., Campos, J. J., & Klinnert, M. D. (1985). Maternal emotional signaling: Its effect on the visual cliff behavior of 1-year-olds. *Developmental Psychology, 21*, 195–200.

Tabuchi, M., & Miura, A. (2018). Intergenerational interaction between old and young in creative task. *Journal of Intergenerational Relationships, 16*, 275–286.

Tremblay, C., Kirouac, G., & Doré, F. Y. (1987). The recognition of adults' and children's facial expressions of emotions. *The Journal of Psychology, 121*, 341–350.

上田 彩子・小山 高正 (2006). "喜び" 情動を用いた高齢者における "眼の表情認知" 高次脳機能研究 (旧 失語症研究), *26*, 361–367.

Walker-Andrews, A. S. (1986). Intermodal perception of expressive behaviors: Relation of eye and voice? *Developmental Psychology, 22*, 373–377.

Widen, S. C., & Russell, J. A. (2003). A closer look at preschoolers' freely produced labels for facial expressions. *Developmental psychology, 39*, 114–128.

9章 注意の発達と脳波

河西哲子・蔵冨 恵

9-1 はじめに

心と脳の関係を探るのが認知神経科学であり，特に発達過程に注目した領域が発達認知神経科学である。ヒトの発生における脳神経細胞（ニューロン）の生成から，ニューロンとニューロンをつなぐシナプスの形成や，不要なシナプスが除去される刈込み，青年期まで続くニューロンの髄鞘化，さらには脳機能の衰退など，脳の発達過程やメカニズムに関する研究は日進月歩である。脳科学の知見が蓄積されるなか，特定の行動課題の成績が特定の脳領域の発達の「マーカー課題」として用いられることがある（Johnson, 1997）。たとえば乳児期の空間的手がかり効果（2章参照）の出現は，頭頂葉や大脳の奥の中脳にある上丘の発達を意味する。また，主に頭頂葉損傷で生じる半側空間無視（11章参照）の評価によく用いられる線分2等分課題では，一般に中心だと感じる位置が左に偏る。これは空間的注意の制御において右半球が左半球よりも優位なことを示すと考えられているが，健常な場合でも偏りは生涯にわたって変化するし（Varnava & Halligan, 2007），他方では発達障害による違いも見られる（Waldie & Hausmann, 2010）。すなわち，行動反応によって，注意に関わる脳機能の発達的変化を検討することができる。

一方で，より心理学的な関心から，認知課題に関わる心的過程を分けたり，行動の背景にある仕組みを詳しく調べたりするのに脳活動を計測することがある。脳機能計測法は，近年の技術的進歩やパーソナルコンピュータの処理速度・容量の増加により，心理学でも身近な存在となった。特に安全・安価に計測・算出できる脳波と事象関連電位（event-related potential: ERP）はさまざまな注意過程と関わることが明らかにされており，発達研究でも多く用いられている。認知課題を求めなくても測定できる脳波・ERPは，乳児研究にも適しているが，研究対象としては再認記憶に関わる注意機能に限られている（de Haan et al., 2007; Reynolds, 2015）。本章では行動実験と対比させながら幅広い年代を比較できる，主に学齢期以降における視覚探索課題（1章参照）と複数の注意機能を同時測定する注意ネットワークテスト時の脳波・ERP研究を取り上げ，注意の発達過程に脳活動からアプローチする方法の有効性について考えてみたい。まずは脳波・ERPの説明からはじめよう。

9-2　脳波と事象関連電位の概説

脳による認知機能の実現には，脳の異なる部位での機能分業だけでなく，部位間のコミュニケーションが重要な役割を担う。コミュニケーションには神経細胞（ニューロン）間のリズミックな同期活動が関わり，それは生きている限り絶え間なく生じる脳波として観察できる。脳波は神経活動に伴う直接の電気反応であり，頭皮上の電極と基準電極（耳たぶや鼻など）での電位差である脳電図（electroencephalogram: EEG）として測定される。機能的MRI（磁気共鳴画像法）などの血行動態の指標と異なり，ミリ秒（1,000分の1秒；以下msと記す）単位の情報を提供するのが特徴である。ただし残念ながら容積伝導（骨や硬膜，脳脊髄液などで電流が広がること）により，原理的にEEGだけでは神経発生源を特定できない。また多数のニューロンがいっせいに同じ方向に電場をつくった場合しか観測できないが，それは言い換えれば脳波は多数のニューロンの協調的活動であることを示しており，重要な処理活動を反映すると推察される。

EEGの律動（oscillation）としての性質は，周波数，振幅，位相で記述される。特に周波数が10 Hzほど（1秒間に波の山と谷が約10回）のα（アルファ）波（8–13 Hz）は，閉眼・リラックス時に後方の電極部位によく観察される。他にもδ（デルタ）波（0.5–3 Hz），θ（シータ）波（4–7 Hz），β（ベータ）波（14–30 Hz），γ（ガンマ）波（30 Hz–）と分類される。概して，睡眠時や低覚醒時にはゆっくりとした大きな振幅，高覚醒時には速く小さな振幅の律動が多く含まれる。近年，EEGは認知過程とも密接に関わることが示されている。たとえば注意する視野と同じ側の半球（つまり無視するべき視野における処理を担う半球）でのα波の振幅増大は，課題に関連しない刺激を積極的に抑制することに関わると考えられている（Händel et al., 2011）。また成人のα波帯域の中で最大振幅を示す周波数には個人差があり，知覚できる刺激の最小の持続時間に関わりえる（Samaha & Postle, 2015）。離れた部位間のEEGの類似性の機能的意義に関する知見も蓄積されてきている（解説として，北城・山口，2007）。

一方，ERPは通常1秒以内にプラスとマイナス方向に振れる複数の一連の波からなり，それらは一瞬のうちに起こる知覚，判断，反応制御などの処理段階に時間的に対応すると考えられている（図9-1）。個々の波は，生起する時間や順序，極

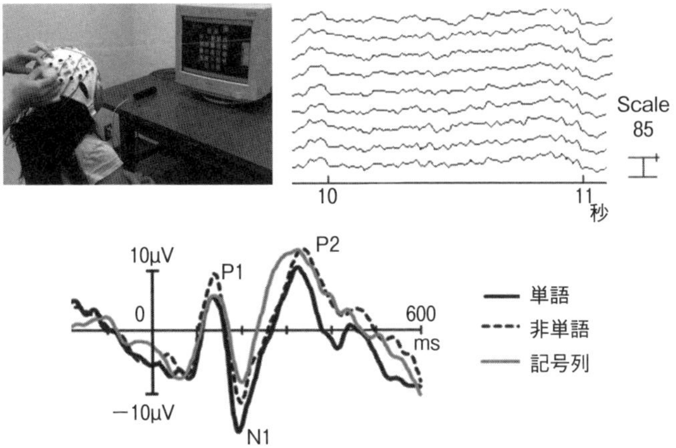

図 9-1　脳波測定の準備風景（8 歳児童）と記録された脳波と ERP の一部
ERP は，ひらがなの単語と非語，記号列に対して左の後頭部から測定されたもの（下）。刺激出現後 200 ms ほどの頂点（N1）で単語に対する増大が観察される。

性（プラスがP，マイナスがN），頭皮上部位，実験操作などによって同定・命名される。たとえば顔刺激は顔以外のものに比べて，刺激出現後の約 170 ms に頂点をもつ，右の後頭側頭部で陰性に増大する N170 を惹起する。この早い応答は顔の構造的な符号化段階を反映すると考えられている（Bentin, 1996）。特定の事象による一過性の電位変化である ERP は，自発的に生じる EEG よりかなり小さく，刺激の出現や反応の生起などに揃えて多数の試行を加算平均することで観察される。ERP が生じる神経メカニズムは複数ある。事象に対して，新たな神経活動が起こった場合や，もとよりあった EEG 律動の位相が揃った場合（位相リセット），さらには位相は揃わずに EEG の振幅が変化した場合がある（Makeig et al., 2002）。

年齢による脳の構造的・機能的な変化に伴い，EEG・ERP も変化することを示す一部の知見を紹介しよう。たとえば成人の α 波に機能的に似た成分が，乳幼児期では 6–9 Hz と成人より遅い周波数帯域に同定されている（Bell & Wolfe, 2008; Strogaova & Orekhova, 2007）。中年以降の加齢によっても α 波のピーク周波数が遅くなることが知られる（レビューとして，Scally et al., 2018）。また，成人おける顔特異的な N170 に対応する成分が，1 歳頃では N290 として同定されているように，遅い潜時に観察されている（de Haan et al., 2007）。これらは，神経伝達の速度や効率性の変化を示すと考えられている。一方でダニエルとベンチン（Daniel & Bentin, 2012）は，高齢者における顔特異的 N170 に右半球優位性がなく，潜時もやや遅かったことが，選択的注意の低下やそれを補う努力による可能性を示している。このように多面的な解釈はあるものの，EEG・ERP は基本的に，情報処理の早さや資源配分量についての情報を提供すると言える。

9-3　視覚探索と事象関連電位

これまで，特徴や空間位置への注意，外因性と内因性の注意などに関わるさまざまな ERP 成分が同定されている（河西，2007）。まずはボトムアップの注意制御とトップダウンの注意制御の間のダイナミックな相互作用が観察できる視覚探索課題（1章参照）を取り上げる。

視覚探索課題時の ERP として N2pc（N2 posterior-contralateral）が知られる。N2pc は，標的の提示位置と反対側の半球（左／右視野に対する右／左半球）の後方部で，刺激が提示されてから約 200–400 ms に生じる陰性成分であり，注意がある瞬間に左視野と右視野のどちらに向いているかを反映する実時間の指標として注目されている（例，Woodman & Luck, 1999）。さらに近年，興味深いことに，N2pc の下位成分として P_D（distractor positivity）が見出されている（Hickey et al., 2009）。P_D は妨害刺激の対側半球の後方部で陽性に振れる成分であり，標的を中心部に配置し，妨害刺激を左右いずれかに配置することで N2pc と分離される。N2pc と P_D はそれぞれ標的や目立つ刺激の選択過程と妨害刺激の抑制過程の指標となる。

子どもで N2pc が報告されたのは比較的最近である。9–12 歳の児童と若齢成人（平均 19.5 歳）を対象とする実験において，行動成績は子どもの方が全体に低く，N2pc の潜時も遅いことが示された（Couperus & Quirk, 2015）。サンら（Sun et al., 2018）は子どもにおける N2pc と P_D 両方の観察に成功している。9–15 歳の子どもと 20–28 歳の若齢成人を対象とし，実験 1 では菱形の項目が並ぶ視覚探索において標的が形（丸）で定義され，実験 2 ではそれに色で定義された目立つ妨害刺激が加えられた。課題は標的が左右どちらにあるかを判断することであった。実験 1 において，まず子どもは大人より正答が低く反応時間のばらつきが大きいことが確認された。また N2pc も子どもの方が 68 ms 遅く，また振幅が小さかった。より早い知覚段階の処理を反映する P1 は子どもの方が大きかったため，子どもでの N2pc の減少は単なる神経応答の小ささではなく，標的への注意配分の未熟さを示している。実験 2 では標的が中心，妨害刺激が片側のとき，N2pc に続いて P_D が年齢に関わらず 320–340 ms に生じた。興味深いことに P_D の振幅は行動遂行成績が低かった子どもの方が大きく，高かった子どもでは大人の結果に近かった。このことから発達に伴う抑制の効率化が P_D 振幅の減少に反映されることが示唆された。

では加齢による影響はどうであろうか。高齢者を対象とした最初の研究では（Lorenzo-Lopez et al., 2008），色と形がすべて同じ物体からなる画面と，その中の1つの項目が方位または色のいずれかで異なる画面が低頻度で提示された。周りと1つの特徴ではっきりと異なる刺激はポップアウトし，シングルトンと呼ばれる。課題は方位で異なる標的が提示されたときのみボタンを押し，色で異なる刺激は無視することであった。このとき，方位シングルトンに対するN2pcの頂点は，若齢者（18–24歳）より高齢者（60–84歳）で遅く（241 ms 対 308 ms），振幅も低かった。このことは高齢者の行動反応の遅れが全体的な処理時間の遅延だけではなく，視覚的注意の低下によることを示す。重要な点として，課題非関連の色で異なる刺激に対して，高齢者は若齢者と同様にN2pcを惹起しなかった。これは，非関連で顕著な物体に注意が惹きつけられることへの抑制機能が，加齢によって低下しないことを示す。しかしながらもう1つの説明として，繰り返し提示されるシングルトンの抑制が比較的容易だったため，抑制機能の低下が顕在化しなかった可能性もある。

ちなみに筆者らの研究室では類似の課題を子どもで行ったことがある（河西ら，2001）。しかしこのとき子どもではN2pcは観察されず，理由として含まれる年齢や課題の性質の違いが考えられた。代わりに前頭部のP2が，大人と同様に標的である色や形のポップアウト刺激に対してのみ増大し，目立つ刺激を無視できることが示された（図9-2）。このとき，注意欠如・多動症（attention deficit/hyperactivity disorder: ADHD）の子どもでも検討を行った。ADHDとは，不注意や過活動，衝動性による社会適応上の困難を伴う神経発達障害である。結果は対照的であり，標的でないポップアウト刺激に対してもP2が増大した。ADHDは前頭前野の機能不全による行動や感情制御の困難と広く考えられているが，知覚機能における異常も少なからず報告されており，知覚と注意の関係性からのアプローチも重要である（Fuermaier et al., 2018）。

高齢者の P_D は，随伴性の注意捕捉（contingent attentional capture）に関する実験で検討されている。随伴性の注意捕捉とは，標的として提示された特徴次元に対するトップダウンの構えによって，注意捕捉が促進されることである（Folk et al., 1992，1章も参照）。実験手続きとしてはまず，標的位置を予測しないシングルトンが手がかりとして提示され，次にこの手がかりと同様の，または異なる位置に標的が提示される。このとき手がかりが標的と共通する特徴次元（色や突然の出現）をもつ随伴条件では，もたない非随伴条件に比べて，手がかり位置に標的が提示されたことによる促進効果が増加するという現象である。リエンら（Lien et al.,

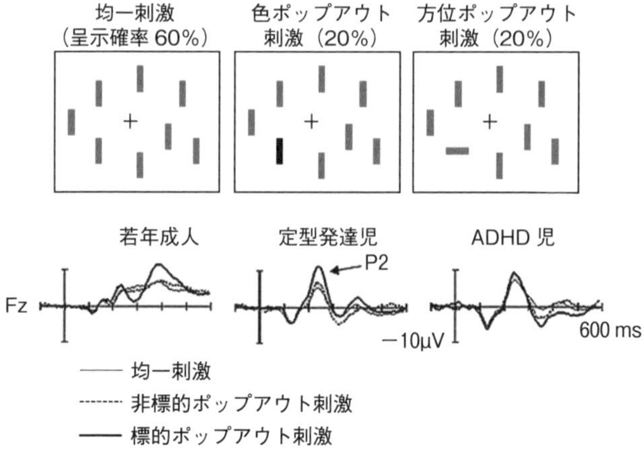

図 9-2　用いた刺激例と前頭部における総加算 ERP（河西ら，2001）（若齢成人 21-32 歳 13 名，定型発達児 6-11 歳 13 名，ADHD 児 8-15 歳 11 名）
3 種類の刺激がランダム順に提示されるとき，2 種類のポップアウト刺激のうち，どちらか片方にのみ反応することを求める課題を行った。ポップアウトする属性（色，方位）については平均化している。

2011）は，手がかりが突然の出現（実験 1）と色でポップアウトする刺激（実験 2）であり，課題が 150 ms 後の標的画面における特定の色の文字が T と L のどちらであるかを弁別する時を検討した。結果，随伴条件での N2pc の増強が高齢者と若齢成人で同様に観察されたが，行動反応における手がかり位置での促進効果が高齢者の方が大きく，高齢者では随伴性の注意捕捉からの解放が低下している可能性が示唆された。このことについてマーティーズら（Mertes et al., 2017）は，先行手がかりに対する ERP に標的に対する ERP が重畳することを避けるために，それらの刺激間の時間間隔を長くして（200, 400, 800 ms）検討した。手がかりは色シングルトンであり，課題は色または形で定義された標的上にある切れ目の位置を判断することであった。手がかりに対する N2pc の結果は先行研究と同様に，随伴性の注意捕捉が年齢にかかわらず起こり，トップダウン的な注意は保たれていることを示した。しかし，続く P_D は若齢者でのみ生じたことから，高齢者では注意捕捉の後に起こる反射的な抑制が低下していることが確かめられた。

異なる年代のすべてで同様の視覚探索課題が用いられたわけではないが，以上のような N2pc や P_D の結果は，学齢期の子どもと高齢者はともに若齢成人よりも視覚刺激の選択に時間がかかること，また妨害刺激の抑制や注意捕捉からの解放に加齢変化があることを示す。リーら（Li et al., 2013）はさらに高齢者が異なる課題方略を用いている可能性を示唆した。視覚探索課題において標的が色でポップアウトするため，ボトムアップ注意が優勢な場合と，標的と妨害刺激の類似性が高く（向きの異なる三角形）トップダウン注意が優勢な場合を比較した。その結果，より高次の処理における注意配分に関わると考えられるP3成分（12章参照）は両条件において，若齢者では頭頂部，高齢者（52–75歳）ではより前方で優勢であった。ERPの異なる頭皮上分布は，異なる脳部位が関わることを示すため，この結果はN2pcに反映される選択的処理の低下を補うための課題遂行方略の違いを示唆すると考えられている。

9-4　注意ネットワークと事象関連電位

生物学的に見たとき，注意は1つの器官（organ）システムと捉えることができ，図9-3に示すように大きく3つの神経ネットワークからなる（Posner, 2012; Petersen & Posner, 2012; Posner & Petersen, 1990）。第1に警報（alerting）ネットワークは入力情報に反応するための持続的注意や準備を高める機能を担い，脳幹の青斑核，前頭葉や頭頂葉領域を含む覚醒システムと，神経伝達物質としてノルエピネフリンが関わる。第2に定位（orienting）ネットワークは注意の移動や，感覚事象の選択的処理に関わる機能であり，上丘，上頭頂皮質，側頭頭頂接合部，前頭眼野など，ボトムアップとトップダウンの注意制御が関わる多くの領域と，アセチルコリンが関わる。第3に実行注意（executive attention）ネットワークは競合事象のモニタリングや検出，妨害情報の抑制に関わり，帯状回前部，外側前頭前皮

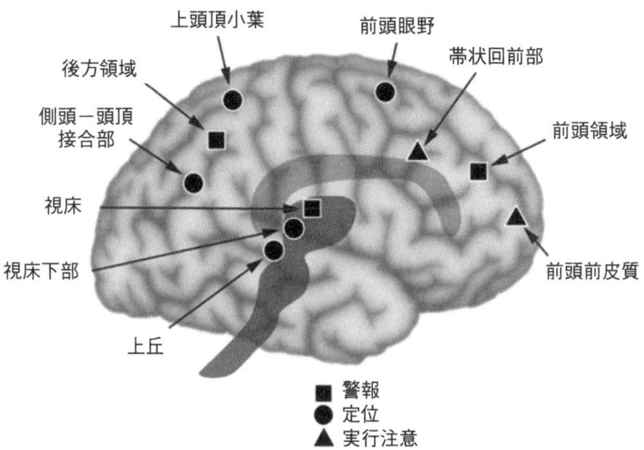

図9-3　注意ネットワークと対応する脳部位（Posner & Rothbart, 2007より改変）

質とドーパミン修飾機構が主な役割を担っている。これらのうち，定位ネットワークは1章から4章，実行注意ネットワークは5章と6章で扱われている注意機能と主に関わる。警報ネットワークは注意の基盤的機能である覚醒と関わるものの，認知心理学的研究の蓄積はあまり多くない。ここでは注意ネットワークの枠組みに基づく行動実験とERP研究を概観し，注意機能の生涯発達を包括的に検討することを試みよう。

9-4-1　注意ネットワークテスト

それぞれの注意ネットワークの機能を同一実験内で測定する課題として，ファンらは（Fan et al., 2002）は注意ネットワークテスト（attention network test: ANT）を開発した。この課題は，図9-4に示すように先行手がかり法（2章参照）とフランカー課題（4章参照）の組み合わせからなる。先行手がかりには，手がかりなし（凝視点のみ），中心手がかり（凝視点の場所に提示される手がかり），二重手がかり（凝視点の上下両方に提示される手がかり），空間手がかり（凝視点の上か下，次の刺激が提示される位置を示す手がかり）の4種類があり，まず，それらのいずれかがランダム順に提示される。次に，画面の上下いずれかに横に並んだ5つの矢印が提示される。参加者の課題はそのうち中心の矢印の向きに対応した左右のボタン押しをすることである。各ネットワークにおける処理の効率性の指標として，異なる条件間の反応時間の差分が算出される（表9-1）。警報ネットワークは手がかりなしから二重手がかりのときの引き算，定位ネットワークは中心手がかりから空

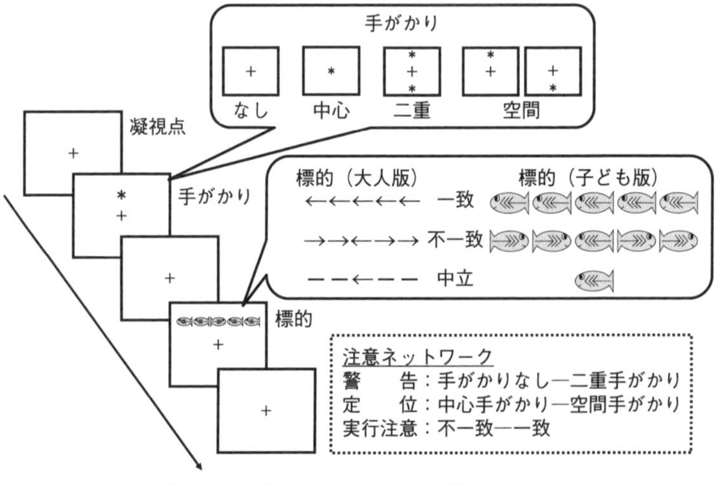

図9-4　注意ネットワークテストの概要
大人用と子ども用では標的画面が異なる。

表 9-1 行動指標の知見により示される注意ネットワークの発達過程の概要

注意ネットワーク	特性	注意ネットワークテストにおける効果	発達過程（行動データから）
警報	手がかりから反応準備を促進	手がかりなし条件と二重手がかり条件の反応時間の差	出生時に機能しはじめ，6 歳頃にかけて発達し，成熟後の高齢期には低下する
定位	手がかりに対して，自発的に注意を移動	中心手がかり条件と空間手がかり条件の反応時間の差	出生時に機能しはじめ，6 歳頃にかけて発達し，成熟後も低下はしない
実行注意	自発的な注意の制御	不一致条件と一致条件の反応時間の差	6 歳頃にはすでに機能しており，成熟後の高齢期には，認知機能の低下などの影響に伴い低下する

間手がかりのときの引き算，実行注意ネットワークは中心の矢印（標的）とその両側にある矢印の向きが不一致なときから一致なときの引き算（フランカー効果）がそれぞれのネットワークのスコアとなる。

ANT では各ネットワーク間の関係も調べることができる。カレジャスら（Callejas et al., 2004）は ANT の試行最初に警告刺激として聴覚刺激を提示したとき，提示しないときよりも定位の効果が増加することを示した。この促進効果は，特に聴覚刺激提示後の時間間隔が短いときに見られ（Callejas et al., 2005），警報によって定位ネットワークの機能である注意の移動が促進されることを示す。また，中心手がかりや二重手がかり（Fan et al., 2002），聴覚手がかり（Weinbach & Henik, 2012）があるとき，空間手がかり条件や手がかりなし条件に比べて，フランカー効果が増加することが示された。この結果は，警報ネットワークの活性化が注意の範囲を拡張させたため生じたと考えられる。関連して，標的位置を示す手がかりは，それを示さない手がかりに比べてフランカー効果を減少させた（Callejas et al., 2005）。このことは，定位ネットワークによって標的位置に注意が焦点化されることが，実行ネットワークのスコアに影響することを示す。

9-4-2 行動実験で示される注意ネットワークの生涯発達

ルーダら（Rueda et al., 2004）は，図 9-4 のようにフランカー課題の刺激を魚のイラストで構成した子ども用の ANT を開発した。この課題によって広い世代での注意ネットワークの検討が可能になった。

警報ネットワークは，最も基本的な注意機能であり，乳幼児が感覚情報と接触できるように出生時にすでに機能している（Posner et al., 2006）。ルーダら（Rueda et al., 2004）は，子ども用の ANT を開発する際に，6 歳，7 歳，8 歳，9 歳，10

歳の子ども，および成人を対象とした。その結果，課題全体に対する反応時間は成人で最も速いものの，警報スコアに6歳から10歳の間に差は見られず，さらに成人との間にもほとんど差がなかった。一方，20代，50代，70代を対象としたANT研究では，70代における警報スコアは，他の年代に比べて減少することが示されている（Zhou et al., 2011）。以上のことから，警報ネットワークは出生後から6歳頃までの間に発達し，成熟後の高齢期では減衰していくことが示唆された。

定位ネットワークについては，2章に詳細に紹介されているように乳児では眼球運動によって検討されている。警報ネットワークと同様に出生時から機能しており（Posner et al., 2006），指さし方向については生後9–10ヶ月頃から（Murphy & Messer, 1977; Butterworth, 1991），視線や頭部の向きについては生後10–12ヶ月頃から追従できるようになる（Corkum & Moore, 1995）。その後，6歳から10歳頃には，成人と同じように機能するようになる（Rueda et al., 2004; Weszak et al., 2010）。一方で，若齢成人と高齢成人においてANTにおける定位スコアは変わらなかった（Fernandez-Duque & Black, 2006; Weszak et al., 2010; Zhou et al., 2011）。以上から，定位ネットワークは出生後から発達しはじめ，6歳から10歳頃には成熟し，成熟後は高齢期にも衰退せず維持されることが示唆される。

実行注意ネットワークは，6歳頃にはすでに機能しており（Rueda et al., 2004），思春期でもまだ成人期と同じように機能していないことから，長い時間をかけて発達し，成人期に成熟する（Waszak et al., 2010）。その後，高齢期でもフランカー干渉量が変わらないことから（Verhaeghen, 2011; Rey-Mermet & Gade, 2018），実行注意ネットワークは加齢によって低下しないことが示唆される。しかし同じく実行注意ネットワークに関わるストループ課題（5章参照）では加齢に伴って干渉量が増加する知見もあり（Bugg et al., 2007; MacLeod, 1999），一見矛盾している。このような一貫しない結果は，加齢による影響だけではなく，脳の機能疾患による認知機能の低下による影響（11章を参照）や，後述のERPの知見が示すような，高齢者における方略の違いの影響の混入によるかもしれない。

ところで，注意ネットワークの発達における多様性が子どもの個性を形作っていることを示す興味深い仮説がある。自閉スペクトラム症（autism spectrum disorder: ASD）は社会的コミュニケーションにおける困難と限局的な行動や思考が特徴的な神経発達障害であるが，その特性は程度の違いとして健常児・者にも連続的に存在すると考えられている（Lau-Zhu et al., 2019）。キーンら（Keehn et al., 2013）によるとASDの根本的障害は乳児期の重要な発達課題である定位機能の1つ，注意の解放にある。注意の解放における機能不全は，言語獲得の基盤になる共同注意を妨害する。また，注意の解放は情動調節に重要であるため（嫌なことから気持ちをそむける)，それがうまくできないと持続的な高覚醒を生じさせる。高覚醒な状態では刺激強度の高い社会的刺激が嫌悪刺激となり，避けることになるため，コミュニケーションの学習機会が失われるのである。ただしASDには要素を全体にまとめることに関わる知覚機能の異常もあり（Lin et al., 2017)，そのような知覚機能の特異性と注意の解放など他の注意機能における特性がどのように関わり得るかについて今後の研究が待たれる。

9-4-3　注意ネットワークテスト時のERP

ここまでANTの行動データから，3つの注意ネットワークの生涯発達について論じてきた。次に，ANT遂行時のERPを測定した最近の知見から，行動パフォーマンスの背後にある脳の処理過程について検討してみよう。

まず，幅広い年齢の子ども（4–6歳，7–10歳，11–13歳）と若齢成人を対象として，子ども用ANT（試行最初に警告音を追加）が用いられた（Abundis-Gutierrez et al., 2014)。行動指標において，警報スコアは年齢が上がるとともに減少したが統計的に有意でなく，実行注意スコアは線形に減少した。一方，定位スコアは子どもに比べ大人で減少した。また，警告音や無効な先行手がかりによって実行制御（干渉抑制）が非効率的になる効果が，4–6歳で最大でなった。これらの結果は，先述したように各注意ネットワークの機能の発達的軌跡が異なることと，3つの注意ネットワークの機能は独立ではなく，さらにはそれらの相互作用のあり方にも発達的変化があることを示す。

ではこのときどのようなERPが観察されるだろうか（図9-5)。まず警報ネットワークに関して，頭が冴えているときには感覚が鋭敏に感じることがあるように，感覚応答の大きさは警報ネットワークに関わる覚醒や課題遂行への準備状態の高さの指標となる。警告音が惹起するP1とP2の振幅の大きさは，7–10歳，11–13歳では大人と同等であったが，4–6歳では見られず聴覚システムの未熟さが示された。しかし警告音後約300 msからは，標的出現の予期に関わる随伴性陰性変動（contingent negative variance, CNV）がすべての年齢群で生じた。また注意を向けた位置に刺激が現れたときにも反応は促進されるが（2章参照)，これに対応して手がかり有効条件の標的に対してP1が増大する。この定位の効果はすべての年齢群で見られた。一方，手がかり無効条件では注意の解放や再定位化に関わりP3が増大するが，この効果は4–6歳で最大だった。実行注意については不一致試行で中心部N2が増大するが，この効果は若齢成人では約350 ms，子どもではより遅い約500 msに，より前方の電極で観察された。以上のERPの効果は，行動とある程度対応しているものの同じではなく，より詳細な情報を提供している。しかし一方で，行動で見られた注意ネットワークスコア間の相互作用の効果はERP上に認められ

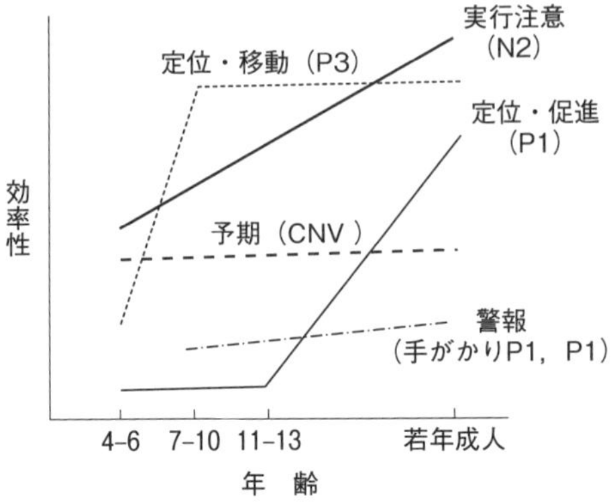

図 9-5　注意ネットワークテスト時の ERP が反映する注意の発達的変化に関する模式図
（Abundis-Gutierrez et al., 2014 をもとに作成）
縦軸は各注意過程における発達的変化を示し，異なる注意過程間の違いを示すわけではない。

ず，これは加算回数など技術的な問題によると解釈された。ちなみに予期を反映するCNV は青年期から若齢成人にかけて（12–14 歳，14–17 歳，18–24 歳）変わらず，この機能は早くに成熟すると考えられるが，P3 に反映される持続的注意機能はその間も発達し続けることが示されている（Thillay et al., 2015）。

では加齢による変化はどうであろうか。高齢者（60–76 歳）を対象として ANT時の ERP を測定したウィリアムズら（Williams et al., 2016）の研究を見てみよう。行動指標に関して，高齢者における全体的な反応時間の延長を考慮してデータを標準化したところ，意外にも定位と実行制御に違いはなく，高齢者は若齢者（18–29歳）に比べ警報スコアのみで減少した。しかしながら ERP の結果では，警報と定位に関する効果が高齢者と若齢者で類似していた。つまり，行動で見られた警報ネットワークに関する加齢効果が ERP では見られなかったのである。また行動で差がなかった実行制御について，若齢者で見られた前頭中心の N2 への一致性効果が高齢者では認められず，かわりに不一致試行での P3 振幅の減少が見られた。このことは，高齢者が反応速度よりも不一致試行における正確性を重視する方略を用いており，行動指標で示された警報ネットワーク上の違いも何らかの副産物であることを示唆すると考察されている。

9-5　まとめと展望

ERPは高い時間解像度により心的過程の分離に優れているため，行動反応で得られた知見を検証したり，その背景にある仕組みに対してより詳細な情報を提供したりする。視覚探索時のERPからは，刺激の選択と抑制過程，ANT時のERPからは覚醒状態，標的の生起への予期，手がかり位置への定位，干渉抑制，補償過程などの機能が分離されることが示された。また特にANTの結果からは，行動反応における効果が必ずしも意図した注意過程を反映しない場合がある可能性が示唆された。注意は多様な脳機能の集合からなると言える。発展しつつあるEEGやその他の脳活動の測定技術とともに，認知行動実験で検討されているさまざまな注意過程の発達的変化について，今後さらなる検証が行われていくだろう。

一方で，本章では取り上げられなかったが，脳波・ERP独自に開発されてきた実験手法もある。ERPの典型的なパラダイムであるオドボールパラダイムでは，低頻度または新奇な刺激への注意配分が測定される（12章参照）。また古典的な空間的注意の実験パラダイムでは，刺激の高速提示において標的を低頻度に設定し，加算回数の多い高頻度の標準刺激に対する脳波・ERPを分析対象とすることで，早い知覚処理過程における注意作用とその個人差を調べることができる（Kasai & Murohashi, 2013）。さらに，たとえば先行手がかり後の空間的注意の移動（2章参照），視空間作業記憶（3章参照），Go/No-go課題時の優勢反応の抑制（6章参照），エラーのモニタリングなど，実行制御を構成する複数の脳機能に関わる脳波・ERP成分も同定されており，発達とその障害のマーカーとしての機能的意義が検討されている（Amso & Scerif, 2015; Downes et al., 2017）。注意は学習や行動の基盤，ひいては適応的な社会生活の基盤となるものであり，注意に関する基礎的知見が蓄積されてきたなかで，その生涯にわたる発達過程や障害の仕組みが今後ますます解明されていくことが期待される。

引用文献

Abundis-Gutierrez, A., Checa, T., Castellanos, C., & Rueda, M. R. (2014). Electrophysiological correlates of attention networks in childhood and early adulthood. *Neuropsychologia, 57,* 78–92.

Amso, D., & Scerif, G. (2015). The attentive brain: Insights from developmental cognitive neuroscience. *Nature Review Neuroscience, 16,* 606–619.

Bell, M. A., & Wolfe, C. D. (2008). The use of electroencephalogram in research on cognitive development. In L. A. Schmidt & S. J. Segalowitz (Eds.), *Developmental psychophysiology* (pp. 150–170). New York: Cambridge University Press.

Bentin, S., Allison, T., Puce, A., Perez, E., & McCarthy, G. (1996). Electrophysiological studies of face perception in humans. *Journal of Cognitive Neuroscience, 8,* 551–565.

Bugg, J. M., DeLosh, E. L., Davalos, D. B., & Davis, H. P. (2007). Age differences in Stroop interference: Contributions of general slowing and task-specific deficits. *Aging, Neuropsychology, and Cognition, 14,* 155–167.

Butterworth, G. E. (1991). The ontogeny and phylogeny of referential communication in human infancy. In L. Weiskrantz (Ed.), *Thought without language* (pp. 5–21). Oxford, UK: Oxford University Press.

Callejas, A., Lupiáñez, J., & Tudela, P. (2004). The three attentional networks: On their independence and interactions. *Brain and Cognition, 54,* 225–227.

Callejas A., Lupiáñez, J., Funes, M. J., & Tudela, P. (2005). Modulations among the alerting, orienting and executive control networks. *Experimental Brain Research, 167,* 27–37.

Couperus, J. W., & Quirk, C. (2015). Visual search and the N2pc in children. *Attention, Perception, & Psychophysics, 77,* 768–776.

Corkum, V., & Moore, C. (1995). Development of joint visual attention in infants. In C. Moore & P. Dunham (Eds.), *Joint attention: Its origins and role in development* (pp. 61–83). Hillsdale, NJ: Erlbaum.

Daniel, S., & Bentin, S. (2012). Age-related changes in processing faces from detection to identification: ERP evidence. *Neurobiological Aging, 33,* 206. e1–28.

Downes, M., Bathelt, J., & De Haan, M. (2017). Event-related potential measures of executive functioning from preschool to adolescence. *Developmental Medicine & Child Neurology, 59,* 581–590.

de Haan, M., Johnson, M. H., & Halit, H. (2007). Development of face-sensitive event-related potentials during infancy. In M. de Haan (Ed.), Infant EEG and event-related potentials (pp. 77–99). New York: Psychology Press.

Fan, J., McCandliss, B. D., Sommer, T., Raz, A., & Posner, M. I. (2002). Testing the efficiency and independence of attentional networks. *Journal of Cognitive Neuroscience, 14,* 340–347.

Fernandez-Duque, D., & Black, S. E. (2006). Attentional networks in normal aging and Alzheimer's disease. *Neuropsychology, 20,* 133–143.

Folk, C. L., Remington, R. W., & Johnston, J. C. (1992). Involuntary covert orienting is contingent on attentional control settings. *Journal of Experimental Psychology: Human Perception and Performance, 18,* 1030–1044.

Fuermaier, A. B. M., Hüpen, P., De Vries, S. M., Müller, M., Kok, F. M., Koerts, J., Heutink, J., Tucha, L., Gerlach, M., & Tucha, O. (2018). Perception in attention deficit hyperactivity disorder. *Attention Deficit and Hyperactivity Disorders, 10,* 21–47.

Johnson, M. H. (1997). *Developmental cognitive neuroscience.* Malden, MA: Blackwell.

Händel, B. F., Haarmeier, T., & Jensen, O. (2011). Alpha oscillations correlate with the successful inhibition of unattended stimuli. *Journal of Cognitive Neuroscience, 23,* 2494–2502.

Hickey, C., Di, L. V., & McDonald, J. J. (2009). Electrophysiological indices of target and distractor processing in visual search. *Journal of Cognitive Neuroscience, 21,* 760–775.

河西 哲子（2007）．脳波による注意の神経基盤の解明　大山 正・今井 省吾・和気 典二・菊池 正（編）　新編感覚知覚心理学ハンドブック Part2（pp. 85–87）　誠信書房

Kasai, T., & Murohashi, H. (2013). Global visual processing decreases with autistic-like traits: A study of early lateralized potentials with spatial attention. *Japanese Psychological Research, 55*, 131–143.

河西 哲子・塚原 睦子・片山 順一・長沼 睦雄・諸冨 隆 (2001). ADHD 児における並列探索時の刺激駆動型注意とトップダウン制御　日本認知科学会第 18 回大会発表論文集, 90–91.

Keehn, B., Muller, R. A., & Townsend, J. (2013). Atypical attentional network and the emergence of autism. *Neuroscience & Biobehavioral Reviews, 37*, 164–183.

北城 圭一・山口 陽子 (2007). 脳波位相同期解析による視知覚の研究　*Vision, 19*, 193–200.

Lau-Zhu, A., Fritz, A., & McLoughlin, G. (2019). Overlaps and distinctions between attention deficit/hyperactivity disorder and autism spectrum disorder in young adulthood: Systematic review and guiding framework for EEG-imaging research. *Neuroscience & Biobehavioral Reviews, 96*, 93–115.

Li, L., Gratton, C., Fabiani, M., & Knight, R. T. (2013). Age-related frontoparietal changes during the control of bottom-up and top-down attention: An ERP study. *Neurobiology of Aging, 34*, 477–488.

Lien, M. C., Gemperle, A., & Ruthruff, E. (2011). Aging and involuntary attention capture: electrophysiological evidence for preserved attentional control with advanced age. *Psychology and Aging, 26*, 188–202.

Lin, I. F., Shirama, A., Kato, N., & Kashino, M. (2017). The singular nature of auditory and visual scene analysis in autism. *Philosophical Transactions of The Royal Society B Biological Sciences, 372* (1714).

Lorenzo-Lopez, L., Amendedo, E., & Cadaveira, F. (2008). Feature processing during visual search in normal aging: electrophysiological evidence. *Neurobiology of Aging, 29*, 1101–1110.

MacLeod, C. M. (1991). Half a century of research on the Stroop effect: An integrative review. *Psychological Bulletin, 109*, 163–203.

Makeig, S., Westerfield, M., Jung, T. P., Enghoff, S., Townsend, J., Courchesne, E., & Sejnowski, T. J. (2002). Dynamic brain sources of visual evoked responses. *Science, 295*, 690–694.

Mertes, C., Wascher, E., & Schneider, D. (2017). Compliance instead of flexibility? On age-related differences in cognitive control during visual search. *Neurobiology of Aging, 53*, 169–180.

Murphy, C. M., & Messer, D. J. (1977). Mothers, infants, and pointing: A study of gesture. In H. R. Schaffers (Ed.), *Studies in mother-infant interaction* (pp. 325–354). London: Academic Press.

Petersen, S. E., & Posner, M. I. (2012). The attention system of the human brain: 20 years after. *Annual Review of Neuroscience, 35*, 73–89.

Posner, M. I., & Rothbart, M. K. (2007). Research on attention networks as a model for the integration of psychological science. *Annual Review of Psychology, 58*, 1–23.

Posner, M. I., & Petersen, S. E. (1990). The attention system of the human brain. *Annual Review of Neuroscience, 13*, 25–42.

Posner, M. I., Sheese, B. E., Odludaş, Y., & Tang, Y. Y. (2006). Analyzing and shaping human attentional networks. *Neutral Networks, 19*, 1422–1429.

Reynolds, G. D. (2015). Infant visual attention and object recognition. *Behavioral Brain Research, 285*, 34–43.

Rey-Mermet, A., & Gade, M. (2018). Inhibition in aging: What is preserved? What declines? A meta-analysis. *Psychonomic Bulletin & Review, 25*, 1695–1716.

Rueda, M. R., Fan, J., McCandliss, B. D., Halparin, J. D., Gruber, D. B., Lercari, L. P., & Posner, M. I. (2004). Development of attentional networks in childhood. *Neuropsychologia, 42*, 1029–1040.

Samaha, J., & Postle, B. R. (2015). The speed of alpha-band oscillations predicts the temporal resolution of visual perception. *Current Biology, 25*, 2985–2990.

Scally, B., Burke, M. R., Bunce, D., & Delvenne, J. F. (2018). Resting-state EEG power and connectivity are associated with alpha peak frequency slowing in healthy aging. *Neurobiological Aging, 71*, 149–155.

Strogaova, T. A., & Orekhova, E. V. (2007). EEG and infant states. In M. de Haan (Ed.), *Infant EEG and event-related potentials* (pp. 251–287). New York: Psychology Press.

Sun, M., Wang, E., Huang, J., Zhao, C., Guo, J., Li, S., Sun, L., Du, B., Ding, Y., & Song, Y. (2018). Attentional selection and suppression in children and adults. *Developmental Science, 21*, e12684.

Thillay, A., Roux, S., Gissot, V., Carteau-Martin, I., Knight, R. T., Bonnet-Brilhault, F., & Bidet-Caulet, A. (2015). Sustained attention and prediction: distinct brain maturation trajectories during adolescence. *Frontiers in Human Neuroscience, 9*, 519.

Varnava, A., & Halligan, P. W. (2007). Influence of age and sex on line bisection: A study of normal performance with implications for visuospatial neglect. *Neuropsychology, Development, and Cognition. Section B, Aging, Neuropsychology, and Cognition, 14*, 571–585.

Verhaeghen, P. (2011). Aging and executive control: Reports of demise greatly exaggerated. *Current Directions in Psychological Science, 20*, 174–180.

Waldie, K. E., & Hausmann, M. (2010). Right fronto-parietal dysfunction in children with ADHD and developmental dyslexia as determined by line bisection judgements. *Neuropsychologia, 48*, 3650–3656.

Waszak, F., Li, S. C., & Hommel, B. (2010). The development of attentional networks: Cross-sectional findings from a life span sample. *Developmental Psychology, 46*, 337–349.

Weinbach, N., & Henik, A. (2012). The relationship between alertness and executive control. *Journal of Experimental Psychology: Human Perception and Performance, 38*, 1530–1540.

Williams, R. S., Biel, A. L., Wegier, P., Lapp, L. K., Dyson, B. J., & Spaniol, J. (2016). Age differences in the attention network test: evidence from behavior and event-related potentials. *Brain and Cognition, 102*, 65–79.

Woodman, G. F., & Luck, S. J. (1999). Electrophysiological measurement of rapid shifts of attention during visual search. *Nature, 400*, 867–869.

Zhou, S., Fan, J., Lee, T. M. C., Wang, C., & Wang, K. (2011). Age-related differences in attentional networks of alerting and executive control in young, middle-aged, and older Chinese adults. *Brain and Cognition, 75*, 205–210.

10章

注意と読み

奥村安寿子

10-1　はじめに

「よく注意して読みましょう」。誰しも，このようなフレーズを目に，あるいは耳にしたことがあるだろう。テストや説明書きの常套句であり，契約書などを取り交わす際には特に強調される。「注意しないで」読むと文字や単語を読み間違えたり，途中を読み飛ばしたり，大事な内容を見落としてしまったりするからだ。その結果，答えを間違えたり，危険な使い方をしたり，不利な契約を結んでしまったりしてはいけないので，私たちは「注意して」読もうとする。

では「注意」するとなぜ，きちんと読めるようになるのだろうか。そもそも何かを読む時には，大なり小なり「注意」はしているので，その役割を意識することはあまりないかもしれない。しかし，他のさまざまな行為と同じく，注意は読みにおいても多大な貢献をしている。そこで本章では，注意と読みの関係性をテーマとし，実験心理学と読み障害を中心とした研究知見を紹介しながら，「注意によって読みはどう変わるか？」という疑問にアプローチしていく。注意と読みはともに心理学の主要な研究領域であり，それぞれ非常に多くの成果が蓄積されているが，両者の「関係性」を研究する枠組みは今日でも確立しているとは言い難い（Mishra, 2015）。そのため，本章で紹介する知見には探索的・萌芽的なものも多いが，その分フレッシュなアイディアを提供できるのではないかと考えている。

ところで，ここまで「注意」という単語を連発してきたが，第1章から本書を読み進めてきた方には，当然ながら「どんな注意？」という疑問が浮かんでいることだろう。注意にはさまざまな側面があり，読みと関わる注意の機能もまたさまざまであるが（Besner et al., 2016），本章では主に，視野内の特定の位置にある対象を選択し，より良く認識することを助ける「視空間的注意（visuospatial attention/visual spatial attention; 2章参照）」を取り上げる。私たちが普段読む物というと本，新聞，雑誌，ウェブページなどであるが，次節で紹介するように，これらはヒトの視覚システムに何ら配慮しない形状をしている。それを仲立ちしてくれるのが視空間的注意であり，読み障害とも深く関わる機能であることがこれまでの研究からわかっている。

10-2　ヒトの視覚システムと読み：なぜ注意が重要なのか

さて，もし目をこらして熱心にこの本を読んでいる方がいたら，紙面から少し（30–40 cm）目を離し，ページ全体を眺めてみよう。そうすると，紙面を埋めるたくさんの文字や単語が「見えて」くるが，読みではこれら１つ１つの形を解析し，音と結びつけ，意味を理解しなくてはならない。しかし，私たちヒトが一度に処理できる情報の量は限られており，これほど大量の文字や単語を一挙に「読む」ことはできない。そのため，私たちが何かを読む時には，単語や文章の中の「いま読むべき箇所」に注意を定位し，必要な情報を選択するとともに，それ以外の部分の処理は抑制しなくてはならない（Facoetti et al., 2000）。これを可能にするのが視空間的注意である。

また，試しに視線を本の中心（見開き２ページが視界に入る位置）に固定し，そこから目を動かさないようにして紙面全体を眺めてみよう。そうすると，文字がある黒い領域と余白の白い領域はわかっても，そこに何の文字が書いてあるかは，ぼやけてしまって読み取れないのではないだろうか（図 10–1）。これは，細かい文字の正確な形といった精密な視覚情報を得られるのは，ヒトの場合，視野の中心から左右１度（計２度）の領域に限られているためである。この領域にある視覚情報は網膜の中心窩に投射され，対象の形を細かく正確に捉えることができるが（中心視），目から本までの距離が 30 cm ならば，中心視が成立するのは紙面上わずか１

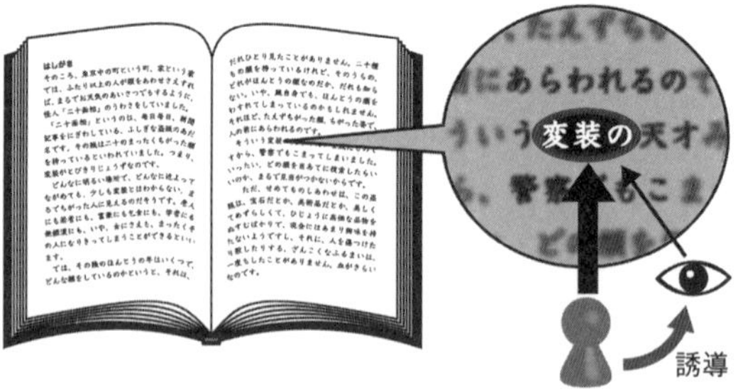

図 10–1　ヒトの視覚システムと読み

通常の読書距離（目から紙面までが約 30 cm）では，わずか数文字しか鮮明に見えないため，読むべき箇所に注意を向け（吹き出し中の白黒反転箇所），そこに眼球を誘導しなければならない（Dehaene, 2009, p. 14 を参考に作成）。

cm の範囲でしかない。そのため，「いま読むべき箇所」を中心視できるよう視線（眼球）を動かすのだが，これを誘導するのも視空間的注意の重要な役割である。加えて，単語や文章を読む時には，活字の大きさや言語にもよるが，一度にせいぜい数文字しか中心視できないため（図 10-1，Grainger et al., 2016），読み進めるのに合わせて定位する位置を次々と移動《シフト》させ，そこに眼球を向けていかなければならない。

中心視が可能な領域よりもはるかに広い面積に大量の文字が並ぶ本，雑誌，新聞などは，ヒトの視覚システムとまったく相容れない形状をしている。実際に，文や文章を画面の中央に 1 語ずつ高速で提示し，注意のシフトも眼球運動も必要ないようにすると，通常の印刷物と比較して 2 倍以上の速度で読めることが示されている（Rayner et al., 2016）。しかし，情報伝達の効率という点ではやはり本や雑誌のような形状を取らざるをえないため，上述のミスマッチを解消して私たちが「読める」ようにしてくれるのが，視空間的注意なのである。

10-3　注意が読みを促進する：実験心理学的な知見

前節では，私たちは注意の仲立ちがあってはじめて本や雑誌を読めることを紹介した。とはいえ日常生活では，紙面に「注意を向けて読んでいる」ことが普通であるため，注意が読みに貢献することを直観的に理解するのは難しいかもしれない。そこで本節では，注意を向けた空間位置にある文字や単語が，本当により良く処理されるのかどうかを見ていこう。なお，本節で紹介する実験では，意味のある単語，単語のように発音できるが意味のない偽単語，発音できない文字の羅列である非語などが用いられるが，これらを総称して文字列と呼ぶことにする。

文字列の処理と視空間的注意の関係性を調べるのに最も良く使われているパラダイムは，空間手がかり法（例，Posner, 1980; Posner & Cohen, 1984; 2 章参照）である。図 10-2 に示したように，視野中の 1 ヶ所に手がかり（たとえば，枠を光らせる，図形や記号を提示する）を提示し，そのすぐ後に手がかりと同じ位置（有効手がかり試行）または反対の位置（無効手がかり試行）に文字列を提示する。参加者には，文字列に対して声に出して読む（呼称），実在する単語かどうかを判断する（語彙性判断），上位カテゴリーを判断する（カテゴリー判断：たとえば，動物 vs. 体の部分）などの反応が求められる。このとき，文字列への反応が「有効手がかり試行」で「無効手がかり試行」よりも向上すれば，手がかりによって文字列の出現位置に注意が定位され，そのことで文字列の認識が促進されたと考えられる。実際に，複数の研究でそのような結果が得られており（Luo et al., 2015; McCann et

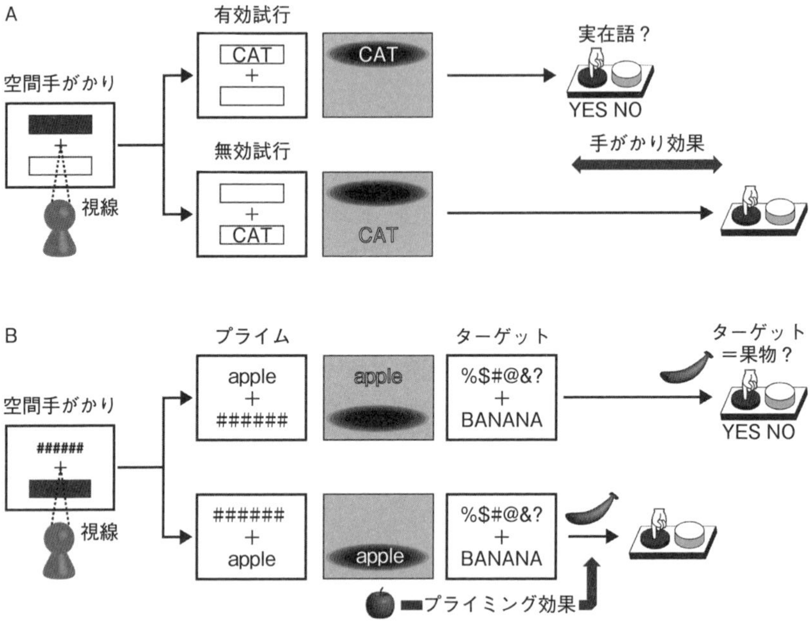

図 10-2　A）空間手がかり法を用いた語彙性判断課題

文字列が手がかりと同じ空間位置に出現すると（有効試行），違う位置の時（無効試行）よりも反応時間が短縮する（McCann et al., 1992 を参考に作成）。

B）空間手がかり法とプライミングを用いた単語認知実験

プライムが手がかりと同位置に出現すると，プライミング効果が生じるが（反応時間：apple－BANANA＜apple－TENNIS），違う位置だと生じない（apple－BANANA＝apple－TENNIS, Lachter et al., 2004; Lien et al., 2010 を参考に作成）。灰色四角は，手がかりにより生じたと想定される視空間的注意の分布と，それに応じた文字列処理の差異を表すイメージ図。

al., 1992; Ortells et al., 1998; Risko et al., 2010; Robidoux et al., 2014），注意が向けられている文字列はより速く，もしくは正確に読めることがわかっている（図 10-2A）。

さらに一部の研究では，空間手がかり法とプライミング法を用い，注意が文字列の同定や認識に不可欠である可能性を示している。プライミング法とは，先行刺激（プライム）に引き続いて提示された標的刺激（ターゲット）に呼称，語彙性判断，カテゴリー判断等を求める実験手法である。このとき，プライムとターゲットが同じ単語や（たとえば，dog→DOG，反復プライミング），意味的に関連する単語だと（たとえば，dog→cat，意味プライミング），そうでない場合（たとえば，dog→PEN／dog→bus）と比較して反応成績が向上する（Forster & Davis, 1984;

Meyer & Schvaneveldt, 1971)。これをプライミング効果と言い，ただ「見た」だけのプライムから関連する情報が取得されたことを示す。また，効果の欠如はプライムからの情報取得が成立しなかったことを示唆する。これを先述の空間手がかり法と組み合わせ，手がかり→プライム→ターゲットの順で提示すると（図 10-2B），手がかり位置＝プライム位置ならばプライミング効果が見られたが，位置が違うと見られなかったことが報告されている（Lachter et al., 2004; Lien et al., 2010）。したがって，文字列に注意が向けられていないと，視覚刺激としては入力されていても，それが何の言葉であるかやどんな意味をもっているかといった情報を取得するには至らない，すなわち「読めていない」状態になってしまうと考えられる。

本節で紹介した研究は，いずれも定型発達の若齢成人を対象としたものであり，文字や単語，文章をスラスラと読める参加者の結果である。それでも，注意が向いていることで文字列の処理が向上するという知見からは，読みにおける視空間的注意の役割がいかに大きなものであるかがうかがえる。しかし，注意と読みには年齢を追ってさまざまな変化が生じるため，このことをさらに検証するためには，子どもや高齢者を対象とした研究も必要である。上述の研究を年齢横断的あるいは縦断的に展開することは今後の課題であるが，関連する子どもの知見として，2–5 年生の児童に単語（標的）と単語から注意を逸らせる刺激（妨害刺激）を同時に提示すると，標的の同定率が成人よりも大幅に低下したことが報告されている（Siéroff & Riva, 2011）。このことから，読みの学習途上にある児童は，文字列に成人よりも多くの注意を向けなければうまく読めないことが示唆される。

また高齢者では，加齢に伴う視機能の低下により，やはり「注意して読むこと」の重要性が高くなると想定される。しかし，高齢成人が文章を読んでいるときの眼球運動を調べた研究では，若齢成人よりも頻繁に単語を飛ばし，以前に読んだ箇所への後戻りも多くなっていた（例，Paterson et al., 2013）。そのため視機能からの予想に反し，高齢者は文字や単語に「より注意しないで」読んでいるようである。その原因として，高齢者では読んだ単語を長期記憶内の表象や知識と照合する語彙処理の速度が低下しており，それを当て推量（guessing）で補っていることが指摘されている（McGowan & Reichle, 2018）。当然ながら，注意機能自体の低下も想定されるが，少なくとも本節で紹介したような視空間的注意（特に，手がかりによる定位）に関しては，高齢者でも保たれているとする報告が多い（Erel & Levy, 2016）。したがって，「あえて注意せずに」読むことが，高齢者における注意と読みの特性の 1 つと言えるかもしれない。

読みへの熟達や加齢変化に伴って，読む時に必要な注意の「量」が減っていくのか，あるいは「質」が変化していくのかについては，今後の研究が待たれるところである。

10-4　注意の障害と読みの障害

さて，前節で注意が読みを促進する，あるいは必要不可欠であることを知ったならば，自然と次のような疑問が浮かぶのではないだろうか。

①もし注意に問題があったら，読みはどうなるのだろうか？

②読みに問題がある人は，注意に何らかの問題があるのではないだろうか？

そこで本節では，読みと注意の関わりをさらに掘り下げるため，代表的な読み障害である発達性ディスレクシア（developmental dyslexia）に焦点を当て，彼らに存在すると考えられている視空間的注意の障害とそれが読みに及ぼす影響，および読みの支援と注意の関連性について紹介する。

10-4-1　発達性ディスレクシアと視空間的注意

発達性ディスレクシアとは，知的能力，教育環境，学習意欲等に明らかな問題がないにもかかわらず，文字の読み書きに特異的な困難を示す学習障害であり（Lyon et al., 2003; Peterson & Pennington, 2015），多くは読み書きを始めた当初から困難が表面化する。特徴は，文字を覚えられない，覚えるのが遅い，読み間違える，読み飛ばすといった正確性の低下と，読めるが頻繁につっかえる，スピードが遅い，一定のペースで読めないといった流暢性の低下であり，結果として文章の内容理解や知識・語彙の蓄積が阻害される。子どもにおける出現率は日本語で５％前後（Uno et al., 2009），アルファベット言語圏で７％以上（Peterson & Pennington, 2015; Wydell, 2012）とされているが，成人以降も困難は継続する場合が多く，教育的および社会的な対応が求められている。

発達性ディスレクシアの原因は長らく，音韻意識の弱さとそれに伴う文字–音変換の不全[1)]と考えられてきた（Ramus et al., 2003）。しかし，発達性ディスレクシアのある人が視空間的注意の問題を示すことも以前から知られており，子どもを中心としてさまざまな知見が蓄積されてきた。近年では，発達性ディスレクシアの新たな原因説として視空間的注意障害（visuospatial attention deficit）が提唱される

1）　音韻意識とは，「りんご」は「り」「ん」「ご」という３つの音が「り→ん→ご」の順に並んだものというように，単語内の音の構造を理解したり，逆から言うと「ごんり」のように操作したりできる能力のことを言う。読みを学ぶためには，文字と対応する音韻単位（日本語：音節／モーラ，アルファベット言語：音素）の意識が重要であるが，発達性ディスレクシアでは音韻意識の弱さにより文字と音をうまく対応づけられないと考えられている。

に至り（Vidyasagar & Pammer, 2010），多くの研究が展開されている。そこで本節では，実験的な知見を中心に，発達性ディスレクシアにおける視空間的注意の問題と，それによって引き起こされるであろう読みの問題について考えていく。

前節でも紹介した空間手がかり法では通常，手がかりの提示から100ミリ秒以内に手がかり位置への注意の移動および定位が生じ，標的への反応が促進される（例，McCann et al., 1992; Posner & Cohen, 1984）。しかし，発達性ディスレクシアのある児童（10歳前後）では，手がかりと標的の間により長い時間間隔（250ミリ秒）がないと，無効手がかり試行より有効手がかり試行の反応時間が短くなる促進効果が出現しなかった（Facoetti et al., 2010, 2005，図10-3A）。画面の中央に手がかりを出し，視野中心への注意定位および焦点化を検討した研究でも，発達性ディスレクシア児は定型発達児よりも時間がかかることが示されている（Facoetti et al., 2003）。なお，これらの研究では手がかり，標的ともに非言語刺激（図形，ドットなど）を用いており，文字を読むことの苦手さが影響しないようになっていた。このことから，発達性ディスレクシアのある小児では，視空間的注意の移動や定位が遅いことが示唆される。

加えて，右視野における注意選択の不全も指摘されている。たとえば，先行手がかりとして画面中央に円を提示し，標的を画面中心からさまざまな距離に出現させると，通常ならば反応時間は円の領域内で最も速くなり，遠ざかるに従って遅くなる。このことは，円（焦点化手がかり）の提示による注意勾配の形成を反映すると考えられる（図10-3B）。しかし，発達性ディスレクシアのある児童（10歳前後）では，左視野では標的位置の効果が示されたが，右視野では標的位置によらず反応時間がほぼ一定であり，右視野における注意勾配の形成が不全と考えられた（Facoetti & Molteni, 2001; 図10-3B）。また，フランカー課題（4章参照）を用いた研究では，標的刺激を画面中央，妨害刺激を標的刺激の左側（左視野）または右側（右視野）に提示し，フランカー効果を検討した。その結果，発達性ディスレクシアのある児童（11歳前後）では右視野で非常に大きなフランカー効果が生じ，右視野の不要な刺激を抑制しにくいことが示唆された（Facoetti & Turatto, 2000）。

これらの知見をまとめると，①注意の移動や定位が遅い，②主に右視野における注意選択が弱いことが，発達性ディスレクシアの視空間的注意の特性として挙げられる。

10-4-2　注意の障害と読みの障害

では，それらによりなぜ読みがうまくいかなくなるのだろうか。この因果関係については推測の域を出ない部分も多く，今後の研究が待たれるところであるが，次のようなことが考えられる（図10-3C）。視空間的注意の移動や定位の遅さについ

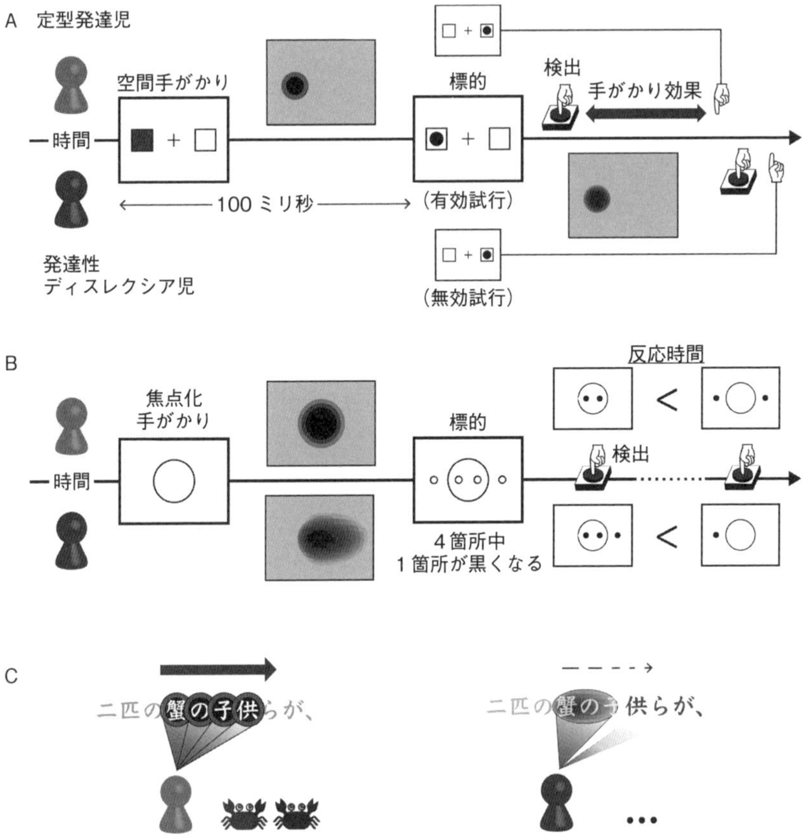

図 10-3　発達性ディスレクシア児における視空間的注意の特異性

A）空間手がかり課題では，標的との時間間隔が短いと手がかり効果が生じないことから，位置への定位が遅いと考えられている（Facoetti, Trussardi et al., 2010 等を参考に作成）。B）焦点化手がかりを用いた単純検出課題。定型発達児では，手がかり内に出現した方が速く検出されるが（上），発達性ディスレクシア児では，右視野で手がかり内外の差を示さなかった（下，Facoetti & Molteni, 2001 を参考に作成）。灰色四角は，各群で手がかりにより生じたと想定される，視空間的注意の定位のタイミング（上）および分布（下）のイメージ図。C）A，B の結果から想定される，読みにおける視空間的注意の問題。発達性ディスレクシア児（右）は，文中の適切な単位にすばやく注意を定位することが難しく，文字の読み取りが滞ることで，正確性や流暢性の低下が生じていると考えられる。

ては，読んでいる時に単語や文章中の必要な箇所にすばやく注意を向けることができず，文字や文字列の視覚的な分析および同定が滞ることが想定される(Vidyasagar & Pammer, 2010)。そのため，文字や単語をスムーズに音や意味と結びつけることができず，読みの正確性や流暢性が低下している可能性がある。右視野における注意選択の不全については，横書きの単語や文章の場合，これから読む（より正確には次に注視するべき）文字や単語は右視野にあるが，そこにうまく注意を定位できないことで眼球運動が円滑でなくなることが考えられる。また，右視野では今読んでいる箇所以外の刺激を抑制することができず（Facoetti & Turatto, 2000），その時に注視している文字や単語の情報を十分に取得できなくなっている可能性もある。

最後に，本節でこれまで紹介した研究は小学校後半の児童（9–12 歳）を対象としたものが多かった。しかし，視空間的注意の障害が発達性ディスレクシアにおける読み障害の原因であるならば，注意の問題は文字を読み始める以前（幼児期）から存在し，成人期に至っても持続するはずである。このことに関して，5 歳時（就学の前年）に空間手がかり課題を実施した一群を 1 年生時に読み正常群と困難群に分類したところ，困難群は 5 歳時に手がかり効果が見られなかったことが示されている（Franceschini et al., 2012）。同様の結果は，親が発達性ディスレクシアで，遺伝的に将来の発症リスクが予想される 5 歳児（at-risk 児）でも得られており（Facoetti et al., 2010），視空間的注意の障害は読みを学び始める以前から存在することが明らかになりつつある。これに対し，発達性ディスレクシアのある若齢成人を対象とした同様の研究は未だ少なく，注意の定位や焦点化に問題があるとする報告と（Goldfarb & Shaul, 2013; Roach & Hogben, 2004），定型の若齢成人と差がないとする報告（Judge et al., 2007）も混在しており，視空間的注意の障害が生涯を通じて持続するかは定かでない。そのため，発達性ディスレクシアにおける読みの障害と注意の障害の関係性については，より幅広い年齢層を対象とした横断研究，および長期の縦断研究の展開が望まれる。

10-4-3　読みの支援と注意

発達性ディスレクシアのある子どもや成人（若齢・高齢）の支援においては，文字や単語，文章を少しでも読みやすくするためにさまざまな工夫をする（図 10-4）。そうした工夫の多くには，視空間的注意を機能しやすくすると考えられる側面もあることから，本節では読みの支援と注意の関わりについて考察する。

文字・単語レベルの読み支援として教育場面で用いられる方法にフラッシュカードがあり，文字や単語を書いたカードを支援者が次々にめくって，子どもに音読してもらう（図 10-4A）。その際，すぐに読めなかったり読み間違えたりしたカードは取り分けておき，再度同じ練習を行う。この方法は，個々の文字や単語の読み方は知っているがスピードが遅い子どもに有効であり，文字や単語を見て即座に読める自動性の向上が期待できる。考えられる理由として，フラッシュカードでは文字

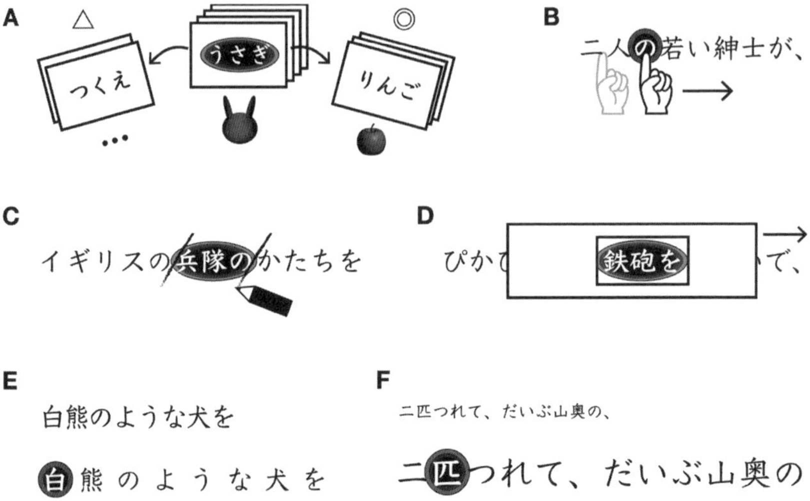

図 10-4　発達性ディスレクシア児に対する読みの支援手立ての例

A）フラッシュカード。B）指で押さえながら読む。C）スラッシュで単語や文節を区切る。D）スリットを当てて読む。読んでいる箇所だけが窓から見えるようになっている。E）文字間隔の拡大。F）拡大コピー。白黒反転箇所は，それぞれの手立てによって生じると想定される，視空間的注意の配置を表す。

や単語が常に視野の中心に提示されるため，文章を読むときのように注意や眼球を移動させる必要がない。そのため，視空間的注意の移動や定位の遅さが影響しにくく，文字・単語により良く注意が向いた状態で読む経験を積めることで改善が生じるものと思われる。研究場面では，画面に瞬間的（100–200 ミリ秒程度）に提示した単語を読む訓練も行われており，読みの正確性や流暢性の向上が報告されている（例，Lorusso et al., 2004）。これについても，注意や眼球の移動を要しないという点でフラッシュカードと同様の効果と考えられる。

文章の読みでは，指でたどりながら読む，単語の間にスラッシュを入れるといった工夫が行われるが，前者には現在読んでいるところに注意が定位・焦点化されやすいようにする，後者には次に定位する位置を特定しやすくする効果が考えられる（図 10-4B, C）。また，現在読んでいる箇所だけが見えるようにスリットをかぶせることもあるが，これは紙面上の余計な情報を物理的に遮断し，必要な箇所の注意選択を容易にする方法と言える（図 10-4D）。さらに近年の研究では，文字間や単語間のスペースを通常よりも広くすると，読みの正確性や流暢性が改善するという報告がある（Dotan & Katzir, 2018; Duranovic et al., 2018; Perea et al., 2012; Zorzi et al., 2012）。これは，個々の文字や単語に注意を定位しやすくするとともに，今読んでいない文字や単語が処理に介入してくること（crowding）を防ぐためと考えられる（Gori & Facoetti, 2015, 図 10-4E）。教育場面では，教科書やテストの拡大印刷がしばしば行われるが，視空間的注意への影響としてはスペースの拡大と同様のことが想定される（Martelli et al., 2009, 図 10-4F）。

このように，教育や研究の場面で行われる読みの支援には，文字や単語に対する視空間的注意を改善し，その結果として正確性や流暢性の向上が生じると考えられるものが多い。ただし，視空間的注意の障害は必ずしもすべての発達性ディスレクシア児者に存在するわけではなく（Tobia & Marzocchi, 2014），これらの工夫がつねに有効とは限らない。そのため，視空間的注意を含むさまざまな特性のアセスメントを詳細に行ったうえで，個々人に応じた支援手立てを構築していくことが重要である。

10-5　おわりに

本章では，視空間的注意が読みを変えることを，ヒトの視覚システム，読みが正常な若齢成人を対象とした実験心理学の知見，および発達性ディスレクシアの観点から紹介した。これらから得たアイディアが，読みやすさを上げる工夫，子どもへのより効果的な指導方法，読みに困難がある子どもや成人（若齢・高齢）への合理的配慮などを考えるきっかけとなれば幸いである。ただし，注意と読みの関係性は当然ながら一方通行ではなく，読みによって注意も変わる双方向的・相互作用的な関係にある（Mishra, 2015）。

注意と読みに関するこれまでの研究は，主にアルファベット言語（英語，イタリア語，フランス語，スペイン語等）を対象としており，中国語における研究結果も出始めているが（Ding et al., 2016; Liu et al., 2018），日本語ではほとんど検討されていない（Okumura et al., 2015a, b）。そして読みも注意も，長い期間にダイナミックな発達的変化を遂げていくため，両者の関係性は幼児や児童から高齢者の各年齢段階で検討されなければならない。単独ではそれぞれ非常に研究が進んでいる注意と読みであるが，両者の関わりについては未開の地も多く，今後研究が発展していく余地は大いに残されている。

引用文献

Besner, D., Risko, E. F., Stolz, J. A., White, D., Reynolds, M., O'Malley, S., & Robidoux, S. (2016). Varieties of attention: Their roles in visual word identification. *Current Directions in Psychological Science, 25*, 162–168.

Dehaene, S. (2009). Reading in the brain: The new science of how we read. New York: Penguin Books.

Ding, Y., Zhao, J., He, T., Tan, Y., Zheng, L., & Wang, Z. (2016). Selective impairments in covert shifts of attention in Chinese dyslexic children. *Dyslexia, 22*, 362–378.

Dotan, S., & Katzir, T. (2018). Mind the gap: Increased inter-letter spacing as a means of improving reading performance. *Journal of Experimental Child Psychology, 174*, 13–28.

Duranovic, M., Senka, S., & Babic-Gavric, B. (2018). Influence of increased letter spacing and font type on the reading ability of dyslexic children. *Annals of Dyslexia, 68*, 218–228.

Erel, H., & Levy, D. A. (2016). Orienting of visual attention in aging. *Neuroscience and Biobehavioral Reviews, 69*, 357–380.

Facoetti, A., Corradi, N., Ruffino, M., Gori, S., & Zorzi, M. (2010). Visual spatial attention and speech segmentation are both impaired in preschoolers at familial risk for developmental dyslexia. *Dyslexia, 16*, 226–239.

Facoetti, A., Lorusso, M. L., Cattaneo, C., Galli, R., & Molteni, M. (2005). Visual and auditory attentional capture are both sluggish in children with developmental dyslexia. *Acta Neurobiologiae Experimentalis, 65*, 61–72.

Facoetti, A., Lorusso, M. L., Paganoni, P., Cattaneo, C., Galli, R., & Mascetti, G. G. (2003). The time course of attentional focusing in dyslexic and normally reading children. *Brain and Cognition, 53*, 181–184.

Facoetti, A., & Molteni, M. (2001). The gradient of visual attention in developmental dyslexia. *Neuropsychologia, 39*, 352–357.

Facoetti, A., Paganoni, P., & Lorusso, M. L. (2000). The spatial distribution of visual attention in developmental dyslexia. *Experimental Brain Research, 132*, 531–538. Retrieved from http://www.ncbi.nlm.nih.gov/pubmed/10912834

Facoetti, A., Trussardi, A. N., Ruffino, M., Lorusso, M. L., Cattaneo, C., Galli, R., Molteni, M., & Zorzi, M. (2010). Multisensory spatial attention deficits are predictive of phonological decoding skills in developmental dyslexia. *Journal of Cognitive Neuroscience, 22*, 1011–1025.

Facoetti, A., & Turatto, M. (2000). Asymmetrical visual fields distribution of attention in dyslexic children: A neuropsychological study. *Neuroscience Letters, 290*, 216–218.

Forster, K. I., & Davis, C. (1984). Repetition priming and frequency attenuation in lexical access. *Journal of Experimental Psychology: Learning, Memory, and Cognition, 10*, 680–698.

Franceschini, S., Gori, S., Ruffino, M., Pedrolli, K., & Facoetti, A. (2012). A causal link between visual spatial attention and reading acquisition. *Current Biology, 22*, 814–819.

Goldfarb, L., & Shaul, S. (2013). Abnormal attentional internetwork link in dyslexic readers. *Neuropsychology, 27*, 725–729.

Gori, S., & Facoetti, A. (2015). How the visual aspects can be crucial in reading acquisition? The intriguing case of crowding and developmental dyslexia. *Journal of Vision, 15*, 1–20.

Grainger, J., Dufau, S., & Ziegler, J. C. (2016). A vision of reading. *Trends in Cognitive Sciences, 20*, 171–179.

Judge, J., Caravolas, M., & Knox, P. C. (2007). Visual attention in adults with developmental dyslexia: Evidence from manual reaction time and saccade latency. *Cognitive*

Neuropsychology, 24, 260–278.

Lachter, J., Forster, K. I., & Ruthruff, E. (2004). Forty-five years after Broadbent (1958): Still no identification without attention. *Psychological Review, 111,* 880–913.

Lien, M. C., Ruthruff, E., Kouchi, S., & Lachter, J. (2010). Even frequent and expected words are not identified without spatial attention. *Attention, Perception, & Psychophysics, 72,* 973–988.

Liu, S., Liu, D., Pan, Z., & Xu, Z. (2018). The association between reading abilities and visual-spatial attention in Hong Kong Chinese children. *Dyslexia, 24,* 263–275.

Lorusso, M. L., Facoetti, A., & Molteni, M. (2004). Hemispheric, attentional, and processing speed factors in the treatment of developmental dyslexia. *Brain and Cognition, 55,* 341–348.

Luo, C., Dell'Acqua, R., Proctor, R. W., & Li, X. (2015). Lack of visual field asymmetries for spatial cueing in reading parafoveal Chinese characters. *Psychonomic Bulletin and Review, 22,* 1764–1769.

Lyon, G. R., Shaywitz, S. E., & Shaywitz, B. A. (2003). A definition of dyslexia. *Annals of Dyslexia, 53,* 1–14.

Martelli, M., Di Filippo, G., Spinelli, D., & Zoccolotti, P. (2009). Crowding, reading, and developmental dyslexia. *Journal of Vision, 9,* 1–18.

McCann, R. S., Folk, C. L., & Johnston, J. C. (1992). The role of spatial attention in visual word processing. *Journal of Experimental Psychology: Human Perception and Performance, 18,* 1015–1029.

McGowan, V. A., & Reichle, E. D. (2018). The "risky" reading strategy revisited: New simulations using E-Z reader. *Quarterly Journal of Experimental Psychology, 71,* 179–189.

Meyer, D. E., & Schvaneveldt, R. W. (1971). Facilitation in recognizing pairs of words: Evidence of a dependence between retrieval operations. *Journal of Experimental Psychology, 90,* 227–234.

Mishra, R. K. (2015). Attention in reading. In *Interaction between attention and language systems in humans: A cognitive science perspective* (pp. 187–213). New Delhi, India: Springer India.

Okumura, Y., Kasai, T., & Murohashi, H. (2015a). Attention that covers letters is necessary for the left-lateralization of an early print-tuned ERP in Japanese hiragana. *Neuropsychologia, 69,* 22–30.

Okumura, Y., Kasai, T., & Murohashi, H. (2015b). Representational levels of bilateral N170 for Japanese hiragana strings during focal spatial attention to letters. *Japanese Journal of Physiological Psychology and Psychophysiology, 33,* 5–17.

Ortells, J. J., Tudela, P., Noguera, C., & Abad, M. J. F. (1998). Attentional orienting within visual field in a lexical decision task. *Journal of Experimental Psychology: Human Perception and Performance, 24,* 1675–1689.

Paterson, K. B., McGowan, V. A., & Jordan, T. R. (2013). Aging and the control of binocular fixations during reading. *Psychology and Aging, 28,* 789–795.

Perea, M., Panadero, V., Moret-Tatay, C., & Gómez, P. (2012). The effects of inter-letter spacing in visual-word recognition: Evidence with young normal readers and developmental dyslexics. *Learning and Instruction, 22,* 420–430.

Peterson, R. L., & Pennington, B. F. (2015). Developmental dyslexia. *Annual Review of Clinical Psychology, 11*, 283–307.

Posner, M. I. (1980). Orienting of attention. *The Quarterly Journal of Experimental Psychology, 32*, 3–25.

Posner, M. I., & Cohen, Y. (1984). Components of visual orienting. *Attention and Performance, 32*, 531–556.

Ramus, F., Rosen, S., Dakin, S. C., Day, B. L., Castellote, J. M., White, S., & Frith, U. (2003). Theories of developmental dyslexia: insights from a multiple case study of dyslexic adults. *Brain, 126*, 841–865. Retrieved from http://www.ncbi.nlm.nih.gov/pubmed/12615643

Rayner, K., Schotter, E. R., Masson, M. E. J., Potter, M. C., & Treiman, R. (2016). So much to read, so little time: How do we read, and can speed reading help? *Psychological Science in the Public Interest, 17*, 4–34.

Risko, E. F., Stolz, J. A., & Besner, D. (2010). Spatial attention modulates feature crosstalk in visual word processing. *Attention, Perception, and Psychophysics, 72*, 989–998.

Roach, N. W., & Hogben, J. H. (2004). Attentional modulation of visual processing in adult dyslexia: A spatial-cuing deficit. *Psychological Science, 15*, 650–654.

Robidoux, S., Rauwerda, D., & Besner, D. (2014). Basic processes in reading aloud and colour naming: Towards a better understanding of the role of spatial attention. *The Quarterly Journal of Experimental Psychology, 67*, 979–990.

Siéroff, E., & Riva, M. (2011). Attention and the identification of parafoveal words in school-age children and adults. *Journal of Neurolinguistics, 24*, 420–434.

Tobia, V., & Marzocchi, G. M. (2014). Cognitive profiles of Italian children with developmental dyslexia. *Reading Research Quarterly, 49*, 437–452.

Uno, A., Wydell, T. N., Haruhara, N., Kaneko, M., & Shinya, N. (2009). Relationship between reading/writing skills and cognitive abilities among Japanese primary-school children: Normal readers versus poor readers (dyslexics). *Reading and Writing, 22*, 755–789.

Vidyasagar, T. R., & Pammer, K. (2010). Dyslexia: a deficit in visuo-spatial attention, not in phonological processing. *Trends in Cognitive Sciences, 14*, 57–63.

Wydell, T. N. (2012). Cross-cultural/linguistic differences in the prevalence of developmental dyslexia and the hypothesis of granularity and transparency. In T. N. Wydell (Ed.), *Dyslexia: A comprehensive and international approach*. Rijeka, Croatia: In Tech.

Zorzi, M., Barbiero, C., Facoetti, A., Lonciari, I., Carrozzi, M., Montico, M., Bravar, L., George, F., Pech-Georgel, C., & Ziegler, J. C. (2012). Extra-large letter spacing improves reading in dyslexia. *Proceedings of the National Academy of Sciences of the United States of America, 109*, 11455–11459.

11 章

注意と認知症

緑川 晶・越智隆太

11-1　臨床場面での注意とその障害

認知症や高次脳機能障害を対象とした臨床場面では，注意障害について言及されることが少なくないが，「注意」は多義的な用語であるため，その使用や理解にはやや注意が必要である。

臨床的には，注意には空間の一定方向へ向けられる「方向性注意」と意識水準を一定に保つ「汎性注意（全般性注意とも呼ばれる）」が含まれている。なお注意の障害を「注意障害」と表現されることがあるが，この場合は汎性注意の障害を指すことが多い（山鳥，1985）。

方向性注意の障害の代表的なものとして，半側空間無視が挙げられる（平林，2018）。半側空間無視は，大脳損傷と反対側の空間に気づかない状態である。大脳後方の損傷では見えの障害（皮質盲）を生じるが，それとは異なり，半側空間無視では見えてはいるが気づかない（意識に上らない）状態である。皮質盲では，見えてないことを自覚しているので，見えていない領域を探索するような行動が見られるが，半側空間無視の患者では無視された空間や対象に気づかないため補完的な行動は生じず，誤りや欠損に気づかないまま描画などの課題を終えてしまう（図11-1）。半側空間無視の多くは右半球の頭頂葉を中心とした損傷で生じ，左側の空間に症状が生じる。障害はまた，実際の空間だけではなくイメージ内の空間でも生じることが知られている。

頭頂葉の両側の損傷では，バリント（Bálint）症候群と呼ばれるより広範な注意の障害が生じる（Rafal, 1997）。この患者は 1 つの対象に視線が固定されたり（精神性注視麻痺），注意を向けた物体の背景を見ることができなくなったりする（視覚性注意障害）。この他に対象物に手を正確に伸ばすことができなくなることもあり（視覚性運動失調），これらをバリント症候群の 3 症候と言う。

汎性注意には，覚醒水準を始めとして後述する複雑性注意，すなわち持続的注意，選択的注意，分割的注意の各注意が含まれ，注意障害もそれぞれの段階で生じる

図 11-1　右半側空間無視の患者の模写（左：見本，右：患者による模写）
患者は右側の空間に気づかないため，右側の構造を無視している。無視は空間と対象のいずれにも生じ，右側の空間にある花や葉を無視しているだけではなく，左側の花に注意を向けると右側の花びらも無視している。なお，半側空間無視の多くは右病変で左に症状が出るが，このように左病変で右側に症状が出ることもある。

（持続的注意については6章参照，選択的注意については1章参照，分割的注意については3章参照）。覚醒水準の障害は，つねにぼーっとしている状態であり，あらゆる課題に対して適切に対応することが困難となる。持続的注意の障害は，不適切な刺激に対してすぐに注意が逸れてしまう状態であり，臨床的には連続遂行課題（continuous performance test: CPT）などで評価される（平林，2018）（6章参照）。なおCPTとは，コンピュータ画面上に連続的に刺激（多くは文字や数字）が瞬間的に提示され，実験参加者は予め決められた刺激や刺激系列が提示された時に反応することが求められる課題である。課題は一定時間にわたって実施されるので，実験参加者は持続的に課題に取り組むことが求められる。選択的注意の障害は，複数刺激の中から標的（target）となる刺激が選択できない状態であり，トレイル・メイキング・テスト（Trail Making Test: TMT）の Part A や複数の視覚刺激の中から特定の刺激のみに印を付けることが求められる末梢課題などで評価される（平林，2018）（6 章参照）。なお，TMT には 2 種類の課題があり，Part A では，紙面にちりばめられた数字を探索し，鉛筆で順につないでいくことが求められる。Part B では，ちりばめられた数字と文字（ひらがな）を交互にかつ順につないでいくことが求められる。分割的注意の障害は，複数の対象や情報に同時に注意を払ったり切り替えたりすることが困難となる状態で，TMT の Part B や聴覚的に提示される数字の系列に対して実験参加者は直前の数字と足し合わせることが求められる定速聴覚連続加算検査（Paced Auditory Serial Addition Task: PASAT）などで評価される（平林，2018）（3 章参照）。

11-2　認知症と注意

認知症は「もの忘れ」としても知られるように，記憶力の低下を特徴とするが，近年では診断基準の 1 つである DSM-5（表 11-1）に示されているように，記憶だけではなく注意なども障害を受ける認知領域の 1 つに挙げられている（American Psychiatric Association, 2013）。

11-2-1　方向性注意の障害

認知症の症状として方向性注意の障害が生じることがある。特にアルツハイマー病（Alzheimer's disease: AD）の病理学的な背景とし，脳の後方から機能低下が進

表 11-1　DSM-5

A．1 つ以上の認知領域（複雑性注意，実行機能，学習および記憶，言語，知覚-運動，社会的認知）において，以前の行為水準から有意な認知の低下があるという証拠が以下に基づいている：
(1)本人，本人をよく知る情報提供者，または臨床家による，有意な認知機能の低下があったという概念，および
(2)標準化された神経心理学的検査によって，それがなければ他の定量化された臨床的評価によって記録された，実質的な認知行為の障害
B．毎日の活動において，認知欠損が自立を阻害する（すなわち，最低限，請求書を支払う，内服薬を管理するなどの，複雑な手段的日常生活動作に援助を必要とする）
C．その認知欠損は，せん妄の状況でのみ起こるものではない
D．その認知欠損は，他の精神疾患によってうまく説明されない（例：うつ病，統合失調症）

行する後方皮質萎縮症（posterior cortical atrophy: PCA）では，バリント症候群を示すことが多く，多数例の検討からは63.0–87.5%の頻度で先ほどの3症候のうち少なくとも1つ以上の症候を認めることが知られている（Mendez et al., 2002; Renner et al., 2004; Tang-Wai et al., 2004）。ただし認知症ではこのような方向性注意の障害よりも汎性注意の障害がより一般的である。

11-2-2　複雑性注意の障害

DSM-5では，認知症の認知機能の1つとして複雑性注意の障害が記載されているが，この複雑性注意は，単一の対象に選択的に，あるいは複数の対象に同時に注意を向け，それを一定時間一定の強度で持続させる能力のことであり（平林, 2018），選択的注意，分割的注意，持続的注意を含む概念である。なお，複雑性注意は情報の保持と操作を行う作業記憶（working memory）や実行機能あるいは前頭葉機能とも概念的に重複しており，また文献によって同一の課題が異なった概念で扱われることもあるので，注意が必要である。

複雑性注意や作業記憶は加齢の影響を受けやすいことが知られている。N-バック課題を用いた加齢効果に関する研究では，60代以降になると認知負荷の高い条件で成績が若齢成人よりも低下することが報告されている（Dobbs & Rule, 1989）。N-バック課題では，視覚あるいは聴覚的に連続する文字や数字などの刺激が提示され，決められた数（一般的には2あるいは3）の前の刺激と同一の場合に反応することが求められる（3章参照）。また，ウェクスラー知能検査の「符号」課題を用いた研究のメタ分析でも，加齢とともに成績が低下すると報告されている（Hoyer et al., 2004）。このように，注意は加齢とともに低下していくことが，さまざまな課題を用いた研究で一貫して報告されている。

複雑性注意は加齢の影響を受けやすいだけではなく，認知症の発症によって低下が顕著に現れる機能でもある。アルツハイマー病の高齢者を対象にした研究では，回転盤追跡と同時に数唱などの課題遂行を求める二重課題では，健常な若齢成人および高齢成人に比べアルツハイマー病高齢成人では双方の課題成績が低下している（Baddeley et al., 1986，二重課題については3章参照）。また，作業記憶機能に関する研究のレヴューにおいても，アルツハイマー病発症初期では，記憶課題に比べて注意の分割が求められるさまざまな課題において機能が低下しやすいことが確認され，さらに低下は発症前からすでに生じているとも考えられている（Huntley & Howard, 2010）。

なお，認知症のタイプによっても異なった側面の注意や作業記憶の機能の低下が生じることが確認されている。色と文字で書かれた色名の競合状態において，文字の読みを抑制して色名を呼称することが求められるストループ課題を用いた注意の抑制に関する研究では，アルツハイマー病患者群において低下すると報告されている（Spieler et al., 1996; ストループ課題については 5 章参照）。一方，アルツハイマー病と前頭側頭型認知症（fronto-temporal dementia: FTD）を対象とした研究では，アルツハイマー病患者群では注意の容量を必要とする課題の成績が低下するのに対し，前頭側頭型認知症患者群では抑制に関わる Go/No-go 課題で成績が低下することが報告されている（Stopford et al., 2012; Go/No-go 課題については 6 章参照）。アルツハイマー病では脳の後方領域が主病変であることが多く，前頭側頭型認知症では脳の前方病変が主病変であることが多いことからも，これらの課題成績の違いは，認知症の背景となる脳の病変部位ごとの差異を反映としていると考えられる。

11-3　軽度認知障害（MCI）と注意

近年，認知症と健常高齢者の中間に位置する状態に注目が集まるようになり，軽度認知障害（mild cognitive impairment: MCI）と呼ばれている。認知機能の低下を伴うという点からも，MCI は認知症と重複しているが，認知症との大きな違いは MCI では日常生活が維持されている一方で，認知症では日常生活においても問題が生じている点にある。

MCI は，本人や周囲から認知機能低下の訴えはあり，検査においてもそれが確認されるが，排泄，食事，着替，身繕い，移動能力，入浴などの基本的な日常生活動作（activities of daily living: ADL）だけではなく，やや複雑な日常生活上の動作である電話，買物，食事の支度，家事，洗濯，移動・外出，服薬管理，金銭管理などの道具的日常生活動作（instrumental activities of daily living: IADL）もおおむね保たれた状態である。

最近では MCI はサブタイプに分けられている。記銘力の低下を主症状とする健忘型 MCI（amnesic MCI: a-MCI）と，記銘力は保たれ，実行機能や言語，視空間機能などの認知機能の低下を特徴とした非健忘型 MCI（nonamnestic MCI: na-MCI），および，それらの障害が単一の障害なのか，あるいは複数領域の機能障害なのかによる 4 類型である（Petersen et al., 2014）。

MCI はアルツハイマー病に移行する確率が高いだけではなく，一部の MCI とアルツハイマー病との間に連続性があると考えられている。その証拠に MCI 群とアルツハイマー病患者群および健常高齢群との比較研究では，分割的注意を必要とする TMT において，アルツハイマー病患者群だけでなく MCI 群でも成績の低下が顕著になることが確認されている（Belleville et al., 2007）。また同じく分割的注意を必要とする TMT でも，Part B においてアルツハイマー病患者群と MCI 群では所要時間とエラー数がともに増加する（Ashendorf et al., 2008)。このように，注意機能は認知症の発症で低下が顕著に見られるばかりか，MCI の段階でも注意の制御を必要とする場合に低下すると言える。

主観的には機能低下を自覚しているが，記憶検査では問題が検出されないことがあるが，このような主観的な MCI の人々に対して，感度の高い注意機能や実行機能の検査を実施すると，その低下が検出されることが報告されている（Saunders & Summers, 2010)。一般的に MCI では記憶の低下が重視され，周囲からも記憶機能の問題として認識されやすいが，そのような人々の中にも，検査では注意機能や実行機能の低下として顕在化することがある（Saunders & Summers, 2010)。

また，注意機能や実行機能の低下に対しては，糖尿病が影響することが知られている。糖尿病は認知症などさまざまな疾患の原因となるが，たとえ認知症を発症していなくとも，糖尿病を煩っている人々は一貫して TMT やウェクスラー式知能検査の下位検査である「符号」などによって評価される注意機能や実行機能の低下が確認されている（Vincent & Hall, 2015)。

11-4　おわりに

注意は加齢の影響を受けやすいだけではなく，認知症はもとより認知症を伴わない糖尿病や MCI においても損なわれやすい機能である。そのため，注意機能を評価することによって障害の検出や病因の鑑別あるいは早期からの介入に結びつけることが可能となる。ただ，注意機能は複数の要素から構成されているうえに，臨床的には作業記憶や実行機能などの概念として扱われることがあることからも，結果の評価や解釈にあたっては，注意機能のいずれの要素の問題なのか整理をしたうえで，文献などで述べられている表現だけではなく，実際に用いられている検査なども精査しつつ，どのような側面の障害なのか理解することが大切である。

引用文献

American Psychiatric Association. (2013). Diagnostic and statistical manual of mental disorders, 5th edition. *American Journal of Psychiatry*. American Psychiatric Publishing.

Ashendorf, L., Jefferson, A. L., O'Connor, M. K., Chaisson, C., Green, R. C., & Stern, R. A. (2008). Trail Making Test errors in normal aging, mild cognitive impairment, and dementia. *Archives of Clinical Neuropsychology, 23*, 129–137.

Baddeley, A., Logie, R., Bressi, S., Sala, S. Della, & Spinnler, H. (1986). Dementia and working memory. *The Quarterly Journal of Experimental Psychology Section A, 38*, 603–618.

Belleville, S., Chertkow, H., & Gauthier, S. (2007). Working memory and control of attention in persons with Alzheimer's disease and mild cognitive impairment. *Neuropsychology, 21*, 458–469.

Dobbs, A. R., & Rule, B. G. (1989). Adult age differences in working memory. *Psychology and Aging, 4*, 500–503.

平林 一（2018）．症候の理解①—注意障害　緑川 晶・山口 加代子・三村 將（編）　臨床神経心理学（pp. 106–119）　医歯薬出版

Hoyer, W. J., Stawski, R. S., Wasylyshyn, C., & Verhaeghen, P. (2004). Adult age and Digit Symbol Substitution Performance: A meta-analysis. *Psychology and Aging, 19*, 211–214.

Huntley, J. D., & Howard, R. J. (2010). Working memory in early Alzheimer's disease: A neuropsychological review. *International Journal of Geriatric Psychiatry, 25*, 121–132.

Mendez, M. F., Ghajarania, M., & Perryman, K. M. (2002). Posterior cortical atrophy: Clinical characteristics and differences compared to Alzheimer's disease. *Dementia and Geriatric Cognitive Disorders, 14*, 33–40.

Petersen, R. C., Caracciolo, B., Brayne, C., Gauthier, S., Jelic, V., & Fratiglioni, L. (2014). Mild cognitive impairment: a concept in evolution. *Journal of Internal Medicine, 275*, 214–228.

Rafal, R. D. (1997). Balint syndrome. In T. E. Feinberg & Martha J. Farah (Eds.), *Behavioral neurology and neuropsychology* (pp. 337–355). New York: McGraw-Hill.

Renner, J. A., Burns, J. M., Hou, C. E., McKeel, D. W., Storandt, M., & Morris, J. C. (2004). Progressive posterior cortical dysfunction: A clinicopathologic series. *Neurology, 63*, 1175–1180.

Saunders, N. L. J., & Summers, M. J. (2010). Attention and working memory deficits in mild cognitive impairment. *Journal of Clinical and Experimental Neuropsychology, 32*, 350–357.

Spieler, D. H., Balota, D. A., & Faust, M. E. (1996). Stroop performance in healthy younger and older adults and in individuals with dementia of the Alzheimer's type. *Journal of Experimental Psychology: Human Perception and Performance, 22*, 461–479.

Stopford, C. L., Thompson, J. C., Neary, D., Richardson, A. M. T., & Snowden, J. S. (2012). Working memory, attention, and executive function in Alzheimer's disease and frontotemporal dementia. *Cortex, 48*, 429–446.

Tang-Wai, D. F., Graff-Radford, N. R., Boeve, B. F., Dickson, D. W., Parisi, J. E., Crook, R., Caselli R. J., Knopman, D. S., & Petersen, R. C. (2004). Clinical, genetic, and neuropathologic characteristics of posterior cortical atrophy. *Neurology, 63*, 1168–1174.

Vincent, C., & Hall, P. A. (2015). Executive function in adults with Type 2 Diabetes: A meta-analytic review. *Psychosomatic Medicine, 77*, 631–642.

山鳥 重（1985）．神経心理学入門　医学書院

12章 注意への運動効果

紙上敬太

12-1　はじめに

注意力には個人差がある。あなたの周りにも細かいところまで注意が行き届く人と，そうでない人がいるだろう。注意力に長けている人と言えば，どんな人を思い浮かべるだろうか。アスリートを思い浮かべる人がいるのではないだろうか。ほとんどのスポーツでは，複雑な状況の中，さまざまなことに対して注意を向け，瞬時に注意を切り替え，時にはある1つのことに注意を集中させ，その状況に応じて動きや戦術などを判断する必要がある。注意力に長けていなければ，アスリートは務まらないと言い換えることができるかもしれない。

アスリートの注意力に関して，1970年代にパイオニア的な研究が報告されている（Spirduso & Clifford, 1978）。この研究では，単純反応課題と選択反応課題のパフォーマンスが，日常的に運動を行っていない高齢者に比べて，日常的にラケットスポーツやランニングを行っている高齢者アスリートで優れていたこと，さらに高齢者アスリートのパフォーマンスは若齢成人と変わらなかったことが示されている。近年でもアスリートとノンアスリートの注意力を比較する研究は続けられており，アスリートの方が注意力が優れていることを示した報告が多くなされている（Nakata et al., 2010）。これらの研究結果から，習慣的に運動を行えば注意機能が改善する可能性が考えられる[1)]。この仮説は，1999年にNature誌に掲載されたクレイマーらの研究（Kramer et al., 1999）によって支持され，それ以降，注意への運動効果に関する研究がさかんに行われてきた。本章では，代表的な研究を紹介しながら，注意への運動効果に関して，約20年間にわたる研究成果を概説する。

1)　先述した研究（Spirduso & Clifford, 1978）のデザインでは，元来注意力の優れている人がアスリートになっているという逆の因果関係を否定することはできない。研究デザインに関する詳細は後述する。

12-2　運動量・体力と注意機能の関係

上述の1970年代のパイオニア的研究のように，運動量が多い高齢者・体力[2)]の高い高齢者の注意機能が，運動量が少ない高齢者・体力の低い高齢者に比べて優れていることを示した研究は多い。これら初期の研究では，高齢者とともに若齢成人を対象としているものがいくつか報告されているが，運動量・体力と注意機能の関係は，若齢成人においては高齢者ほど強くないようである（Spirduso, 1980）。より最近の研究（Hillman, Motl et al., 2006）では，若齢成人（平均約26歳）と壮・中年成人（平均約50歳）を対象に，フランカー課題を用いて運動量と選択的注意の関係が検討されている。フランカー課題（矢印バージョン）では，5つの矢印がすべて同じ方向を向いている一致試行（<<<<< or >>>>>）と真ん中の矢印のみが逆方向を向いている不一致試行（>><>> or <<><<）がランダムな順で提示される（4章参照）。参加者には，真ん中の矢印の向きに従って左右のボタンを押し分けるように求める。すなわち，真ん中の矢印は標的刺激であり，周辺の矢印は妨害刺激である。不一致試行では，妨害刺激が標的刺激とは逆の情報をもっているため干渉が生じ，一致試行に比べて正答率が低く，反応時間が長くなる。このように，フランカー課題，特に不一致試行では，真ん中の標的刺激に対して選択的に注意を配分する必要がある。若齢成人と壮・中年成人を対象とした上述の研究（Hillman, Motl et al., 2006）では，「運動量が多い者ほどフランカー課題の正答率が高い」という関係が認められたのは壮・中年成人においてのみであったこと，その関係は不一致試行でより顕著だったことが示されている。さらに幅広い世代（17–86歳）を対象とした研究（Berchicci et al., 2013）では，運動量と認知パフォーマンスの関係は35–40歳以降から認められたことが報告されている。これらの知見をまとめると，若齢成人においても習慣的運動と注意機能のポジティブな関係は認められるが，その関係は壮・中年期以降で次第に強くなっていくと考えることができるであろう。

このような運動量・体力と注意機能の関係は，成人だけでなく，子どもでも認められている。ヒルマンら（Hillman et al., 2005）は，20メートルシャトルラン（往

---

2)　本章では，体力を「運動するための体力」，すなわち「調整力，瞬発力，持久力などを要素とする運動をするための基礎となる身体的能力」（文部科学省，2002）と定義する。また，運動量を指標としている研究と体力を指標としている研究があり，厳密にはこれらを分けて考える必要がある。本書のメインテーマは運動科学・健康科学ではないため，本章では運動量を用いている研究と体力を用いている研究を分けずに扱っている。

復持久走）のラップ数によって子ども（平均約10歳）を低体力群と高体力群に分け，子どもの体力と注意機能の関係を検討している。この研究では，オドボール課題と呼ばれる認知課題を用いて子どもの注意力を評価している。「オドボール」は変りものという意味であり，オドボール課題とはたまに提示される変りものに対して反応を求める認知課題である。ヒルマンら（2005）の研究では，80％の確率で提示される猫の絵（非標的刺激）を無視し，20％の確率で提示される犬の絵（標的刺激）に対してボタン押し反応を求めている。その結果，体力が低い子どもに比べて，体力が高い子どもの正答率は高く，反応時間は短かったことが示されている。つまり，体力が高い子どもの注意機能は体力が低い子どもに比べて優れていると考えることができる。

12-3　脳波から見た運動量・体力と注意機能の関係

上述のヒルマンらの研究（2005）では，事象関連脳電位を計測し（9章参照），オドボール課題中の脳活動を評価している。事象関連脳電位とは，その名のとおり，何らかの事象（視覚刺激，聴覚刺激，反応など）に関連して生じる一過性の脳電位変動である。たとえば，図12-1の模式図のように，刺激の提示後，いくつかの振

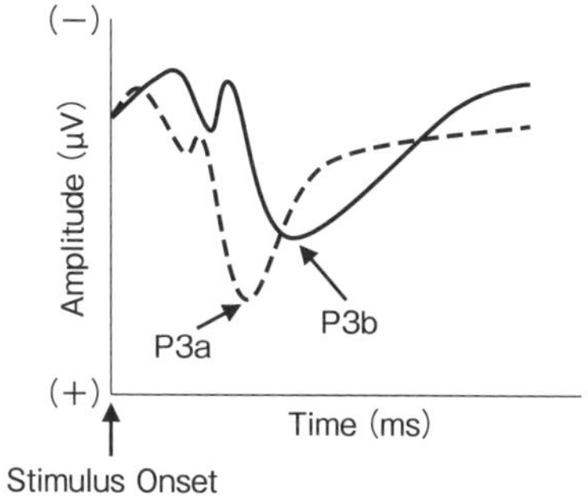

図12-1　P3成分の模式図

P3b成分は刺激提示の約300-800 ms後に生起し，中心-頭頂領域で最大振幅を示す。P3b成分は，P3a成分と比較するときは「P3b」と呼ばれるが，それ以外のときは単に「P3」と呼ばれることが多い。P3a成分はP3b成分よりも早く出現し，より前頭の部位で大きくなる。この模式図では，P3a成分をP3b成分より大きく描いたが，各成分の大きさは認知課題に依存して変化する。

れをもった波形が生起し，それぞれの振れ（成分）は知覚や注意など別々の情報処理プロセスに関わっていると考えられている。ヒルマンら（2005）は，事象関連脳電位の1つであるP3b成分（後述するP3a成分と区別する必要がない場合は単に「P3成分」と呼ばれることが多い）を計測し，子どもの注意機能を評価している。P3b成分とは刺激提示の約300–800 ms後（年齢や課題の難易度によって変化するため幅がある）に生じる陽性成分であり，オドボール課題では標的刺激の提示後にP3b成分が誘発される（図12-1）。P3b振幅は注意の量的側面を反映すると考えられている（Polich, 2007）。つまり，より大きなP3b振幅は，標的刺激に対してより多くの注意が配分されたことを示すと考えられる。ヒルマンら（2005）は，体力が高い子どものP3b振幅は体力が低い子どもに比べて大きかったことを示している。よって，体力が高い子どもは標的刺激に対して的確に注意を配分できるため，より正確に，速く反応できたのではないかと考えられる。

紙上ら（Kamijo et al., 2015）は，ヒルマンら（2005）とは異なるオドボール課題を用いて，P3のもう1つの下位成分であるP3a成分（図12-1）を評価し，子ども（平均約12歳）の体力と注意機能の関係を検討している。この研究のオドボール課題（図12-2）では，画面中央に提示される白い棒が20度ずつ時計回りに回転する（レギュラー刺激）。10%の確率でグレーの棒が提示され，このグレーの棒に対してボタン押し反応を求める（標的刺激）。また，白い棒は10%の確率で反時計回りに回転する（イレギュラー刺激）が，これは無視するように教示する。つまり，棒の色は課題関連情報，棒の角度は課題無関連情報であり，棒の角度に注意を向ける必要はない。このオドボール課題では，標的刺激（グレーの棒）の提示後にはP3b成分が生起し，イレギュラー刺激（反時計回り）の提示後にはP3a成分が生起する。P3a成分は逸脱事象（このオドボール課題では課題無関連情報）に対する注意の定位に関連すると考えられている（Polich, 2007）。すなわち，より大きなP3a振幅は，課題無関連情報（棒の角度）に対してより多くの注意が配分されたことを示すと考えられる。紙上ら（2015）は，体力が低い子どもに比べて，体力が高い子どもではミス率（標的刺激に反応できなかった率）が低く，P3b振幅が大きかったこと，反対にP3a振幅は小さかったことを示している。この結果から，体力が高い子どもは注意を向けるべき課題関連情報に対しては的確に注意を配分し（大きなP3b振幅），注意を向ける必要のない課題無関連情報は効率よく処理している（小さなP3a振幅）ため，ミス率を低く抑えることができたのではないかと考えられる。このように，脳波・事象関連脳電位を用いることにより，行動指標（正答率や反応時間）では捉えることのできない注意処理の過程を評価することが可能となる。成人を対象とした研究においても，P3b成分を用いて注意機能が評価されてい

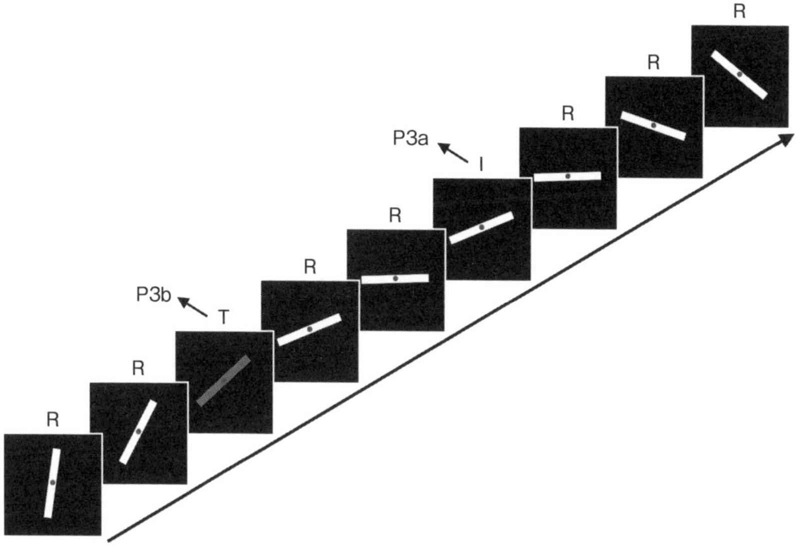

図 12-2　オドボール課題の模式図（Kamijo et al., 2015）
画面中央に提示される白い棒が 20 度ずつ時計回りに回転する（R：レギュラー刺激）。10％の確率で提示されるグレーの棒に対してボタンを押す（T：標的刺激）。また，10％の確率で白い棒は反時計回りに回転する（I：イレギュラー刺激）が，これは無視する。つまり，棒の色は課題関連情報であり，棒の角度は課題無関連情報である。このオドボール課題では，標的刺激の提示後には P3b 成分が生起し，イレギュラー刺激の提示後には P3a 成分が生起する。

る。若齢成人を対象とした研究では，スイッチ課題を用いて，運動量と注意の切り替えの関係が検討されている。スイッチ課題（キャラクターバージョン）では，丸い形をしたキャラクターと四角い形をしたキャラクターが青，もしくは緑で提示される（図 12-3）。キャラクターが手を上げている場合は形によって左右のボタンを押し分けるように求め（たとえば，○ → 左，□ → 右），手を下げている場合は色によって左右のボタンを押し分けるように求める（たとえば，青 → 左，緑 → 右）。つまり，このスイッチ課題では，形に注意を向けなければならない場合と色に注意を向けなければならない場合があるため，注意の切り替えが必要になる。紙上・武田（Kamijo & Takeda, 2010）は，20 歳前後の若齢成人を対象に，運動量の多い者は運動量の少ない者に比べてスイッチ課題の認知パフォーマンスが優れており，P3b 振幅が大きかったことを示している。このような，スイッチ課題中の認知パフォーマンス・P3b 振幅と運動量の関係は高齢者においても同様に認められている（Hillman et al., 2006）。これらスイッチ課題を用いた研究は，運動量の多い者はより的確に注意を切り替えることができることを示唆している。このように，脳

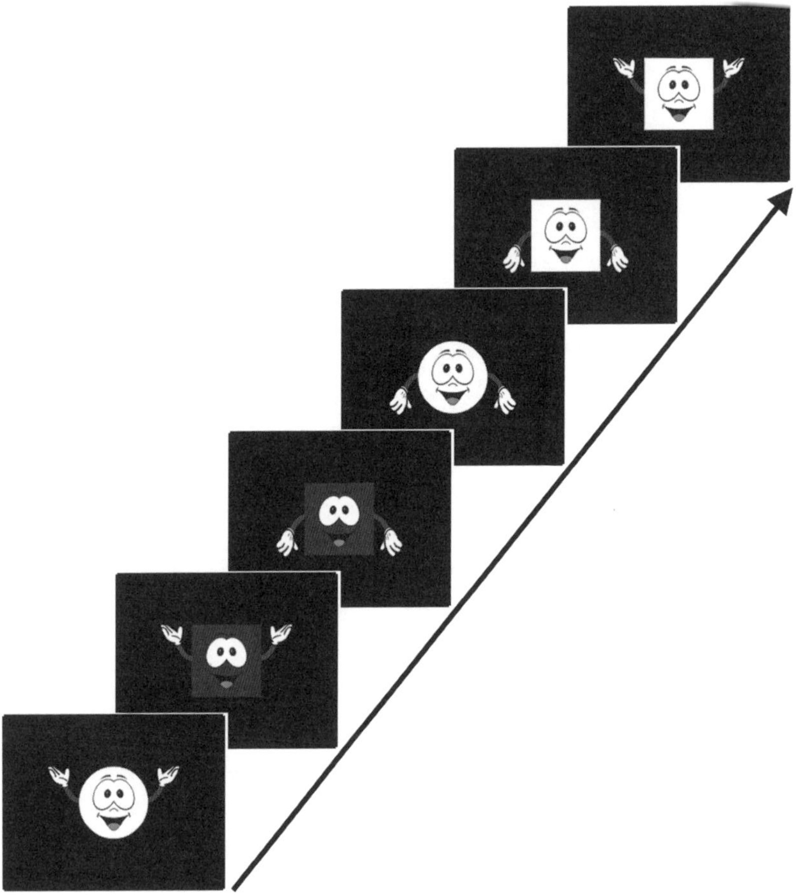

図 12-3 スイッチ課題の模式図（Hillman et al., 2014）
キャラクターが手を上げている場合は形によって左右のボタンを押し分ける（○ → 左，□ → 右）。キャラクターが手を下げている場合は色によって左右のボタンを押し分ける（白 → 左，グレー → 右）。実際の実験では，キャラクターは青か緑で示されているが，この図では青を白，緑をグレーで示している。この例では，手前から左，右，右，左，左，右と反応する必要がある。

波・事象関連脳電位を使った認知神経科学的研究の知見は，運動量・体力と注意機能は関連している，すなわち，運動量の多い者・体力の高い者の注意機能は優れているという見解を支持するものである。

12-4　注意への運動効果を評価するための研究デザイン

ここまで運動量・体力と注意機能の関係を見てきたが，これらの研究結果から「習慣的に運動を行って体力を高めれば，注意機能が改善する」と結論づけることはできないことに注意されたい。ある一時点での体力と注意機能を比較する（体力が低い者と高い者の注意機能を比較する）研究デザインは，横断的研究デザインと呼ばれる。横断的研究は，体力が注意機能に関わっているのか，その「関係」を示しているだけであり，「運動習慣の獲得 → 体力の向上 → 注意機能の改善」といった因果関係を示すわけではない。たとえば，高次認知機能が優れている子どもの方が運動量が多くなることを示した縦断的研究（対象者を一定期間継続的に追跡することによって変化を検討する研究手法）が報告されている（Pentz & Riggs, 2013）。つまり，「優れた注意機能 → 運動量の増加 → 体力の向上」といった逆方向の因果関係も考えられるわけである。

このような横断的研究デザインの限界を打破するためには，実際に運動介入を行って，注意機能がどのように変化するのかを評価する必要がある。しかし，運動介入を行って，その前後で注意機能を比較すればよいというような単純なものではない。たとえば，介入期間を1年間とした場合，1年間何をせずとも（運動をしなくても）注意機能は変化しうる。子どもが対象であれば，発達に伴って注意機能は向上するだろうし，高齢者が対象であれば，加齢によって注意機能は低下するかもしれない。また，同じ認知課題を2回繰り返せば，実験環境に慣れ，1回目（介入前）よりも2回目（介入後）でパフォーマンスは改善する。これは学習効果，もしくは練習効果と呼ばれる。つまり，単に運動介入前後で注意機能を比較しただけでは，注意機能に変化が見られたとしても，それが運動の効果によるものなのか，発達・加齢の影響によるものなのか，学習効果・練習効果によるものなのかを区別することはできない。したがって，運動介入が注意機能に与える影響を評価するためには，運動介入に参加する運動グループだけではなく，運動介入に参加しない対照グループも設け，各グループの変化を比較する必要がある。さらに，さまざまなバイアスを避けるため（たとえば，運動が得意な子どもが運動グループに固まらないようにするなど），研究参加者を運動グループと対照グループにランダムに割り付ける必要がある（図12-4）。したがって，このような研究デザインはランダム化比較試験と呼ばれる。ランダム化比較試験はエビデンスレベルの高い研究デザインと考えられており，横断的研究では捉えることのできない「運動習慣の獲得 → 体力の向上 → 注意機能の改善」といった因果関係が成り立つのかを明らかにすること

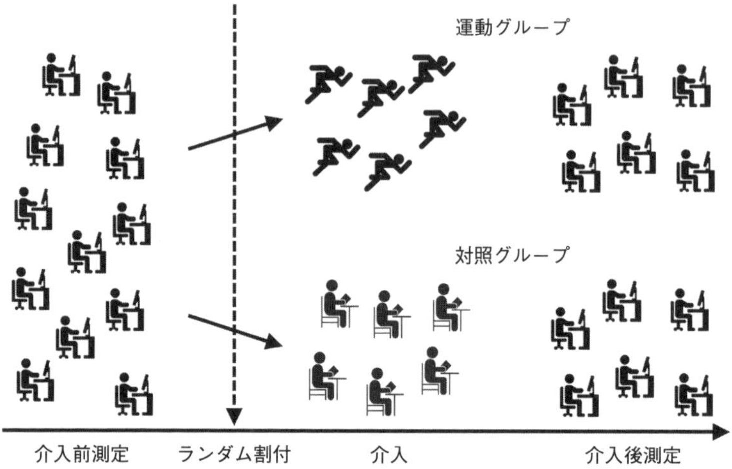

図 12-4　ランダム化比較試験の説明図

介入前測定の後に参加者を運動グループと対照グループにランダムに割り付ける。運動グループと対照グループの注意機能の変化を比較することにより，「運動習慣の獲得 → 体力の向上 → 注意機能の改善」といった因果関係が成り立つのかを明らかにすることができる。この図では，便宜上，対照グループは読書をしているが，対照グループに何をさせるのかは難しい問題である。たとえば，ストレッチングを行うグループを対照グループとしている研究もある。

ができる。

12-5　運動介入による注意機能の変化

先述したが，1999 年のクレイマーらの高齢者を対象としたランダム化比較試験（Kramer et al., 1999）がきっかけで，この研究分野は大きく発展してきたと言っても過言ではない。このランダム化比較試験では，60–75 歳の高齢者に 6 ヶ月間の運動介入（ウォーキング）を実施し，運動介入が高齢者の注意機能を改善させたことが示されている。このようなランダム化比較試験の結果をもってはじめて，「習慣的に運動を行って体力を高めれば，注意機能が改善する」と見なすことができる。

クレイマーらの研究（1999）における重要な発見は，選択的注意や注意の切り替えなど，前頭前野が主に司る高次注意機能[3)]に対して運動の効果が大きいというこ

3)　この研究分野では，このような高次脳機能を「executive function」（実行機能）と呼ぶことが多い。実行機能は，注意機能だけではなく，論理的思考力や計画力など，より多くの高次脳機能を含む包括的用語である。

とを明示した点にある。フランカー課題を例にとれば，一致試行よりも不一致試行におけるパフォーマンスに対して運動の効果が大きかったということである。この高次注意機能を司る前頭前野は最も加齢の影響を受けやすい脳部位の1つである(詳しくは6章を参照)。加齢によって衰えやすい脳部位・機能に対して，運動の効果が大きいというのは合点がいくであろう。クレイマーのグループの別のランダム化比較試験では，MRIを用いてフランカー課題中の脳活動や脳の形態的変化を評価している。これらの研究では，運動介入によりフランカー課題中に脳がより活発に活動するようになったこと（Colcombe et al., 2004），運動介入が注意機能に関わる脳部位を増大させたこと（Colcombe et al., 2006）が示されている。

このように，老年期を対象とした研究は，児童期・成人期を対象とした研究に比べて歴史が古く，ランダム化比較試験の報告数も比較的多い。よって，エビデンスレベルが最も高いとされる，ランダム化比較試験のメタアナリシス（独立して行われた複数の研究結果を統計的に統合し，一定の結論を導く分析）がいくつか行われている。50歳以上を対象とした研究のメタアナリシス（39の研究が対象）では，有酸素運動（ジョギングや自転車運動など），レジスタンス運動（筋力トレーニング），太極拳などが，高齢者の注意機能を改善させることが結論づけられている(Northey et al., 2018)。一方で，軽度認知障害など，何らかの認知障害をもった者を対象とした研究のメタアナリシス（5つの研究が対象）は，習慣的運動が認知機能の改善や認知障害の予防に寄与するのかは結論づけることはできず，さらなるランダム化比較試験が必要であるとしている（Barreto et al., 2017)。このように，完全に見解が一致しているわけではないが，健常高齢者に限れば，習慣的な運動が注意機能を改善させると結論づけられるであろう。

さらに近年では，子どもを対象としたランダム化比較試験が行われている。高齢者研究の流れをくんで，子どもを対象としたランダム化比較試験においても，高次注意機能に焦点を当てたものが多く，フランカー課題やスイッチ課題を用いて選択的注意や注意の切り替えが評価されている。ヒルマンら（Hillman et al., 2014）は，200名以上の子ども（平均約9歳）を対象に大規模なランダム化比較試験を実施し，9ヶ月間の運動介入（5日/週，1回2時間程度）が注意機能に与える影響を検討している。その結果，9ヶ月間の運動介入が体力の向上とともに，フランカー課題とスイッチ課題のパフォーマンスの改善をもたらしたことが示されている。さらに，この研究では両課題中の脳波・P3b成分も評価しており，運動介入によってP3b振幅が大きくなったことが示されている。この研究結果は先述の運動量・体力と注意の関係を示した横断的研究の結果と一致しており，子どもにおいても習慣的運動による体力の向上が注意機能を改善させると結論づけられるであろう。

筆者の知る限り，成人期を対象としたランダム化比較試験は行われていない。完全なランダム化比較試験ではないが，18–70歳の者（平均約45–48歳）を対象に10週間の運動介入を行った研究（Masley, Roetzheim, & Gualtieri, 2009）では，複数の認知テストによって評価された注意機能が運動介入により改善したことが示されている。さらに，運動介入を用いた研究ではないが，壮年期の成人（平均40歳）を対象に，脳の形態的変化を検討した縦断的研究（Spartano et al., 2016）が興味深い知見を提供している。この研究では，MRIを用いて脳の体積を計測し，40歳ころの体力が高い者ほど約20年後（60歳ころ）の脳の体積が大きかったことが示されている。脳の形態と機能がどの程度密接に関わっているのかは議論の余地があるが，概して体積が小さくなると（脳が萎縮すると）機能は低下すると考えられる。よって，この研究では注意機能を直接的に評価しているわけではないが，注意機能に対する加齢のネガティブな影響を小さくするには，壮年期に運動習慣を身につけることがキーになると言えるのかもしれない。

12-6　まとめ

過去20年間にわたる研究により，習慣的運動によって注意機能は改善すること，この注意機能の改善は児童期から老年期まで年齢にかかわらず認められること，注意への運動の効果は前頭前野が主に司る高次注意機能に対して大きいことが明らかにされてきた。今後は社会還元につながるより実践的な研究を進め，本研究分野が子どもの脳の健全な発達や脳のサクセスフルエイジングに貢献することが期待される。最後に，今後の展望を述べてまとめとしたい。

①乳幼児を対象とした研究　他の章では，乳幼児を対象とした注意研究が紹介されているが，筆者の知る限り，乳幼児を対象に注意への運動効果を検討した研究はない。他の世代を対象とした縦断的研究では，ある時点での運動量や体力が数年後から数十年後の注意機能や脳の形態を予測することが示されている（Chaddock et al., 2012; Erickson et al., 2010; Spartano et al., 2016）。乳幼児期の運動量や体力が，小児期から青年期，さらには成人期の注意機能にどのような影響を与えるのかを明らかにする縦断的研究が期待される。

②運動の内容に関する研究　本研究分野における国民の関心事は，「どのように運動を行えば効果的に注意機能が改善するのか」，「どの程度の運動が注意機能の改善には必要なのか」など，運動の内容（種類や量など）を明らかにする点にあると考えている。運動の種類に関しては，初期の高齢者研究の多くが有酸素運動（ジョギングや自転車運動）に焦点を当てたことから，その流れをくんで有酸素運動，

有酸素能力（全身持久力）に注目した研究が多い。近年の研究では，レジスタンス運動（筋力トレーニング）や太極拳など，有酸素運動以外の運動も注意機能を改善させることが示されているが（Northey et al., 2018），どのような運動が最も効果的なのかは未だ不明である。運動量に関しては，子どもを対象としたランダム化比較試験（Hillman et al., 2014）において，運動教室への出席率が高かった子ども（運動量が多かった子ども）ほど注意機能の改善度が大きかったことが示されている。高齢者研究では，1週間に72ブロック以上歩いているかどうかが，脳の萎縮に影響を与える運動量の閾値であることが示唆されている（Erickson et al., 2010）。運動の内容に関して，現時点ではこの程度のことしか明らかになっておらず，注意機能の維持・改善という観点から，どのような運動をどの程度行う必要があるのか，その詳細を明らかにする研究が期待される。

③メカニズム　「なぜ運動が注意機能を改善させるのか？」そのメカニズムは，現時点ではよくわかっていない。動物研究では，運動が脳由来神経栄養因子の分泌を増加させること，運動によって神経新生が起こることなどが明らかにされており（Gomez-Pinilla & Hillman, 2013），これと同様の現象がヒトの脳でも起こっているのではないかと推測されている。運動が注意機能を改善させるメカニズムが解明されれば，先述の運動の内容に関する研究も大きく発展すると考えられる。よって，このメカニズムに関して，動物研究とヒト研究の橋渡し役となるような研究が期待される。

引用文献

Barreto, P. S., Demougeot, L., Vellas, B., & Rolland, Y. (2017). Exercise training for preventing dementia, mild cognitive impairment, and clinically meaningful cognitive decline: A systematic review and meta-analysis. *Journals of Gerontology. Series A: Biological Sciences and Medical Sciences, 73,* 1504–1511.

Berchicci, M., Lucci, G., & Di Russo, F. (2013). Benefits of physical exercise on the aging brain: the role of the prefrontal cortex. *Journals of Gerontology. Series A: Biological Sciences and Medical Sciences, 68,* 1337–1341.

Chaddock, L., Hillman, C. H., Pontifex, M. B., Johnson, C. R., Raine, L. B., & Kramer, A. F. (2012). Childhood aerobic fitness predicts cognitive performance one year later. *Journal of Sports Sciences, 30,* 421–430.

Colcombe, S. J., Erickson, K. I., Scalf, P. E., Kim, J. S., Prakash, R., McAuley, E., Elavsky, S., Marquez, D. X., Hu, L., & Kramer, A. F. (2006). Aerobic exercise training increases brain volume in aging humans. *Journals of Gerontology. Series A: Biological Sciences and Medical Sciences, 61,* 1166–1170.

Colcombe, S. J., Kramer, A. F., Erickson, K. I., Scalf, P., McAuley, E., Cohen, N. J., Webb, A., Jerome, G. J., Marquez, D. X., & Elavsky, S. (2004). Cardiovascular fitness, cortical plasticity, and aging. *Proceedings of the National Academy of Sciences of the United States of America, 101*, 3316–3321.

Erickson, K. I., Raji, C. A., Lopez, O. L., Becker, J. T., Rosano, C., Newman, A. B., Gach, H. M., Thompson, P. M., Ho, A. J., & Kuller, L. H. (2010). Physical activity predicts gray matter volume in late adulthood: the Cardiovascular Health Study. *Neurology, 75*, 1415–1422.

Gomez-Pinilla, F., & Hillman, C. (2013). The influence of exercise on cognitive abilities. *Comprehensive Physiology, 3*, 403–428.

Hillman, C. H., Castelli, D. M., & Buck, S. M. (2005). Aerobic fitness and neurocognitive function in healthy preadolescent children. *Medicine and Science in Sports and Exercise, 37*, 1967–1974.

Hillman, C. H., Kramer, A. F., Belopolsky, A. V., & Smith, D. P. (2006). A cross-sectional examination of age and physical activity on performance and event-related brain potentials in a task switching paradigm. *International Journal of Psychophysiology, 59*, 30–39.

Hillman, C. H., Motl, R. W., Pontifex, M. B., Posthuma, D., Stubbe, J. H., Boomsma, D. I., & de Geus, E. J. (2006). Physical activity and cognitive function in a cross-section of younger and older community-dwelling individuals. *Health Psychology, 25*, 678–687.

Hillman, C. H., Pontifex, M. B., Castelli, D. M., Khan, N. A., Raine, L. B., Scudder, M. R., Drollette, E. S., Moore, R. D., Wu, C. T., & Kamijo, K. (2014). Effects of the FITKids randomized controlled trial on executive control and brain function. *Pediatrics, 134*, 2013–3219.

Kamijo, K., & Takeda, Y. (2010). Regular physical activity improves executive function during task switching in young adults. *International Journal of Psychophysiology, 75*, 304–311.

Kamijo, K., Takeda, Y., Takai, Y., & Haramura, M. (2015). Greater aerobic fitness is associated with more efficient inhibition of task-irrelevant information in preadolescent children. *Biological Psychology, 110*, 68–74.

Kramer, A. F., Hahn, S., Cohen, N. J., Banich, M. T., McAuley, E., Harrison, C. R., Chason J., Vakil, E., Bardell, L., Boileau, R. A., & Colcombe, A. (1999). Ageing, fitness and neurocognitive function. *Nature, 400*, 418–419.

Masley, S., Roetzheim, R., & Gualtieri, T. (2009). Aerobic exercise enhances cognitive flexibility. *Journal of Clinical Psychology in Medical Settings, 16*, 186–193.

文部科学省 (2002). 中央教育審議会（第 24 回）配付資料 5-2（子どもの体力向上のための総合的な方策について（答申案）). Retrieved from http://www.mext.go.jp/b_menu/shingi/chukyo/chukyo0/gijiroku/attach/1344532.htm (Octorber 5, 2018.)

Nakata, H., Yoshie, M., Miura, A., & Kudo, K. (2010). Characteristics of the athletes' brain: evidence from neurophysiology and neuroimaging. *Brain Research Reviews, 62*, 197–211.

Northey, J. M., Cherbuin, N., Pumpa, K. L., Smee, D. J., & Rattray, B. (2018). Exercise interventions for cognitive function in adults older than 50: a systematic review with meta-analysis. *British Journal of Sports Medicine, 52*, 154–160.

Pentz, M. A., & Riggs, N. R. (2013). Longitudinal relationships of executive cognitive function and parent influence to child substance use and physical activity. Prevention Science, *14*, 229–237.

Polich, J. (2007). Updating P300: An integrative theory of P3a and P3b. *Clinical Neurophysiology, 118*, 2128–2148.

Spartano, N. L., Himali, J. J., Beiser, A. S., Lewis, G. D., DeCarli, C., Vasan, R. S., & Seshadri, S.

(2016). Midlife exercise blood pressure, heart rate, and fitness relate to brain volume 2 decades later. *Neurology*, *86*, 1313–1319.

Spirduso, W. W. (1980). Physical fitness, aging, and psychomotor speed: a review. *Journal of Gerontology*, *35*, 850–865.

Spirduso, W. W., & Clifford, P. (1978). Replication of age and physical activity effects on reaction and movement time. *Journal of Gerontology*, *33*, 26–30.

13章 注意トレーニングの効果

土田幸男

注意機能は主に持続的注意，選択的注意，分割的注意，そして転換性注意（注意のシフト）などに分類され，作業記憶や実行機能をはじめとする各種認知機能と密接な関わりをもっている。特に，注意と作業記憶の構造は広く重なり合うことが，近年の認知心理学および神経科学的研究では指摘されている（Diamond, 2013; 作業記憶については3章参照）。近年，注意をはじめとした認知機能のトレーニングが世界的に話題となった。認知機能のトレーニングは，特定の課題を用いて特定の脳ネットワークをトレーニング・反復練習するネットワークトレーニング（network training）と，運動や瞑想のように多くのネットワークに影響を与えるような脳の状態を変化させる状態トレーニング（state training）の2つに分けられることが提唱されている（Tang & Posner, 2014）。

この章では，主にネットワークトレーニングに属する認知機能のトレーニングを概観する。特に，トレーニングの効果について複数の研究を対象としたメタ分析を中心に見ていきたい。

トレーニングにおいて注目されるのは，トレーニングの効果が訓練していない課題に対しても波及するという般化や転移，あるいは一般的効果として呼ばれる現象についてである。この章ではこうした現象を表現する用語として，転移（transfer）という言葉を用いる。そして，トレーニングを行った課題とまったく異なる領域に正の効果が生じる現象を遠隔転移（far transfer），そしてトレーニング課題と同一あるいは類似した領域における正の効果を近接転移（near transfer）として表す。こうした現象はどのように生じるのであろうか。

トレーニングの効果がトレーニングしていない課題に対しても影響を与えるという遠隔転移の説明には，脳の可塑性が根拠の1つとして挙げられている。人間の脳細胞は，海馬の新生細胞などの一部を除いて，成人後は減少し続けると考えられているが，細胞間のネットワークを構成するシナプスは修正されうることが知られている。これにより，近縁の細胞，あるいはより離れた細胞からの効率的な情報伝達が可能となりうる。こうした神経の可塑性により認知機能が向上する，というのが

1つの考えである。たとえば，作業記憶トレーニングを行うことで生じる遠隔転移効果については，作業記憶とその他の課題のどちらにも関与する前頭-頭頂ネットワークの活動が向上することが想定されている（Constantinidis & Klingberg, 2016）。前頭-頭頂ネットワークの活動が向上することで，トレーニングしていないその他の課題においてもパフォーマンスが向上するという遠隔転移効果が生じるのではないかと考えられている。

13-1　健常発達における認知機能トレーニングの効果

13-1-1　成人における知見

認知機能のトレーニングは，課題の難易度を調整して反復練習する方法がとられることが多い。トレーニングした特定の課題のパフォーマンスは向上することが数多くの研究で報告されている。知覚におけるトレーニングの効果は刺激の特徴に特異的であり，その効果はMRIを用いて神経科学的根拠をもって検討されている（伊藤他，2010）。ビデオゲームにおいてもその効果が確認されている。アクションビデオゲームプレイヤーは非プレイヤーと比べて視覚選択的注意のパフォーマンスに優れていた（Green & Bavelier, 2003; 14章参照）。これはアクションビデオゲームを通じて視覚選択的注意が改善したと解釈できる。こうした効果は同じ課題や近縁の課題のパフォーマンスが向上するという効果である。しかし，近年特に注目されてきたのは，トレーニングの効果が訓練していない課題においても波及するという遠隔転移効果についてである。ここでは主に健常成人における報告を概観する。

認知機能の中でも，注意と密接に関連している作業記憶の容量をトレーニングするという試みは数多く行われている。このトレーニングの効果は単純に課題遂行時の方略が変化したというだけでなく，脳活動上においても効果が見られている（図13-1）。作業記憶容量のトレーニングによって，作業記憶課題遂行中の脳活動に増強が見られることや（Olesen et al., 2004），ドーパミンD1受容体が増加したことが報告されている（McNab et al., 2009）。また，トレーニング効果は作業記憶容量の向上に留まらず，反応抑制成績（Olesen et al., 2004），流動性知能の成績（Olesen et al., 2004; Jaeggi et al., 2008）といった離れた領域の改善にまで及ぶという遠隔転移効果が報告されている。

こうした作業記憶をはじめとする認知機能のトレーニングによる遠隔転移効果は非常に魅力的な側面をもつ一方，未だ解決されていない不透明な部分も残っている。商業的なものを含めた，コンピュータ化された認知機能のトレーニングに対するメタ分析では，遠隔転移効果について否定的な見解がされている（Owen et al., 2010）。

アクションゲームや非アクションゲームなど，各ジャンルのビデオゲームのトレーニング効果についてのメタ分析においても，遠隔転移効果については否定的な結果であった（Sala et al., 2017）。

作業記憶トレーニング研究をメタ分析した報告では，トレーニングの遠隔転移効果については否定的な見解を示している（Melby-Lervåg & Hulme, 2013; Shipstead et al., 2012）。N-バック課題（3章参照）のトレーニングのメタ分析においては，トレーニングの遠隔転移効果は過大評価されており，トレーニングの効果は課題特有の方略に依存していることが指摘されている（Soveri et al., 2017）。さらには，プラシーボ効果の影響により，流動性知能が上昇したという報告もある（Foroughi et al., 2016）。彼らの研究では，作業記憶訓練により流動性知能が上昇するという情報を積極的に伝えたプラシーボ群とそうでないコントロール群では，トレーニング後の流動性知能に差が見られた。プラシーボ群では，1時間の視覚・聴覚刺激を用いたN-バック課題のトレーニング後，流動性知能テストで5–10ポイントの増加が見られている。このように，認知機能トレーニングの遠隔転移効果は多分に議論の余地があり，慎重に判断する必要がある。また，トレーニングに用いられる課題の種類や用いられる刺激のモダリティなどが研究間で異なっており，さまざまな要因が複雑に絡み合っていることが効果を不透明にしていると言えるだろう。

13-1-2　子どもにおける知見

新たな知識や技能を獲得するには特定の技能や注意機能が関与している。子どもの認知機能や学力はまだ発達の途上にあるため，認知機能のトレーニングは成人より効果的である可能性があるかもしれない。このため，幼児や児童に対する認知機能のトレーニングも数多くの研究が行われている。ルーダら（Rueda et al., 2005）では，注意ネットワークテスト（9章参照）を用いてトレーニングを行った。彼女らは，4歳児と6歳児においてコントロール群よりも成績が向上し，課題遂行中の脳波においても改善が見られたことを報告している。認知機能のトレーニングは幼児および児童においても脳活動のレベルで改善が見られると考えられる。

幼児および児童における認知機能のトレーニング効果も，トレーニングしていない領域に及ぶ遠隔転移効果についての検討が行われている。サラとゴベットは幼児および児童における作業記憶トレーニングを用いた研究についてメタ分析を行っている（Sala & Gobet, 2017a, 2017b）。彼らのメタ分析では，3歳から16歳の定型発達児童における流動性知能，注意・抑制，数学，そして読み書きの能力に対する作業記憶トレーニングの効果について検討を行った。その結果，作業記憶をトレーニングすることで作業記憶自体は向上したものの，異なる課題への遠隔転移効果はほとんど見られなかった。また，彼らは，トレーニング効果の大きさは研究デザインの質に反比例していたことも報告している。すなわち，何もしないパッシブなコントロール群よりも，異なる課題を実施するアクティブコントロールを用いた時の方がトレーニングの効果が小さかったのである。これらのことから，彼らはトレーニングの効果はその他の認知機能や学術スキルを向上させる効果がないか，あってもその効果は小さいと述べている。サラとゴベットは作業記憶に加え，チェスや音楽を含めたトレーニングの効果についてメタ分析を行っているが（Sala & Gobet, 2017b），遠隔転移には否定的な見解を示している。定型発達児童にチェスや音楽教育，そして作業記憶のトレーニングを行うことで，トレーニングした課題のパフォーマンスは向上するが，トレーニングしていないその他の課題パフォーマンスが向上するといったポジティブな効果が生じる可能性は低いと言わざるをえないであろう。乳幼児や児童に対する認知機能のトレーニングは学術的には有意義で進めていくべきテーマであるが，臨床場面では慎重な対応が必要である。

13-1-3　高齢者における知見

加齢に伴い身体機能だけでなく認知機能もまた低下が見られる。身体機能は訓練により機能の維持が可能とされているが，認知機能ではどうだろうか。コンピュータ化された認知機能トレーニングのメタ分析を行った研究では，トレーニングによりある程度認知機能が改善することが示されている（Lampit et al., 2014）。ただし，トレーニングの効果は小さく，遠隔転移効果については明確ではない。認知領域によっても効果は異なり，注意や実行機能の改善効果は乏しかった。また，30 分未満の短いセッションは効果がない可能性があること，1 週間に 3 回以上の訓練は疲労のためトレーニングの効果を弱めることも指摘されている。高齢者におけるトレーニングの効果は確立されているとは言い難く，認知症予防という観点からも疑問の余地がある。効果的なトレーニングのためにはさらなる研究が必要である。また，高齢者における認知機能トレーニングの目的は，認知機能を高めるというよりはむしろ，認知機能低下を遅らせることであるとも考えられるだろう。長期的な評価もまた必要である。

13-2　さまざまな対象における認知機能のトレーニング効果

13-2-1　高次脳機能障害および精神疾患

認知機能改善の試みでは，実際に認知機能低下をもっている患者を対象とした研究が多く存在する。代表的なものの 1 つとしては，高次脳機能障害あるいは精神疾患における認知機能のリハビリテーションであろう。脳の損傷や精神疾患により損なわれた認知機能を改善させる取り組みが数多く行われている。こうした認知機能に焦点を当てた認知リハビリテーションでは，残存機能を用いて失われた機能の代償を目的とする代償的アプローチや，環境調整的アプローチに加え，認知機能それ自体をトレーニングすることで回復を試みる機能的アプローチが行われている（山口，2018）。

外傷性脳損傷や脳卒中により高次脳機能障害が生じている患者を対象とした機能的アプローチの１つとして注意過程訓練（attention process training: APT）が行われており，急性期および回復期の有用性が支持されている（Keith et al., 2011）。APT は持続的注意，選択的注意，分割的注意，そして転換性注意のそれぞれに対応した課題を用いた反復訓練である（Sohlberg, 2001）。こうした注意機能のトレーニングに加え，実際的な生活機能を改善させるためのトレーニングや，環境調整を行い，リハビリテーションが行われる。遠隔転移効果として日常生活機能の改善が考えられるが，これに対する改善効果はある程度報告されてはいるものの限られている。言語機能に改善を認めたものもあれば，トレーニングした注意機能の改善のみのものもあった（Keith et al., 2011）。こうした認知機能のトレーニングを行うことで機能回復の効果はあると考えられるが，何もしなくても生じる自然回復との区別が明確ではないことなどの留意点は存在する。

統合失調症や気分障害などの精神疾患による認知機能の低下を対象とした認知リハビリテーションの１つとして，認知改善への神経心理・教育学的アプローチ（Neuropsychological educational approach to cognitive remediation: NEAR）がある（Medalia et al., 2002／邦訳，2008）。NEAR は一般的な教育用ビデオゲームなどの認知課題を用いてトレーニングを行うセッションと，認知機能と現実の実生活との関連を話し合う言語セッションで構成されている。こうした各セッションを通して，改善させた認知機能を社会機能へとつなげていくことが狙いである（中込，2017）。統合失調症の認知リハビリテーションのメタ分析では，患者が臨床的に安定している時に行うことで小から中程度の効果があること，症状や日常生活機能の状態においても効果（機能的転帰）が報告されている（Wykes et al., 2011）。しかし，効果において認知リハビリテーションとその他のリハビリテーションの違いが明確でない点や，アクティブコントロール群を用いた研究が少ないといった問題点も挙げられている。さらなる研究の蓄積が必要であろう。

臨床群を対象とした認知機能に関するリハビリテーションは一定の効果がある。しかし，症状，年齢，生活歴，教育歴等さまざまな要因が存在するため，その効果はさらに検討が行われる必要があろう。特に，自然回復との違いやその他の訓練との違いといった点はさらに明瞭化する必要があるだろう。また，こうした認知リハビリテーションにとって重要な点として，患者がリハビリテーションを理解して自発的に取り組み，支援者が適切なサポートを行うことが必要とされていることが挙げられる。受動的にコンピュータプログラムを実施するだけでは効果が薄いと考えられる（Keith et al., 2011）。

13-2-3　発達障害

発達障害をもった子どもに対する注意や作業記憶などの認知機能のトレーニングもまた行われている。言語発達に遅れがあるコミュニケーション症（該当論文中では特異的言語発達障害（specific language impairment）となっている）をもつ児童を対象とし，選択的注意のトレーニングを行った研究がある（Stevens et al., 2008）。彼女らはFast ForWord（FFW）という商用プログラムを用いてトレーニングを行っている。FFWは音響的に修正された音声や非音声の音を使用した，ゲーム要素を組み込んだコンピュータベースのトレーニングであり，口頭言語のスキル獲得を目標とするものである。トレーニングを受けた児童は受けていない児童と比べ，脳波の事象関連電位上で注意の効果が改善していた。さらに，言語テストの成績にも改善が見られた。注意のトレーニングによって言語のパフォーマンスが向上し，神経活動上でも注意の改善が見られるということが示されたのである。この研究ではトレーニングした課題と極めて近い領域のパフォーマンスが改善するという近接転移効果が見られたと考えられるだろう。

遠隔転移効果を示した研究も存在する。クリングバーグらは作業記憶のトレーニングによって，作業記憶容量の向上に留まらず，反応抑制成績，推論成績，そして注意欠如・多動症（Attention-Deficit/Hyperactivity Disorder: ADHD）症状といった領域の改善にまで及んだことを報告している（Klingberg et al., 2002; Klingberg et al., 2005）。これらの研究で見られた転移効果はトレーニングした領域とは離れており，遠隔転移効果が生じたと考えられよう。ただし，このことについて湯澤（2011）は，抑制課題として用いられる課題はコンピュータベースで実施されるものであり，作業記憶のトレーニングとしてコンピュータに向き合う状況への慣れが，課題への取り組みに貢献したとしても説明できると述べている。症状の改善についても批判がある。これまでの研究では，ADHD症状の評価をする際，親が児童の行動を評価したものを採用していることが問題視されている（Peijnenborgh et al., 2016）。無作為化された対照群との比較がされていないことが多いことも指摘されている（Sonuga-Barke et al., 2014）。ADHDにおける作業記憶の苦手さをトレーニングすることの効果を認めつつも，ADHD症状の改善には有効ではないことも指摘されている（Cortese & Coghill, 2018）。また，この研究はさまざまな認知機能の複数のトレーニングを行うことで，ADHD症状の改善効果がある可能性を指摘している。ただし，こうした検討例は少なく，頑健な結果が得られているとまでは言えない。少なくとも ADHD における作業記憶などの課題を用いたトレーニングの近接転移効果はある程度見込めるかもしれないが，症状の軽減などを含めた遠隔転移効果については慎重に捉える必要があるだろう。

限局性学習症（Specific Learning Disorder: SLD）においては，より特定の知識やスキル獲得につながるトレーニング，あるいは支援が行われている。知能がプランニング，注意，同時処理，そして継次処理の認知処理過程と背景知識から成立するという PASS 理論に基づき開発された，認知向上訓練（cognitive enhancement training: COGENT）を用いた読み書きの支援なども存在している（例，Hayward et al., 2007）。COGENT は読み書きの技能を高めるトレーニングであり，子どもが参加しやすい認知機能に関わる活動（手を叩く，名前あそび等）で構成されたものである。日本においても実践が行われており，SLD のある幼児・児童を対象として，一定の効果が得られている（中山，2016）。彼は COGENT の実施により，対象児の読書年齢が向上したことを報告している。こういったトレーニング，あるいは支援は注意などの認知機能が関与しているものの，より実際的な標的を絞った介入と言えるであろう。

13-2-3　認知症

認知症の防御因子として認知機能の訓練が挙げられているが，効果があったという報告と否定的な報告の両方が存在しており，評価は定まっていない（日本神経学会，2017）。有酸素運動なども認知症に対する防御因子として考えられている。有酸素運動により認知症患者の認知機能を改善させようとする試みも行われているが，効果があったという報告（Forbes et al., 2013, Groot et al., 2015）がある一方，運動機能は高まったが認知機能は悪化したという報告も存在する（Lamb et al., 2018）。

認知症患者に対する介入は，症状が多岐にわたるうえに進行性であり，交絡因子も多数考えられるため評価が難しい。現時点では，認知機能に関するトレーニングを行うことで認知症を予防ないし進行を留めるという科学的根拠は弱いと言わざるをえない。ただし，このことは臨床場面で患者に対する介入が無意味であるということではない。あくまで，トレーニングの効果が訓練課題以外に転移することについての評価である。個別の介入それ自体は決して否定されるものではなく，むしろ患者の QOL を高めるうえでも有用であろう。

13-3　まとめと今後の展開

注意や作業記憶をはじめとした認知機能のトレーニングにより，トレーニングした課題のパフォーマンスは向上し，脳波や fMRI などの脳活動上においても効果が確認されている。一方で，転移効果については賛否が分かれている。遠隔転移効果は完全に否定されているわけではないものの，否定的な見解が多く，少なくとも簡単には生じないと考えられる。それに対し，近接転移効果は比較的生じやすいと考えられる。

ここまで見てきたように，認知機能のトレーニング研究は未解明な部分が多い。特に遠隔転移効果を扱う研究には，十分な参加人数で，アクティブコントロール群を用いた検討が必要となる。それに加え，トレーニング所要時間，期間などの問題も解決しているとは言えない。こうした点を踏まえた大規模な検討が必要であろう。

今後の展開として２つの方向が考えられる。１つは近接転移効果を主とした検討である。近接転移効果は遠隔転移効果よりも生じやすいと考えられるが，その範囲はどこまでなのだろうか。先述したスティーブンス（Stevens et al., 2008）のように，比較的近い領域のトレーニングであっても支援上有効な効果を導き出すことは可能であろう。そのための基礎的な検討や臨床的応用が望まれる。

もう１つは複数のトレーニングによるアプローチである。たとえば，運動や瞑想に代表される状態トレーニングを用いた検討などが考えられる。状態トレーニングそれ自体の効果を検討することも重要だが，認知課題を用いたトレーニングとの併用もまた考えられる。認知課題を用いたトレーニングにおいても複数のトレーニングを併用して行う手法が考えられる。こうしたアプローチはトレーニングの何が効いているのかという点を不透明にして覆い隠してしまう危険性はある。しかし，現実世界に私たちが直面する多くの課題のほとんどは，さまざまな認知領域が関与する複雑なものである。こうしたアプローチをとることで，より実践的な検討が行える可能性があるだろう。

引用文献

Constantinidis, C., & Klingberg, T. (2016). The neuroscience of working memory capacity and training. *Nature Reviews Neuroscience, 17*, 438–449.

Cortese, S., & Coghill, D. (2018). Twenty years of research on attention-deficit/hyperactivity disorder (ADHD): looking back, looking forward. *Evidence-Based Mental Health, 21*, 173–176.

Diamond, A. (2013). Executive function. *Annual Review of Psychology, 64*, 135–168.

Forbes, D., Thiessen, E. J., Blake, C. M., Forbes, S. C., & Forbes, S. (2013). Exercise programs for people with dementia. *The Cochrane database of systematic reviews, 4*, CD006489.

Foroughi, C. K., Monfort, S. S., Paczynski, M., Mcknight, P. E., Greenwood, P. M. (2016). Placebo effects in cognitive training. *Proceedings of the National Academy of Sciences of the United States of America, 113*, 7470–7474.

Green, C. S., & Bavelier, D. (2003). Action video game modifies visual selective attention.

Nature, 423, 534–537.

Groot, C., Hooghiemstra, A. M., Raijmakers, P. G., van Berckel, B. N., Scheltens, P., Scherder, E. J., van der Flier, W. M., & Ossenkoppele, R. (2016). The effect of physical activity on cognitive function in patients with dementia: A meta-analysis of randomized control trials. *Ageing Research Reviews, 25,* 13–23.

Hayward, D., Das, J. P., & Janzen, T. (2007). Innovative programs for improvement in reading through cognitive enhancement: a remediation study of Canadian First Nations children. *Journal of Learning Disabilities, 40,* 443–457.

伊藤 希・渡邊 武郎・佐々木 由香（2010）．知覚学習における近年の成果　*VISION, 22,* 115–121.

Jaeggi, S. M., Buschkuehl, M., Jonides, J., & Perrig, W. J. (2008). Improving fluid intelligence with training on working memory. *Proceedings of the National Academy of Sciences of the United States of America, 105,* 6829–6833.

Keith, D. C., Donna, M. L., Cynthia, B. M. A., James, F. M., Kathleen, K., Michael, F., ... & Teresa, A. (2011). Evidence-based cognitive rehabilitation: Updated review of the literature from 2003 through 2008. *Archives of Physical Medicine and Rehabilitation, 92,* 519–530.

Klingberg, T., Fernell, E., Olesen, P. J., Johnson, M., Gustafsson, P., Dahlström, K., Gillberg, C. G., Forssberg, H., & Westerberg, H. (2005). Computerized training of working memory in children with ADHD-A randomized, controlled trial. *Journal of the American Academy of Child & Adolescent Psychiatry, 44,* 177–186.

Klingberg, T., Forssberg, H., & Westerberg, H. (2002). Training of working memory in children with ADHD. *Journal of Clinical and Experimental Neuropsychology, 24,* 781–791.

Lamb, S. E., Sheehan, B., Atherton, N., Nichols, V., Collins, H., Mistry, D., Dosanjh, S., Slowther, A. M., Khan, I., Petrou, S., Lall, R., & DAPA Trial Investigators (2018). Dementia And Physical Activity (DAPA) trial of moderate to high intensity exercise training for people with dementia: Randomised controlled trial. *British Medical Journal, 361,* k1675.

Lampit, A., Hallock, H., & Valenzuela, M. (2014). Computerized cognitive training in cognitively healthy older adults: a systematic review and meta-analysis of effect modifiers. *PLoS Medicine, 11,* e1001756.

McNab, F., Varrone, A., Farde, L., Jucaite, A., Bystritsky, P., Forssberg, H., & Klingberg, T. (2009). Changes in cortical dopamine D1 receptor binding associated with cognitive training. *Science, 323,* 800–802.

Medalia, A., Revheim, N., & Herlands, T. (2002). *Remediation of cognitive deficits in psychiatric patients: A clinician's manual.* New York: Montefiore Medical Center Press.（メダリア，A.・レヴハイム，N.・ハーランズ，T.　中込 和幸・最上 多美子（監訳）（2008）．精神疾患における認知機能障害の矯正法　臨床家マニュアル　星和書店）

Melby-Lervåg, M., & Hulme, C. (2013). Is working memory training effective? A meta-analytic review. *Developmental Psychology, 49,* 270–291.

中込 和幸（2017）．神経認知・社会認知（NEAR，SCIT）のリハビリテーションについて　精神障害とリハビリテーション, *21,* 17–21.

中山 健（2016）．COGENT プログラムを用いた読みにつまずきのある子どもの指導　こころの科学, *187,* 70–76.

日本神経学会（2017）．認知症診療ガイドライン 2017　医学書院

Olesen, P. J., Westerberg, H., & Klingberg, T. (2004). Increased prefrontal and parietal activity after training of working memory. *Nature Neuroscience, 7,* 75–79.

Owen, A. M., Hampshire, A., Grahn, J. A., Stenton, R., Dajani, S., et al. (2010). Putting brain training to the test. *Nature, 465,* 775–778.

Peijnenborgh, J. C., Hurks, P. M., Aldenkamp, A. P., Vles, J. S., & Hendriksen, J. G. (2016). Efficacy of working memory training in children and adolescents with learning disabilities: A review study and meta-analysis. *Neuropsychological Rehabilitation, 26,* 645–672.

Rueda, M. R., Rothbart, M. K., McCandliss, B. D., Saccomanno, L., & Posner, M. I. (2005). Training, maturation, and genetic influences on the development of executive attention. *Proceedings of the National Academy of Sciences of the United States of America, 102,* 14931–14936.

Sala, G., & Gobet, F. (2017a). Working memory training in typically developing children: A meta-analysis of the available evidence. *Developmental Psychology, 53.* 671–685.

Sala, G., & Gobet, F. (2017b). Does far transfer exist? Negative evidence from chess, music, and working memory training. *Current Directions in Psychological Science, 26,* 515–520.

Sala, G., Tatlidil, K. S., & Gobet, F. (2017). Video game training does not enhance cognitive ability: A comprehensive meta-analytic investigation. *Psychological Bulletin, 144,* 111–139.

Shipstead, Z., Redick, T. S., & Engle, R. W. (2012). Is working memory training effective? *Psychological Bulletin, 138,* 628–654.

Sohlberg, M. M., & Mateer, C. A. (2001). *Cognitive rehabilitation: An integrative neuropsychological approach.* New York: Guilford Press.（尾関 誠・上田 幸彦（監訳）(2012). 高次脳機能障害のためのリハビリテーション　協同医書出版社）

Sonuga-Barke, E., Brandeis, D., Holtmann, M., & Cortese, S. (2014). Computer-based cognitive training for ADHD: A review of current evidence. *Child Adolescent Psychiatric Clinics of North America, 23,* 807–824.

Soveri, A., Antfolk, J., Karlsson, L., Salo, B., & Laine, M. (2017). Working memory training revisited: a multi-level meta-analysis of n-back training studies. *Psychonomic Bulletin & Review, 24,* 1077–1096.

Stevens, C., Fanning, J., Coch, D., Sanders, L., & Neville, H. (2008). Neural mechanisms of selective auditory attention are enhanced by computerized training: electrophysiological evidence from language-impaired and typically developing children. *Brain Research, 1205,* 55–69.

Tang, Y. Y., & Posner, M. I. (2014). Training brain networks and states. *Trends in Cognitive Sciences, 18,* 345–350.

Wass, S. V., Scerif, G., & Johnson, M. H. (2012). Training attentional control and working memory — Is younger, better? *Developmental Review, 32,* 360–387.

Wykes, T., Huddy, V., Cellard, C., McGurk, S. R., & Czobor, P. (2011). A meta-analysis of cognitive remediation for schizophrenia: methodology and effect sizes. *American Journal of Psychiatry, 168,* 472–485.

山口 加代子 (2018). 支援の基本　緑川 晶・山口 加代子・三村 將（編）　臨床神経心理学 (pp. 70–84)　医歯薬出版

湯澤 美紀 (2011). ワーキングメモリと発達障害――支援の可能性を探る――　心理学評論, *54,* 76–94.

14章 注意とデジタルゲーム

坂田陽子

14-1 はじめに

「ゲームばかりしてないで，勉強しなさい」。思春期の子どものいる家庭によくある会話であろう。このゲームとは，一昔前はテレビにゲーム画面を映して遊んでいた。つまり，親や他者は子どもがどのようなゲームをどれぐらいの時間やっているか大体把握できた。しかし今ゲームというと，個人持ちのスマートフォンやゲーム端末，個室にあるパソコンなどのデジタルデバイスを通じて行われ，しかもネットワークでつながった，世界中の不特定多数が相手である。それゆえ，親や他者は同じ家の中にいても，子どもがいつ誰と何を，どれぐらいの時間やっているか，まったくわからなくなった。

こうした背景から，日本では，デジタルデバイスを使用しインターネットを通じて行われるゲーム[1)]は完全に悪者扱いである。2002年に『ゲーム脳の恐怖』（森，2002）が出版され，それ以来，数々のデジタルゲームやスマートフォン依存症関連の書物が出版されており，近年でも『スマホゲーム依存症』（樋口，2018）や『スマホが学力を破壊する』（川島，2018）が話題を呼んでいる。そして，デジタルゲームのし過ぎが子どもの脳の発達に悪影響を及ぼすと，親や教育者の間で根強く信じられている。だからこそ，それが抑止力となり子どものゲーム依存症の歯止めとなっているという説もある。しかし実際は厚生労働省の2018年9月20日付の報告によると，5年前の調査と比較して，病的なインターネット依存が疑われる中高生が約2倍となり，全国で93万人に上るとの推計が発表された。中高生全体の約14%にあたり，水面下ではさらに多いとも指摘されている。もちろんこの数字すべてが，依存症患者もしくは症候群というわけではない。先述したような書物からもデジタルゲームのし過ぎは脳や心の発達にダメージを与えることは事実だが，通常の

1）インターネットゲーム，ネットゲーム（ネトゲと略されることもある），オンラインゲーム，スマートフォンゲーム，スマホゲームなど，多種多名称あるが，本稿では総じて，デジタルゲームと呼ぶ。

使用の仕方でゲームを行っている人に焦点を当て，その認知機能を探る研究が邦文では非常に少ないのが現状である。

アメリカでは10代の若者の97%，高齢者も25%がデジタルゲームを行い，若齢成人でさえ週に5日以上デジタルゲームをやっているという報告がなされている（Lenhart et al., 2008）。そして，欧米に加えてアジア圏，特に中国や韓国でも，若者のデジタルゲーム依存は深刻である。韓国では，16歳未満の青少年に深夜6時間のインターネットゲームの提供を制限するシャットダウン制（利用時間を制定したことによりシンデレラ法とも呼ばれる）が取り入れられている。こうした世界的な流れを受けて，世界保健機構（WHO）および，アメリカ精神医学会も，それぞれ「疾病及び関連保健問題の国際統計分類（ICD）」第11版と，「DSM-5 精神疾患の診断統計マニュアル」にゲーム障害の診断基準の採用を決めた。

このように世界的に「デジタルゲームは悪者」という流れの中で，欧米の研究では実のところ，「ゲームは善者」という文献が非常に多い（レビューとして Bediou et al., 2018; Ferguson, C. J. (Ed.), 2018）。特に，グリーンとバヴィリアー（Green & Bavelier, 2003）が Nature 誌に「Action video game modifies visual selective attention.」を発表して以来，デジタルゲームをする人（以下，ゲーマー[2)]と呼ぶ）の認知や視覚的注意機能の卓越さ，デジタルゲームを用いたそれらの訓練効果などが続々と科学的に証明されている。そこでここでは，デジタルゲームと人の認知機能の中でも注意機能との関連に焦点を当て，生涯発達的視点からその功罪を科学的に検討する。

なお，デジタルゲームと言っても，ロールプレイングゲーム（RPG），戦闘やシューティングなどのアクションゲーム，チェスや囲碁，将棋，パズルといった思考系ゲーム，シミュレーションゲームや音楽ゲームなど，さまざまなジャンルがある。しかし，認知や視覚機能との関連を検討した研究のほとんどはアクションゲーマーを対象としている。最新のレビューでも，アクションビデオゲーム（action video game）と認知機能との関連を中心に書かれている（Bediou et al., 2018）。すなわち，アクションゲームを対象とした研究数が非常に多く，妥当性信頼性のおける資料が増えつつあるため，本稿でもアクションゲームおよびアクションゲーマーを中心に視覚的注意機能との関連を解説していく。

2）欧米の研究では，本稿で使用するデジタルゲーム，ゲーマーと同義語で，順にビデオゲーム（video game），ゲームプレーヤー（game player）という用語がよく用いられる。検索するときはこのワードを用いるとよい。なお本稿は日本によりなじみのある用語を用いた。

14-2 アクションゲーマーの卓越した注意能力

アクションゲームをするとすべての認知能力や注意能力が向上するわけではない。スペンスとフォン（Spence & Feng, 2010）は，ゲーマーはトップダウンの注意やマルチタスクといった，重い負荷のかかるような領域は得意で，言語認知能力はほとんど影響がなく，非ゲーマーと差がない，と述べている。ベイドゥら（Bediou et al., 2018）はメタ分析により，ゲーマーに強く好影響を与えるのは，知覚，空間認知，トップダウン注意，中程度にはマルチタスク，タスクスイッチング，弱程度には抑制，言語能力であり，課題解決能力は影響がなかったと報告している。以下では，アクションゲーマーと主な注意機能の関係を詳細に見ていこう。

14-2-1 視 力

「ゲームは目（視力）が悪くなるからやめなさい」とよく注意されるが，それは本当だろうか。対比感度実験によって，視覚機能との関連が検討された（Li et al., 2009）。対比感度実験では，灰色と黒のコントラストの強弱に伴う検知能力が測定される。まず，普段からアクションゲームをよくやる若齢成人（ゲーマー）とやらない若齢成人（非ゲーマー）を対象に対比感度実験を実施した。その結果，ゲーマーは非ゲーマーに比べて，対比感度が良いことがわかった。さらに，アクションゲームとアクションでないゲームを，それぞれ9週間以上にわたり50時間実施する前後で対比感度実験を実施したところ，アクションゲームを実施した群のみに対比感度の向上が見られた。さらにこの効果は数ヶ月，数年も持続したと報告された。このように，「ゲームは目に悪い」どころか，視機能が向上するということがわかる。

14-2-2 トラッキング課題とゲーム訓練効果

典型的な複数物体追跡課題（Multiple Object Tracking Task; 以下MOTと略す）は，モニタ画面に同型の図形が複数個提示されるが，最初の画面では1つだけ色が違う（試行を重ねるごとにこの対象は増えていく）。それらの図形は2色のまま動き出し，数秒後にはすべての色が同じになって動く。その後動きは止まり，複数の図形のうち1つが標的となり，この標的の最初の色がたずねられる。最初の画面での色の違う対象数がだんだん増えることにより，参加者は同時に複数の違った動きをする対象を目で追跡しなくてはならず難度が上がる。

多くの研究が，若齢成人のアクションゲーマーが非アクションゲーマーよりもMOTの成績が良いという結果を出している（Dye & Bavelier, 2010; Green & Bavelier, 2006a）。訓練効果を検討した研究でも，アクションゲームを1日につき1時間ずつ10日間実施したアクションゲーム群は，アクションゲーム以外のゲー

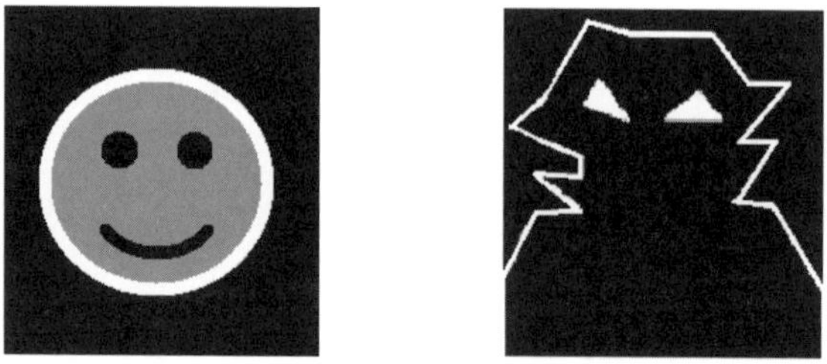

図 14-1　子ども用 Multiple Object Tracking Task に用いられた刺激例
（Trick et al., 2005, p. 377 より一部改変）

ムを行った非アクションゲーム群と比較して，MOT 成績が有意に上昇した（Green & Bavelier, 2006a; Boot et al., 2013）。さらに，若齢成人にアクションゲーム，または視覚探索ゲーム，もしくは空間記憶ゲームを 4 週間以上にわたり 20 時間実施させた。その結果，アクションゲーム訓練群の方が，非アクション訓練群よりも，MOT 成績が有意に上昇した（Oei & Patterson, 2013）。

子どもを対象とした研究は，課題に使用される刺激も，子どもに親しみやすく改良して使用されている[3]。たとえば「スパイを探せ」と 7–22 歳に教示し，最初の画面での色の違う図形をスパイの顔図版に，残りは笑顔図版に変更した（Trick et al., 2005, 図 14-1）。また 7–17 歳に，笑顔と悲しみ顔の図版を使用した課題もある（Dye & Bavelier, 2010）。どちらの結果も，子どもでさえ，日常的にアクションゲームをやっているゲーマーは，非ゲーマーと比較して MOT の成績が良かった。

高齢成人については，もともとゲーマーは少ないため，もっぱらゲームの訓練効果が検証されている（レビューとして，Toril et al., 2014; Wang et al., 2016; Ballesteros, 2018）。中でもアンジェラら（Anguera et al., 2013）は，視覚運動トラッキング課題として PC 上にオリジナルの「NeuroRacer」というドライビングゲームを作成し，60 歳から 85 歳の高齢成人を対象に，1 日 1 時間，週 3 回，4 週間にわたり，計 12 時間のゲーム実施訓練を行った。そこでは，マルチタスキングトレーニング（multitasking training）として，動く車を追跡しながら，同時にあるサインが出るとそれへの反応も課された。その結果訓練前と比較して，課題に必要とされるコストがゲーム訓練群はコントロール群よりも減少し，また訓練効果は 6 ヶ月後も持続していた。さらに，視覚運動トラッキング課題の効果は，直接訓練していない注意の持続や作業記憶の向上にまで波及した。

3）ここで注意していただきたいのは，ゲーマーを対象とした研究で使う「子ども」とは，おおむね 18 歳までを指すことが多い（Bediouet al., 2018）ことである。

14-2-3　選択的注意課題（Selective Attention Task）とゲーム訓練効果

若齢成人のゲーマーの選択的注意能力の測定にフランカー課題（4章参照）が用いられる（Green & Bavelier, 2003, 2006b）。そして，ゲーマーは課題の難易度が上がっても成績は低下しなかったが，非ゲーマーは難易度と成績は反比例の関係であり，課題の難易度が上がるにつれ，ゲーマーと非ゲーマーの成績差がひらいた。さらに続けて，非ゲーマーに対して，1日1時間ずつ10日間，アクションゲームかテトリスゲームで訓練を行い，訓練前後での成績差を比較したところ，アクションゲームでの訓練がテトリスゲームの訓練よりも有意に効果的であった。

子ども用の課題としては，標準的なフランカー課題の刺激をサカナの顔の向きに変更して子どもにも親しみやすいようにし（9章参照），7歳から22歳のゲーマーと非ゲーマーで成績を比較している。その結果，いずれの年齢も，ゲーマーは非ゲーマーよりも，反応が正確でかつ速いことがわかった（Dye et al., 2009）。

古典的な特徴探索課題および結合探索課題（1章参照）と，二重探索課題（探索課題をしながら周辺の標的を探索する）を用いて，若齢成人の一人称シューティングゲームを日常的に行っているゲーマーと非ゲーマーの選択的注意能力が比較された。そして，すべての課題において，ゲーマーは非ゲーマーよりも反応が速く正確であった。さらに，非ゲーマーはアクションゲームかパズルゲームで10時間訓練したところ，アクションゲームでの訓練のほうがパズルのそれよりも，探索課題を速く実施することができた。そしてアクションゲーム訓練は，トップダウンの注意過程を促進させると結論づけられた（Wu & Spence, 2013）。アクションゲームが，ボトムアップの注意よりトップダウンの注意の方を促進させるという知見は，多数の研究者からも支持されている（Cain et al., 2014; Chisholm et al., 2010; Chisholm & Kingstone, 2012; West et al, 2013）。

高齢成人において注意を向ける速度，分割的注意，選択的注意について訓練前後で成績差が検討された。訓練は4種類あり，参加者はアクションゲーム群，有効視野訓練群，テトリスゲーム群，訓練なし群のいずれかに振り分けられた。その結果，選択的注意課題に関して訓練前と後の成績を比較すると，訓練なし群よりも他の3群は有意に上昇したが，これら3群間に有意な差は見られなかった（Belchior et al., 2013）。この結果は，若齢成人ではテトリスゲームよりもアクションゲームでの訓練のほうが選択的注意を有意に向上させたという報告（Green & Bavelier, 2003）とは異なり，高齢成人にとってはテトリスゲームがより空間把握能力を必要とする性質だったため，スクリーン全体へのスキャン能力および，空間把握のためのメンタルローテーション能力を高めたことによるためではないかと考察されている。

図 14-2　子ども用 Useful Field of View Task に用いられた刺激例
(Dye & Bavelier, 2010, p. 454 より一部改変)

14-2-4　空間的注意とゲーム訓練効果

多数の研究がゲーマーの卓越した空間的注意能力を認めており，その能力向上にアクションゲームでの訓練が有効であることを明らかにしている（Feng et al., 2007; Green & Bavelier, 2006b; Green & Bavelier, 2007; Oei & Patterson, 2013; Spence & Feng, 2010; Spence et al., 2009; Toril, et al., 2016)。

空間的注意測定には，有効視野課題（Useful Field of View Task; 以下 UFOV）がよく使用されている。これは，周辺視野に提示される標的の場所を定位し，さらに中心視野に提示されるもう 1 つの標的が何かを同定できるかどうか測定するという，二重課題構造になっている。グリーンとバヴィリアー（Green & Bavelier, 2003）は若齢成人を対象に UFOV 課題を使い，ゲーマーの方が非ゲーマーよりも中心視から距離がより離れたところに提示された標的の位置を正確に判断できることを明らかにした。続けて，非ゲーマーに 1 日につき 1 時間ずつ 10 日間，アクションゲームもしくはテトリスゲームを実施させたところ，アクションゲームの方がテトリスゲームよりも UFOV が訓練前より向上した（Dale & Green, 2017; Green & Bavelier, 2003; Boot et al, 2013)。一方で，若齢成人において注意課題以外のメンタルローテーション課題の成績はアクションゲームよりもテトリスゲームの訓練で有意に上昇したが，視覚的注意課題は訓練の種類によって差は見られなかったとの報告もある（Boot et al., 2008)。また，高齢成人に対して同様の訓練実験を実施したところ，テトリスゲームとアクションゲームに有意な差はなかった。このことは先述したとおりであり（Belchior et al., 2013），訓練をする際には，世代および向上を目指す能力に応じた最適なゲームの種類選択が重要であると言えよう（Bediou et al., 2018)。

子どもを対象にした研究では子どもに親しみやすいように刺激図版を変更した UFOV 課題が用いられている（Dye & Bavelier, 2010，図 14-2)。7 歳から 22 歳の参加者について，年齢にかかわらずゲーマーの方が非ゲーマーよりも UFOV 課題の成績が良いことが報告されている。

14-2-5 時間的注意とゲーム訓練効果

時系列に沿った注意能力を測定する課題の1つに，注意の瞬き課題（3章参照）がある。この課題では，高速で刺激が連続で提示され，参加者はあらかじめ教示された標的の同定が求められる。標的は刺激中に2つあり，第1標的の提示後，数100ミリ秒の時間間隔をあけて，第2標的が提示される。たとえば，高速で提示される英数字の中から標的である2つの数字を同定するという課題である。参加者は第1標的に注目したのち，すぐに第2標的に注意を切り替えないといけない。一般的には，第1標的の同定は可能であるが，2つの標的の接近時間が短いと（約200から500ミリ秒以内），第2標的への注意が阻害されて標的の同定が困難になる（Raymond et al., 1992）。この現象は，まるで瞬きをして一瞬何も見えなくなるような現象と似ていることから，注意の瞬きと呼ばれる。

グリーンとバヴィリアー（Green & Bavelier, 2003）は，若齢成人のゲーマーは非ゲーマーよりも注意の瞬き現象が小さく，第2標的も同定できる傾向を明らかにした。一方で，ゲーマーと非ゲーマーの間に差はないと報告する研究もある（Cain et al., 2014; Dale & Green, 2017）。続けて，非ゲーマーに数十時間のアクションゲーム訓練を行ったところ，注意の瞬き現象が小さくなったことが報告された（Green & Bavelier, 2003; Oei & Patterson, 2015）。一方では，訓練効果が見られないとする研究もある（Dale & Green, 2017）。さらに，高齢成人でも訓練効果が見られないことが報告されている（Basak et al., 2008）。

子どもを対象にした研究では，子どもにも理解しやすいように刺激として色線で描かれた数種の図形が用いられている（Day & Bavelier, 2010）。11歳から22歳の参加者について，年齢にかかわらずゲーマーの方が非ゲーマーよりも注意の瞬き課題の成績が良いことがわかった。

14-3 まとめと展望

14-2で先行研究の知見を見てきたとおり，おおむねゲーマーは非ゲーマーよりも注意機能が優れており，さらに，アクションゲームによる訓練は注意機能を促進させることがわかった。このことは，注意機能や認知機能の可塑性や向上にアクションゲームが良いツールとなる可能性を示す。それゆえ，認知症予防（West et al., 2017）や発達障害児や視覚障害児への介入のツール（Franceschini et al., 2017; Prins et al., 2011）として，あらゆる世代に使用されている（13章参照）。しかし，追試により，その効果が得られないとの報告もなされており，より緻密な検証が求められている（Roque & Boot, 2018; Toril et al., 2014に詳しい）。

ところで，ゲームと認知や注意機能との関連に関する最新のレビュー（Bediou et al., 2018）では，2000年から2015年に刊行された関連論文5,770本からふるいにかけてメタ分析をしている。これだけの論文がすでに刊行されており，欧米ではゲーマーと非ゲーマーの能力を単純に比較して記述するという第一ステージは終了したかのように見える。事実すでに研究は，ゲームの卓越者になっていく過程に注目し，その変化や脳への影響を探り出している（Föcker et al., 2018a; Föcker et al., 2018b）。また，ゲーム訓練で促進された認知や注意能力が，継続的に維持されるのか，また，日常場面で必要とされる能力へ移行できるのか（移行効果; transfer effect）（Azizi et al., 2017），といったことについて興味関心が移り，すでに研究は第二ステージに入っているようだ。

これほどまでに急速にデジタル社会が進むと誰が予測できただろうか。進化論的に考えれば，注意機能は大きな空間で動くものが見えたらすぐに察知するようにできている。それがデジタル社会では，小さな画面に映る小さくて動く刺激から必要な刺激だけを選択する必要がある。これは私たち人類が初めて出くわす注意機能の使用かもしれず，新たな認知機能の研究が必要かもしれない。論文の中にはゲーム訓練ツールとして，日本製のスクウェア・エニックスのファイナルファンタジーや任天堂のスーパーマリオブラザーズやドンキーコングが使用されており，日本にとってなじみのある分野であるはずだ。デジタルゲームの功罪を議論することも重要であるが，日本でも純粋にゲーマーを研究対象として捉え，体系的に研究を進める時期が来たのではないだろうか。

引用文献

American Psychiatric Association (2013). *Diagnostic and Statistical Manual of Mental Disorders. Fifth edition* (*DSM-5*). Washington, DC: American Psychiatric Association.（アメリカ精神医学会 日本語版用語（監修）日本精神神経学会（監訳）高橋 三郎・大野 裕・染矢 俊幸・神庭 重信・尾崎 紀夫・三村 將・村井 俊哉（訳）(2014). DSM-5精神疾患の診断・統計マニュアル　医学書院）

Anguera, J. A., Boccanfuso, J., Rintoul, J. L., AI-Hashimi, O., Faraji, F., Janowich, J., Kong, E., Larraburo, Y., Rolle, C., Johnston, E., & Gazzaley, A. (2013). Video game training enhances cognitive control in older adults. *Nature*, *501*, 97–101.

Azizi, E., Abel, L. A., & Stainer, M. J. (2017). The influence of action video game playing on eye movement behavior during visual search in abstract, in-game and natural scenes. *Attention, Perception, & Psychophysics*, *79*(2), 484–497.

Ballesteros, S. (2018). Brain-training games help prevent cognitive decline in older adults. In C. J. Ferguson (Ed.), *Video game influence on aggression, cognition, and attention* (pp. 151–162). Heidelberg, Germany: Springer,

Basak, C., Boot, W. R., Voss, M. W., & Kramer, A. F. (2008). Can training in a real time strategy video game attenuate cognitive decline in older adults? *Psychology and Aging, 23,* 765–777.

Bediou, B., Adams, D. M., Mayer, R. E., Tipton, E., Green, C. S., & Bavelier, D. (2018). Meta-analysis of action video game impact on perceptual, attentional, and cognitive skills. *Psychological Bulletin, 144,* 77–110.

Belchior, P., Marsiske, M., Sisco, S. M., Yam, A., Bavelier, D., Ball, K., & Mann, W. C. (2013). Video game training to improve selective visual attention in older adults. *Computers in Human Behavior, 29,* 1318–1324.

Boot, W. R., Simons, D. J., Stothart, C., & Stutts, C. (2013). The pervasive problem with placebos in psychology: Why active control groups are not sufficient to rule out placebo effects. *Perspectives on Psychological Science, 8,* 445–454.

Boot, W. R., Kramer, A. F., Simons, D. J., Fabiani, M., & Gratton, G. (2008). The effects of video game playing on attention, memory, and executive control. *Acta Psychologica, 129,* 387–398.

Cain, M. S., Prinzmental, W., Shimamura, A. P., & Landau, A. N. (2014). Improved control of exogenous attention in action video game players. *Frontiers in Psychology, 5,* e69.

Chisholm, J. D., Hickey, C., Theeuwes, J., & Kingstone, A. (2010). Reduced attentional capture in action video game players. *Attention, Perception, & Psychophysics, 72,* 667–671.

Chisholm, J. D., & Kingstone, A. (2012). Improved top-down control reduces oculomotor capture: The case of action video game players. *Attention, Perception, & Psychophysics, 74,* 257–262.

Dale, G., & Green, C. S. (2017). Associations between avid action and real-time strategy game play and cognitive performance: A pilot study. *Journal of Cognitive Enhancement, 1,* 295–317.

Dye, M. W., & Bavelier, D. (2010). Differential development of visual attention skills in school-age children. *Vision Research, 50,* 452–459.

Dye, M. W., Green, C. S., & Bavelier, D. (2009). Development of attention skills in action video game players. *Neuropsychologia, 47,* 1780–1789.

Ferguson, C. J. (Ed.). (2018). *Video game influence on aggression, cognition, and attention.* Heidelberg, Germany: Springer.

Feng, J., Spence, I., & Pratt, J. (2007). Playing an action video game reduces gender differences in spatial cognition. *Psychological Science, 18,* 850–855.

Föcker, J., Cole, D., Beer, A., & Bavelier, D. (2018). Neural bases of enhanced attentional: Lessons from action video game players. *Brain and Behavior.* e01019.1 of 18.

Föcker, J., Mortazavi, M., Khoe, W., Hillyard, S., & Bavelier, D. (2019). Neural correlates of enhanced visual attentional control in action video game players: An event-related potential study. *Journal of Cognitive Neuroscience, 31,* 377–389.

Franceschini, S. Trevisan, P., Ronconi, L., Bertoni, S., Colmar, S., Double, K., Facoetti, A., & Gori, S. (2017). Action video games improve reading abilities and visual-to-auditory attentional shifting in English-speaking children with dyslexia. *Scientific Reports, 7,* 5863.

Green, C. S., & Bavelier, D. (2003). Action video game modifies visual selective attention. *Nature, 423,* 534–537.

Green, C. S., & Bavelier, D. (2006b). Effect of action video games on the spatial distribution of visuospatial attention. *Journal of Experimental Psychology: Human Perception and Performance, 32*, 1465–1478.

Green, C. S., & Bavelier, D. (2006a). Enumeration versus multiple object tracking: Insights from video game players. *Cognition, 101*, 217–245.

Green, C. S., & Bavelier, D. (2007). Action-video-game experience alters the spatial resolution of vision. *Psychological Science, 18*, 88–94.

樋口 進 (2018). スマホゲーム依存症　内外出版社

川島 隆太 (2018). スマホが学力を破壊する　集英社

Lenhart, A., Jones, S., & MacGill, A. (2008). *Pew internet project data memo: Over half of American adults play video games*. Washington, DC: Pew Internet & American Life Project.

Li, R., Polat, U., Makous, W., & Bavelier. (2009). Enhancing the contrast sensitivity function through action video game training. *Nature Neuroscience, 12*, 549–511.

森 昭雄 (2002). ゲーム脳の恐怖　生活人新書

尾崎 米厚 (代表) (2018). 厚生労働省 遊びのプログラムの普及啓発と今後の児童館のあり方について 報告書 (案) 資料 3　第 14 回遊びのプログラム等に関する専門委員会

Oei, A. C., & Patterson, M. D. (2015). Enhancing perceptual and attentional skills requires common demands between the action video games and transfer tasks. *Frontiers in Psychology, 6*, e113.

Oei, A. C., & Patterson, M. D. (2013). Enhancing cognition with video games: A multiple game training study. *PLoS One, 8*(3), e58546.

Prins, P. J. M., Dovis, S., Ponsioen, A., ten Brink, E., & van der Oord, S. (2009). Does computerized working memory training with game elements enhance motivation and training efficacy in children with ADHD? *Cyberpsychology, Behavior, and Social Networking, 14*, Published Online: 17 Mar 2011

Raymond, J. E., Shapiro, K. L., & Arnell, K. M. (1992). Temporary suppression of visual processing in an RSVP task: An attentional blink? *Journal of Experimental Psychology: Human Perception and Performance, 18*, 849–860.

Roque, N. A., & Boot, W. R. (2018). Action video games DO NOT promote visual attention. In C. J. Ferguson (Ed.), Video game influence on aggression, cognition, and attention (pp. 105–118). Heidelberg, Germany: Springer.

Spence, I., Yu, J. J., Feng, J., & Marshman, J. (2009). Women match men when learning a spatial skill. Journal of Experimental Psychology: *Learning, Memory, and Cognition, 35*, 1097–1103.

Spence, I., & Feng, J. (2010). Video games and spatial cognition. *Review of General Psychology, 14*, 92–104.

Toril, P., Reales, J. M., & Ballesteros, S. (2014). Video game training enhances cognition of older adults: A meta-analytic study. *Psychology and Aging, 29*, 706–716.

Toril, P., Reales, J. M., Mayas, J., & Ballesteros, S. (2016). Brain training with video games enhances visuospatial working memory in older adults. *Frontier in Human Neuroscience, 10*, 206.

Trick, L. M., Jaspers-Fayer, F., & Sethi. N. (2005). Multiple-object tracking in children: The "Catch the Spies" task. *Cognitive Development, 20*, 373–387.

Wang, P., Liu, H. H., Zhu, X. T., Meng, T., Li, H. J., & Zuo, X. N. (2016). Action video game training for healthy adults: A meta-analytic study. *Frontiers in Psychology, 7*, 907.

West, G. L., Al-Aidroos, N., & Pratt, J. (2013). Action video game experience affects oculomotor performance. *Acta Psychologica, 142*, 38–42.

West, G. L., Zendel, B. R., Konishi, K., Benady-Chorney, J., Bohbot, V. D., Peretz, I., & Bavelier., S. (2017). Playing super Mario 64 increases hippocampal grey matter in older adults. *PLoS One, 12*: e0187779.

World Health Organization (WHO) (2018). *International classification of diseases, 11th Revision* (*ICD-11*). Geneva: World Health Organization.

Wu, S., & Spence, I. (2013). Playing shooter and driving videogames improves top-down guidance in visual search. *Attention, Perception, & Psychophysics, 75*, 673–686.

おわりに

それにしても，なぜこのようにたくさんの「注意」があるのでしょうか。本書を通して，私たちが何かを探したり覚えたりする時や，動作を行う時，さらには表情を理解したりコミュニケーションを取る時に，さまざまな注意のはたらきが必要なことがおわかりいただけたでしょう。もし注意機能に何らかの問題が起こると，日常生活に支障を来たすこともわかりました。一方で最新の研究では，注意機能に対してトレーニングの効果が報告され，注意機能が維持，向上する可能性も示されました。注意が多くのはたらきや仕組みからなるのは，おそらく私たちの能力の多様性が外界の複雑さや変化に適応するために必要であるからでしょう。

編者 3 人は，研究者として駆け出しの 20 年ほど前に産業技術総合研究所で出会いました。その後別々の職場に移り，それぞれの研究と子育てに奮闘する日々を送っていました。そんななか，いつか 3 人の共通テーマである「注意」をもとに，人の一生涯の変化について概説したいという願望が芽生え始めました。

注意はどの世代でももっているので，それを軸に人のライフスパンにおける変化を語ることができます。しかしこれまで一般に，赤ちゃん，学齢期の子ども，青年，高齢者までの発達は別々に扱われ，研究者も独立していることが多く，一生涯を通して発達的変化を説明するという観点が不足していました。何とかこの観点を入れ込んだ書籍を刊行できないか模索し，ようやく，分野を超えまた研究対象の年齢の枠を超えてまとめるという新たなチャレンジが始まりました。

その実現に向けて時を重ねるなかで，さまざまな分野の先生方と出会うことができ，今回，発達心理学や認知心理学の分野で著名な 11 名の先生方のご協力を得ることができました。執筆の折には，基礎的な説明から，あらゆる年代を対象とした文献をまとめるという編者のリクエストに快く答えていただき，幾度の改稿にも応じていただき，完成に至りました。また，編者 3 人が産総研にいるときよりお世話になり，まさに注意への旅へといざなってくださった京都大学の熊田孝恒先生は，注意の研究者に勇気と自信を与えるすばらしい巻頭言を執筆してくださいました。ナカニシヤ出版の宍倉由髙さんには，時間をかけて丁寧に校正作業を行っていただきました。皆様に大変感謝しております。

今後データや知見の蓄積が求められる研究トピックとして，たとえばバイリンガルや，発達障害，性差などを含んだ個人差に焦点を当てた生涯発達的変化の検討が挙げられます。今回扱ったテーマについてもあくまで2019年現在までのデータを紹介しています。年月を経れば，現在のデータは古くなる一方で，データはより蓄積され新しい概念が出現していくに違いありません。研究は社会の変化や問題を見据えながら，つねにライブ感をもって鳥瞰されなくてはなりません。本書をぜひ批判的に読んでいただき，新たな研究のきっかけになることを心より願います。

さいごに，本書の作成中，励ましてくれた文豊くん，怜史郎くん，香子ちゃん，那彩ちゃんに感謝します。

北海道にて

坂田陽子　日比優子　河西哲子

索　　引

人名索引

事項索引

さ行

た行

な行

は行

ま行

や行

ら行

執筆者紹介（*編者）

熊田　孝恒　京都大学大学院情報学研究科教授　巻頭言
日比　優子*　静岡英和学院大学人間社会学部教授　1，2章
河原純一郎　北海道大学大学院文学研究院准教授　3章
蔵冨　　恵　愛知淑徳大学心理学部講師　4，9章
松本　亜紀　北九州市立大学文学部准教授　5章
土田　宣明　立命館大学総合心理学部教授　6章
大塚由美子　愛媛大学法文学部准教授　7章
田渕　　恵　中京大学心理学部助教　8章
河西　哲子*　北海道大学大学院教育学研究院教授　4，9章
奥村安寿子　国立精神・神経医療センター精神保健研究所知的障害部研究員　10章
緑川　　晶　中央大学文学部教授　11章
越智　隆太　中央大学大学院文学研究科博士前期課程在学中　11章
紙上　敬太　筑波大学准教授　12章
土田　幸男　大阪体育大学教育学部准教授　13章
坂田　陽子*　愛知淑徳大学心理学部教授　8，14章

研究テーマ別　注意の生涯発達心理学

2020年3月20日　　初版第1刷発行　　定価はカヴァーに表示してあります

編　者　坂田陽子
　　　　日比優子
　　　　河西哲子
発行者　中西　良
発行所　株式会社ナカニシヤ出版
〒606-8161　京都市左京区一乗寺木ノ本町15番地
Telephone　075-723-0111
Facsimile　075-723-0095
Website　http://www.nakanishiya.co.jp/
Email　iihon-ippai@nakanishiya.co.jp
郵便振替　01030-0-13128

装幀＝白沢　正／印刷・製本＝創栄図書印刷株式会社

ISBN978-4-7795-1452-4　C3011